MADAME

LA

COMTESSE DE MAURE

SA VIE ET SA CORRESPONDANCE

SUIVIES

DES MAXIMES DE MADAME DE SABLÉ
ET D'UNE ÉTUDE SUR LA VIE DE MADEMOISELLE DE VANDY

PAR

ÉDOUARD DE BARTHÉLEMY

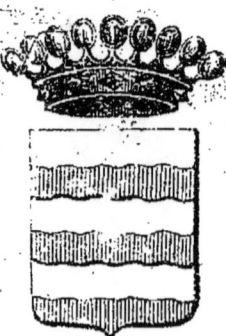

PARIS

LIBRAIRIE DE J. GAY, ÉDITEUR

1863

MADAME

LA COMTESSE DE MAURE

Paris. — Imprim. Ad. R. Lainé et J. Havard, rue des Saints-Pères, 19.

MADAME

LA

COMTESSE DE MAURE

SA VIE ET SA CORRESPONDANCE

SUIVIES

DES MAXIMES DE MADAME DE SABLÉ

ET D'UNE ÉTUDE SUR LA VIE DE MADEMOISELLE DE VANDY

PAR

EDOUARD DE BARTHÉLEMY

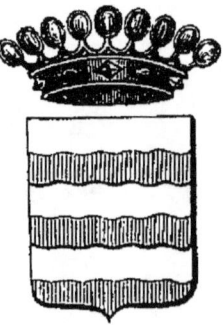

PARIS

LIBRAIRIE DE J. GAY, ÉDITEUR

—

1863

A MADAME

LA DUCHESSE D'A.......

Madame la Duchesse,

Au dix-septième siècle, un auteur ne manquait jamais de placer son livre sous le patronage d'un nom qui était pour lui un souvenir, un encouragement ou un appui. Cet usage m'a toujours paru digne d'être suivi.

Aujourd'hui je me suis proposé de faire

1

connaître en détail la vie d'une des femmes les plus recherchées dans la société du grand siècle, d'une de ces femmes aimables, spirituelles, instruites sans être savantes, si nombreuses à cette époque, et si rares de nos jours : on peut le dire devant vous. C'est donc sous votre patronage que je place l'histoire de la vie de madame de Rochechouart de Maure, la tante de madame de Montespan, de madame de Thianges, du duc de Vivonne, dont tous les contemporains louaient à l'envi la beauté, la vertu et l'esprit. Puissent mes lecteurs être du même avis, et vous, Madame, avant tout autre.

Veuillez agréer, Madame la duchesse, le nouvel hommage de mes plus respectueux sentiments.

E. DE BARTHÉLEMY.

Paris, le 11 mars 1863.

AVANT-PROPOS.

En parcourant les portefeuilles de Valant, le soigneux médecin-collectionneur de la marquise de Sablé et de la coterie précieuse, je recueillis un certain nombre de billets de Mme la comtesse de Maure, négligés par M. Cousin, auquel nous devons de voir reparaître sur la scène de l'histoire anecdotique cette intelligente amie de Mmes de Longueville, de Sablé et de Montausier. Ces billets, compris dans le tome VII des portefeuilles de Valant, entre les folios 238 et 332, sont au nombre d'une soixantaine, et tous autographes, de cette indéchiffrable écriture qui devait faire le malheur des correspondants de la comtesse; ils sont des années 1660, 1661, 1662 et 1663. M. Cousin est injuste en se contentant d'en reproduire quelques fragments, dont plus d'un même est complétement tronqué, et en mettant le plus grand nombre de côté, quoiqu'ils ne soient ni plus ni

moins dignes des honneurs de la publicité. L'é-
minent académicien avait agi de même à l'égard
des copies de lettres conservées par Conrart.
MM. Amédée Roux et Léon Aubineau ont heureusement publié tout ce qui restait, l'un dans
un élégant petit volume, exclusivement composé de pièces inédites tirées des portefeuilles
de Conrart; l'autre dans ses très-intéressantes
Notices littéraires sur le dix-septième siècle.
Ayant péniblement déchiffré les billets demeu-
rés dans les papiers de Valant, j'ai voulu les
faire connaître en y joignant une courte no-
tice. C'est pendant ce travail que la pensée
m'est venue que Mme de Maure méritait bien les
honneurs d'un modeste petit volume, où l'on
trouverait réuni tout ce qui a été écrit et dit
sur elle; détails épars çà et là, et sans lesquels il
est assez difficile de bien exactement se repré-
senter cette figure vraiment originale, ce caractère fier et éminemment frondeur.

Le nom seul de la comtesse de Maure était à
peine connu il y a quelques années. Mademoiselle, dans ses *Mémoires,* la cite trois ou quatre
fois seulement, et dit incidemment que tous les
beaux esprits de Paris se plaisaient à se réunir
dans son salon. Bussy vante sa finesse; Mme de
Motteville en parle à plusieurs reprises; Tallemant lui consacre une historiette peu détaillée;
Somaise la mentionne dans son grand *Diction-*

naire des Précieuses, sous les traits les plus flatteurs : « Madonte est une femme de qualité, âgée de soixante ans, précieuse par conséquent des plus anciennes. Elle a de tout temps passé pour une des plus spirituelles d'Athènes ; les lettres ont fait ses divertissements durant les fréquentes maladies de sa jeunesse ; à présent elle mène une vie des plus extraordinaires, faisant du jour la nuit et de la nuit le jour, dînant à cinq heures du soir et soupant à deux heures après minuit. » Mademoiselle l'avait peinte sous le nom de la princesse de Misnie, dans sa *Princesse de Paphlago ie*, et Mlle de Scudéry sous celui d'Onésile, princesse d'Arménie, dans son *Grand Cyrus ;* enfin le marquis de Sourdis a écrit son portrait dans la *Galerie de Mlle de Montpensier*. Avec tous ces éléments, cependant, on ne connaissait pas la vie de la comtesse de Maure, jusque dans ces dernières années. Sa liaison intime avec la marquise de Sablé l'a heureusement placée sur le chemin de M. Cousin, qui en a longuement parlé dans l'histoire de cette dernière.

Mme la comtesse de Maure était une des amies de la marquise de Sablé, une des femmes de ce cercle précieux et lettré, charmant et poli, qui a fait l'honneur de la société française au dix-septième siècle. On sait que Mme de Sablé recevait ses plus illustres contemporaines : « Mme de Gué-

ménée, a dit M. Cousin [1], la duchesse de Liancourt,
la duchesse de Schomberg, Mme de Montausier,
ou des religieuses d'une vertu aimable comme
Éléonore de Souvré, abbesse de Saint-Amand
de Rennes; Éléonore de Rohan, abbesse de
Caen et de Malnoue; Gabrielle de Mortemart,
abbesse de Fontevraud ; sans parler de la grande
Angélique Arnaud, cette digne sœur de la mère
Agnès, et de cette autre mère Agnès, la carmélite, l'amie, la confidente, et quelquefois la
conseillère de Bossuet ; bien des femmes enfin
qui, sans avoir le génie ou le talent de Mme de
Sévigné et de Mme de la Fayette, composent en
quelque sorte leur cortége, et nous représentent
les étoiles inférieures de la littérature mondaine
et féminine au dix-septième siècle. Au premier
rang de ces femmes distinguées du second ordre,
nous signalons la vive, irritable et spirituelle
comtesse de Maure, avec sa pupille Mlle de
Vandy. »

---

[1] Mme *de Sablé,* avant-propos, page VII.

LA COMTESSE DE MAURE.

CHAPITRE I.

Naissance d'Anne Doni d'Attichy. — Sa famille. — Les ducs d'Atri. — Entrée de Mlle d'Attichy à la cour. — Mort de MM. de Marillac, ses oncles. — Sa liaison avec Mme de Sablé. — Sa jalousie, son portrait. — Elle épouse M. de Maure. — Caractère de ce dernier. — Il entre dans le parti des mécontents, puis dans la Fronde. — Sa mission malheureuse à la cour. — Récit de Mme de Motteville. — Couplets. — Ses échecs. — Mme de Brienne. — M. de Maure représentant des princes à Paris. — Ses dépêches. — Il devient gouverneur de Libourne. — Mme de Maure reste à Paris. — Ses liaisons avec Mme de Longueville.

Anne Doni d'Attichy était fille d'Octavien Doni, baron d'Attichy, et de Valence de Marillac, sœur du maréchal et du garde des sceaux de ce nom. Son père, originaire de Florence, avait suivi Marie de Médicis en France, et y avait exercé assez heureusement divers emplois importants dans les finances: c'est alors qu'il acheta la baronnie d'Attichy, située non loin de Compiègne, et qui revint à la jeune

Anne après la mort de son frère, tué pendant les
guerres de la Fronde [1]. Anne était née en 1600,
d'après l'âge que lui attribue Somaise, qui publia,
en 1660, son *Dictionnaire des Précieuses* [2]. Prodigieu-
sement spirituelle, aimée de la reine mère, elle
entra à son service en qualité de fille d'honneur,
et son peu de fortune la fit demeurer longtemps
dans cette position ; elle y fut cependant remarquée et passablement courtisée, si l'on en juge par
ce couplet d'une chanson faite en 1630 sur les filles
de la reine [3] :

> Pauvre Attichy, je te plains bien !
> Tu es d'amour mal assortie :
> L'un te manque faute de bien,
> L'autre a manqué faute de vie.

Elle avait connu la marquise de Sablé dès l'ap-
parition de celle-ci à la cour de la reine mère ; les
deux jeunes femmes se prirent aussitôt de la plus
vive affection l'une pour l'autre, affection, remarque M. Cousin, « qui survécut à toutes les
vicissitudes, et fit, jusqu'à l'heure suprême, la

[1] Elle avait deux autres frères : l'un mourut jésuite en 1645,
l'autre devint évêque d'Autun, en 1653 ; et une sœur qui épousa le
duc d'Atri.

[2] Le dictionnaire est de 1660 et non pas de 1661, comme dit
M. Cousin.

[3] *Recueil Mortemart*, tome I, p. 431. — Voiture, dans sa
LXIIIe lettre, remerciant Mlle de Rambouillet (depuis duchesse de
Montausier) de lui avoir fait connaître le conte des aventures
d'Anastaray, dit : « Je ne crois pas qu'il y ait rien de si horrible
que doit estre son enfer, et je m'imagine d'y voir Cerbère, les
trois Furies et mille autres couleuvres en une seule personne.
Mais quel personnage joue la pauvre Mlle d'Attichy parmy ces
damnés ! »

consolation et la douceur inaltérable de leur vie. »
En 1632, Anne d'Attichy vit ses deux oncles de
Marillac disparaître : l'un périt sur l'échafaud, l'autre mourut presque en même temps dans la prison
du château de Châteaudun. Elle en fut cruellement
frappée, et se disposait à partir pour Sablé, où la
marquise la pressait de venir passer les premiers
temps de sa douleur, quand elle eut connaissance
d'une lettre écrite par son amie à Mme de Rambouillet, et où elle disait que son plus grand bonheur serait de passer sa vie avec la belle Julie
d'Angennes. Aigrie sans doute par la douleur,
Mlle d'Attichy prit trop au sérieux ces expressions
tendres qui froissaient son excessive jalousie d'a-
mie ; elle renonça sur l'heure à son voyage, et
en écrivit vivement, ce semble, à la marquise.
Celle-ci ne se blessa pas, soit qu'elle regrettât
réellement cet incident, soit qu'elle ressentît quelque satisfaction à voir son amitié si recherchée.
Mlle d'Attichy ne voulut entendre aucune excuse,
pas même admettre le mot « galimatias » que
Mme de Sablé appliquait à sa malencontreuse lettre ; elle préféra demeurer seule avec elle-même,
« ayant perdu, dit-elle, par ce moyen-là, une confiance qui seule me rendoit la vie supportable. »
Elle ne répondait pas moins fermement à la duchesse
d'Aiguillon, qui avait été fille d'honneur avec elle,
et l'aimait tendrement, et qui, envoyant savoir de
ses nouvelles, lui faisait dire qu'elle n'osait aller
la voir elle-même. « Celle-ci répondit, suivant Tallemant, qu'elle la remercioit de son souvenir,
mais qu'elle la prioit de ne pas trouver mauvais

qu'elle ne vît point la nièce du meurtrier de son oncle [1]. »

Anne d'Attichy, cependant, voyait s'éloigner la jeunesse, sans qu'aucun des gentilshommes qui l'admiraient et le lui disaient certainement, songeât à lui offrir sa main. Elle était belle cependant; quoique nous n'ayons aucun portrait peint ou gravé d'elle, le doute n'est pas possible à cet égard. Mme de Motteville constate que « sa beauté avoit fait autrefois beaucoup de bruit. » Mademoiselle nous montre la princesse de Misnie grande et bien faite; Mlle de Scudéry trace de la princesse Onésile le plus charmant portrait : « Elle étoit grande, de belle taille et de bonne mine; elle avoit les cheveux bruns, les yeux noirs, le teint blanc et uni, la peau délicate, la bouche incarnate et souriante, le tour du visage fort agréable, quoique d'une forme assez particulière. De plus, elle avoit le nez très-bien fait, et sans être ni trop grand ni trop petit...; et un si bel et si grand éclat dans les yeux, un air si fin, si noble et si spirituel en sa physionomie, une beauté si particulière à la bouche, une gorge si admirablement belle, et un caractère de grandeur en toutes ses actions. » Le marquis de Sourdis n'est pas moins élogieux : « Je dirai seulement que la nature lui a donné un corps digne de son âme, et j'ai vu la

---

[1] Ce sentiment était très-connu, car vingt-cinq ans plus tard, Mme la duchesse d'Épernon, nièce elle-même de Richelieu, écrivant à Mme de Maure, lui disait : « Vous avez une bonté sans exemple de souhaiter l'avantage d'un parent d'une personne que vous n'avez pas sujet d'aymer. » (Manuscrits de Conrart.)

blancheur de son teint effacer et ternir celle du
satin blanc et du jasmin dont elle portoit hardiment des guirlandes. »

Son esprit et son caractère, en effet, ont mérité
d'unanimes éloges : Mᵐᵉ de Motteville parle de « sa
vertu éclatante et sans tache, de sa générosité, avec
une éloquence extraordinaire ; une âme élevée, des
sentiments nobles, beaucoup de lumières et de pénétration. » Tallemant ne trouve également que du
bien à dire de la comtesse de Maure, mais il re-
lève, comme l'a fait d'ailleurs Mˡˡᵉ de Scudéry, le
seul reproche qu'on puisse formuler en elle, sa
distraction au milieu de la conversation la plus intéressante ; « mais elle revenoit si à propos et si
agréablement, qu'elle répondoit aussi juste à ce
que l'on ne croyoit pas qu'elle eût entendu, que
si son esprit n'eût point fait plusieurs petits
voyages durant la conversation. » Elle était aussi
fort irrégulière dans ses heures, ce qui fait dire
au marquis de Sourdis « qu'elle seroit une femme
parfaite si elle pouvoit, comme le reste du monde,
s'assujettir aux horloges. » Elle ne savait nullement compter, et s'occupait, comme nous le verrons, beaucoup trop de sa santé. Tout cela n'empêchait pas Anne d'Attichy d'être une des femmes
les plus remarquées à la cour. « L'on peut assurer,
dit Mˡˡᵉ Scudéry en résumant son jugement, qu'elle
avoit toutes les vertus ensemble, et qu'elle étoit
respectée et tendrement aimée de tous ceux qui
avoient l'honneur de l'approcher. »

Mˡˡᵉ d'Attichy perdit son frère aîné pendant la
campagne de Flandre de 1637, et se trouva aussitôt,

comme aînée, une riche héritière [1]. Elle se maria
cette année même avec Henri de Rochechouart,
comte de Maure, frère du marquis, depuis duc de
Mortemart [2]; peut-être faut-il reconnaître en lui
celui que le couplet précité désignait comme

> Te manquant faute de bien.

[1] La sœur de Mlle d'Attichy épousa, dit M. Cousin, Scipion
d'Acquaviva, duc d'Atri au royaume de Naples, et en eut un fils, le
comte de Chateauvilain, qui mourut ecclésiastique, et Mlle d'Atri
que nous retrouverons chez sa tante quand elle eut perdu ses parents. L'honorable académicien dit qu'il suit à ce sujet l'article de
Moréri, et que le récit de Tallemant lui paraît inintelligible à ce
point de vue. Rien n'est cependant plus facile à expliquer du moment où on s'est donné la peine de voir que Scipion d'Acquaviva
n'était nullement un vrai d'Acquaviva.

Jules d'Acquaviva d'Aragon, duc d'Atri dans le royaume de Naples,
avait servi François Ier en France et s'y était étab'i : son fils cadet
resta attaché aux Espagnols et demeura en Italie, tandis que
l'aîné accompagna son père, et fut chevalier de l'ordre du roi et
conseiller d'État : de Camille Caraccioli, fille du prince de Melphes,
il n'eut qu'un fils, mort jeune, et une fille mariée à François-Louis
Adjacetti, riche partisan florentin, dont M. Doni d'Attichy fut
d'abord le commis : la reine mère fit ce mariage auquel Mlle d'Atri
mit pour condition l'acquisition d'une terre titrée : on acheta le comté
de Château-Villain, ce qui fit dire à la jeune femme : « Il aura le
vilain et moi j'aurai le château. » De cette union naquirent : Scipion
Adjacetti, qui, voulant se mettre sur un bon pied dans la noblesse,
se dénomma tout d'un coup d'Acquaviva d'Aragon, duc d'Atri et
prince de Melphes : il faisait carrément les choses, comme on voit ;
— et une fille, mariée à Claude d'Anglure baron de Bourlemont,
dont le fils prit également plus tard le titre de duc d'Atri.

Scipion Adjacetti, duc d'Atri, prince de Melphes, épousa Geneviève Doni, sœur de Mme de Maure, et en eut un fils tué en 1643 en
Italie, et deux filles religieuses : veuf de bonne heure, il entra
dans les ordres, devint abbé de Saint-Arnoul de Metz et mourut
en 1648, après avoir failli obtenir le chapeau de cardinal. Scipion
avait perdu son père trop tôt pour sa fortune et n'en avait reçu
qu'un héritage très-embarrassé.

[2] Gaspard de Rochechouart, marquis de Mortemart, mort le

M. le comte de Maure était un galant homme,
fier, généreux, considéré de tous, ayant brave-
ment servi ; il était à peu près du même âge que
sa femme ; comme elle, par exemple, il était complétement brouillé avec les horloges. « Elle a
trouvé, s'écrie Tallemant, un homme qui lui dame
bien le pion. » Il voyageait toujours aux flambeaux, partait pour la campagne au mois de novembre, et revenait à Paris au mois de mai. Il
paraît que presque jamais ils ne parvinrent à dîner
ensemble ; ils faisaient leurs visites à des heures
tout à fait inaccoutumées. « Les uns se vont mettre
à table, raconte Tallemant, les autres y sont déjà ;
quelques-uns se couchent quand on leur vient dire
que M. et Mme de Maure les demandent. On se lève
aussi si tard chez eux, que toute leur peine est de
trouver encore des messes. »

9 avril 1634, avait épousé Louise de Maure, fille du comte de
Maure et de Diane des Cars, princesse de Carency ; il en eut deux
fils : Gabriel de Rochechouart, créé duc et pair en 1650, chevalier
des ordres, premier gentilhomme de la chambre, gouverneur de
Paris, lieutenant général des armées, sixième aïeul du duc actuel ;
et Louis de Rochechouart, comte de Maure, grand sénéchal de
Guyenne. Le duc de Mortemart épousa en 1635 Diane de Grand-
seigne, fille du seigneur de Marsillac et de Catherine de la Béraudière : il mourut le 26 décembre 1675, ayant eu pour enfants :
1. Louis-Victor, d'abord duc de Vivonne, général des galères et
maréchal de France, marié en 1655 à Antoinette de Mesmes, fille
unique du seigneur de Roissy et de Marie de la Vallée-Fossée ; —
2. la marquise de Thianges ; — 3. la marquise de Montespan ; —
4. Gabrielle, abbesse de Fontevrault ; — 5. Christine, religieuse aux
Filles-Sainte-Marie de Chaillot.
Louise de Maure était dernière représentante d'une illustre
maison qui, d'après son épitaphe placée autrefois à l'église de Pic-
pus, tenait par alliances directes à Anne de Bretagne et à la maison de Bourbon. Elle mourut, le 23 juillet 1643, étant veuve en
premières noces du comte de Torigny.

Le comte de Maure ne crut pas devoir suivre la même ligne politique que son frère aîné ; il s'engagea au contraire près de la reine mère d'abord, et, sous la régence d'Anne d'Autriche, il réclama la réhabilitation du maréchal de Marillac. Il n'obtint naturellement qu'un refus, et crut devoir persévérer dans l'opposition, sans vouloir profiter des utiles exemples que lui prodiguait le marquis de Mortemart. Il entra dans la coterie des Importants, et demeura avec eux quand ils devinrent Frondeurs. La comtesse de Maure embrassait complétement les idées de son mari, qu'elle aimait, et auquel elle était parfaitement dévouée. A cet égard, Tallemant est positif : il nous apprend aussi qu'à cette époque le comte et la comtesse de Maure réunissaient une soixantaine de mille livres de rente, fortune considérable pour le temps (1648). Ils faisaient réellement grande figure, et menaient une bonne existence dans leur hôtel de la place Royale. L'absence du bon ordre dans leurs dépenses, malheureusement, les empêchait de jouir de la tranquillité qu'une pareille situation aurait dû leur assurer ; mais ces ressources paraissent, dès ce moment, ne pas leur avoir suffi, et le besoin d'argent n'aurait pas été indifférent au parti politique pris par le comte de Maure au moment où se forma la Fronde. On ne peut autrement s'expliquer les exigences qu'il formula dans l'état des demandes formées par les principaux membres de la faction, comme prix de leur soumission. Non-seulement, en effet, il renouvelle la requête de réhabilitation de la mémoire de son oncle, et du cordon bleu, mais

encore la restitution de la lieutenance de roi des
Trois-Évêchés que possédait le maréchal de Marillac, le gouvernement de Verdun, et deux cent
mille livres qu'il prétendait lui être dues [1].

Il n'obtint rien, et se décida alors à demeurer à
Paris, quand, au mois de mai 1649, la cour se re-
tira à Saint-Germain. Il fut du nombre des députés envoyés près de la reine mère à l'automne suivant, pour lui offrir, de la part des chefs de la
Fronde, de renoncer à toutes leurs exigences,
pourvu qu'elle consentît à bannir Mazarin. Mme de
Maure s'opposa vainement à cette démarche de son
mari, et elle avait grandement raison, car Mme de
Motteville dit très-franchement « qu'il fut reçu à
la cour comme un homme qui vient jouer la farce
de la comédie qui venoit de finir, et que toute la
plaisanterie tomba sur lui. » M. de Maure fit cependant consciencieusement les choses, et s'en vint
dans le conseil même renouveler solennellement
la proposition dont il était chargé ; le chancelier
la repoussa bien loin. « Cette célèbre harangue,
dit Mme de Motteville, ne fut donc ni approuvée ni
utile, et ne fit autre chose que d'arrêter la paix pendant quinze jours, et tout l'avantage qu'en tira celui
qui la fit fut le plaisir de se venger de ses ennemis, qui
est beaucoup pour un homme qui préfère la liberté
de dire ses sentiments à sa fortune. Il crut peut-
être faire voir au ministre qu'il étoit à craindre, car il est vrai que cette prétention, qui avoit

---

[1] État des demandes des princes et seigneurs qui ont pris les
armes avec le parlement et peuple de Paris, 12e paragraphe.

quelque chose en soi qui lui parut beau , fit beaucoup parler de lui [1]. » Tout le monde ne fut pas de
l'avis de Mme de Motteville, mais plutôt de celui du

[1] Voici le récit de cette malencontreuse équipée, telle que la
raconte Mme de Motteville dans ses mémoires :

« Le comte de Maure fut choisi pour cette célèbre commission,
et arriva à la cour le 20 de mars, où il dit hautement que son
dessein étoit de travailler à chasser le ministre. Il étoit son grand
ennemi et prétendoit en avoir été maltraité *.

« La comtesse de Maure croyoit en son particulier avoir quelque
sujet de se plaindre de la reyne ; mais la vivacité de son esprit, qui
la rendoit trop sensible au bien et au mal, l'emporta quelquefois
au-delà de la raison et de la prudence.

« Selon la vérité, la reyne ne l'avoit pas désobligée ; et si elle
n'étoit pas entrée dans les sentiments de vengeance que la comtesse de Maure avoit souhaités d'elle au sujet de la mort du maréchal de Marillac, dont elle prétendoit faire revoir le procès comme
ayant été condamné injustement, c'étoit à cause des grandes difficultés qui s'y rencontrèrent. Malgré les plaintes et les mouvements
impétueux de cette dame, elle ne laissoit pas d'avouer qu'il étoit
difficile de la satisfaire, et de reconnoître que ce que le comte de
Maure vouloit faire contre le ministre ne réussiroit pas. Ainsi elle
désapprouva son engagement, jugeant bien, comme il arriva, qu'au
lieu de se venger du ministre, cette députation ne serviroit qu'à
raffermir davantage son autorité.

« Mais lui, qui avoit l'âme intrépide sur la haine comme sur
l'amitié, se résolut, malgré la déférence qu'il avoit accoutumé
d'avoir pour sa femme, de pousser le cardinal aux dernières extré-
mités. Il eut peu de satisfaction, car il fut reçu à la cour comme
un homme qui venoit jouer la farce de la comédie sérieuse qui
venoit de finir. L'intention de ceux qui avoient tant désiré son
voyage n'étant pas de se contenter de cette gloire dont il devoit
pour eux faire parade, mais de traiter en particulier, la constance
et la fermeté avec laquelle il parloit tout de bon ne furent pas sou-

* Sur quoi de Maure en même temps
Partit de Paris avec l'acte,
Qu'aucun de nos chefs ne rétracte,
Pour le donner aux députés,
Aux nouveaux ordres portés
De faire une éternelle instance
Pour l'exil de son Éminence.

(Xe *Courrier de la Fronde*, par Saint-Julien.)

chancelier, qui paraît s'être assez amusé du pléni-
potentiaire de la Fronde ; il eut les honneurs de
plusieurs couplets : quelques-uns sont signés par

tenues par ceux qui l'avoient envoyé, qui, voulant cacher le dé-
goût qui pouvoit se rencontrer en cette hardiesse, prirent plaisir
à le condamner et à se moquer gaiement de l'ambassadeur qui ne
s'étoit pas aperçu qu'il seroit abandonné, et ne le laissèrent pas
profiter de sa bonne foi.

« Le soir, revenant d'une promenade que j'étois allée faire à
Maisons, la reyne en riant me demanda ce que je disois du voyage
de mon bon ami le comte de Maure ; car elle savoit bien que lui
et sa femme étoient de mes amis. Je ne voulus entrer en rien
contre une personne que j'estimois assez pour ne m'en pas moquer. Il avoit de l'honneur et de la probité, mais il étoit entêté de
ses opinions et avoit le malheur de n'avoir pas autant d'approbation dans le monde qu'il avoit effectivement de vertu. Je répondis
donc assez froidement à la reyne, et lui dis seulement que le comte
de Maure étoit à plaindre d'être persuadé que son honneur l'obligeoit à venir demander une chose qu'il pouvoit bien juger qu'il
n'obtiendroit pas. En effet, il exécuta avec tant d'exactitude la
commission qu'on lui avoit donnée, et dont il s'étoit bien voulu
charger, que, malgré les railleries qui se firent contre lui dans le
cabinet, il fit dans le conseil sa déclaration en forme contre les
ministres, promettant de la part des généraux un généreux dédain
des dignités, richesses et gouvernement, à condition que par eux
la France fût délivrée de celui qu'ils nommoient l'ennemi de
l'État.

« Le chancelier, rejetant bien loin cette proposition, lui dit
que cela étoit une affaire finie, que de leur côté comme de celui
du roi la paix étoit faite, et que toutes les haines et animosités
étoient terminées et abolies. Cette célèbre harangue ne fut donc ni
approuvée ni utile, et ne fit autre chose que d'arrêter la paix pendant quinze jours ; et tout l'avantage qu'en tira celui qui la fit, fut
le plaisir de se venger de son ennemi, qui est beaucoup pour un
homme qui préfère la liberté de dire ses sentiments à sa fortune.
Il crut peut-être faire voir au ministre qu'il étoit un homme à
craindre, et il est vrai que cette protestation, qui avoit quelque
chose en soi qui lui parut beau, fit beaucoup parler de lui. Mais on
étoit accoutumé à faire des chansons contre lui sur tout ce qu'il
faisoit.

« Malgré cet enthousiasme de générosité et de beaux senti-

Bachaumont et par Bautru ; celui-ci même parait
authentiquement du prince de Condé [1] :

> C'est un tigre affamé de sang
> Que ce brave comte de Maure.
> Quand il combat au premier rang
> C'est un tigre affamé de sang.
> Mais il n'y combat pas souvent,
> C'est pourquoi Condé vit encore.
> C'est un tigre affamé de sang
> Que ce brave comte de Maure [2].

ments, je n'aurois pas voulu jurer qu'il eût refusé quelques dignités si on les lui avoit offertes : et je ne sais si la considération et la
faveur du duc de Mortemart, chevalier des ordres, ne lui donnoit
point de jalousie ; car, entre les demandes particulières de tout
ceux du parti , la sienne étoit pour avoir le cordon bleu quand on
feroit des chevaliers. »

[1] Le grand Condé aimait en effet à composer de petits vers.
(Voyez *Mme de Sablé*, 2e édit., p. 290.)

[2] Voici les autres couplets :

> Buffle à manches de velours noir
> Porte le grand comte de Maure.
> Sur ce guerrier il fait beau voir
> Buffle à manches de velours noir !
> Condé, rentre dans ton devoir,
> Si tu ne veux qu'il te dévore.
> Buffle à manche de velours noir
> Porte le grand comte de Maure.
>
> Je suis d'avis de batailler,
> A dit le grand comte de Maure :
> Il n'est plus saison de railler,
> Je suis d'avis de batailler.
> Il les faut en pièces tailler
> Et les traiter de Turc à More.
> Je suis d'avis de batailler,
> A dit le grand comte de Maure.
>
> Le Maure consent à la paix ;
> Il la va signer tout à l'heure.
> Pourvu qu'il ait quelque brevet ,
> Le Maure consent à la paix.
> Qu'on supprime le triolet
> Et que son buffle lui demeure.
> Le Maure consent à la paix :
> Il la va signer tout à l'heure.

M. Cousin attribue les deux premiers couplets à Bachaumont,

Le malheur voulut que Mme de Maure acheva,
bien innocemment sans conteste, de ridiculiser
son mari. Elle avait blâmé sa démarche, mais
elle crut devoir ensuite essayer de la justifier, et
elle en écrivit à une ancienne amie, Mme de Brienne,
femme du secrétaire d'État, en la priant de s'en
expliquer adroitement avec la reine. Elle lui disait
que « depuis la régence il n'a pas eu un seul bienfait de quelque nature qu'il puisse être, si ce n'est
en papier; » lui exposait les nombreux griefs du
ménage à l'égard de Mazarin, et cherchait à lui
déduire les raisons qui l'engagèrent à prendre parti
contre le cardinal. « Alors, ajoutait-elle en termi-
nant, il ne put résister à la tentation de montrer
son ressentiment. Il n'avoit pas voulu pour cela aider à former un parti; mais étant tout formé, l'estimant juste, et voyant qu'on ne pouvoit pas
même soupçonner qu'on voulût détruire la royauté,
il crut qu'il feroit mieux de s'y mettre que de s'aller empresser à la cour où il avoit été si maltraité,
ou de s'enfermer dans une de ses maisons durant cette
guerre. » Mme de Brienne se contenta de donner
cette malencontreuse épître à son mari, qui la lut
en plein de conseil et en divertit tout le monde [1].

tandis que M. Moreau, éditeur du *Courrier burlesque de la
Fronde*, nomme Marigny. Le dernier est bien de Bautru.

[1] Une note que Conrart a placée avec cette suite de lettres copiées
par lui dans ses précieux portefeuilles donne le minutieux détail
de cette scène : « L'aventure de cette lettre fut que Mme de Brienne
l'ayant reçue, au lieu de se bien mettre dans la tête ce que Mme la
comtesse de Maure lui mandoit, ou tout au plus d'en lire bien
secrètement quelque chose à M. le cardinal, elle donna la lettre à
M. son mari, lui disant : — Je crois que Mme la comtesse de Maure

Mme de Maure écrivit de nouveau et n'obtint qu'une
réponse fort médiocre, où Mme de Brienne relevait
aisément les faibles arguments de son mémoire :
« Quoi ! parce que la reine et monseigneur le cardinal ne vous ont pas bien traités, M. le comte de
Maure se met dans un parti contre le roi ! En vérité, est-ce là une raison et une excuse valable
devant Dieu et devant les hommes ? Une personne
qui a autant de cœur, d'esprit et de bonté que
vous, sera-t-elle sans scrupule dans un état qui
est, ce me semble, digne de vous en donner?
Consultez-le devant Dieu : sans doute vous en
aurez douleur, et vous oublierez vos intérêts pour
entrer dans ceux d'une véritable chrétienne, qui
ne cherche pas à se venger quand elle en auroit
raison. » On comprend que le bruit fait d'abord
autour de la première lettre et cette réponse avaient
vivement froissé la comtesse ; elle s'en plaignit longuement à la marquise de Montausier, cette même
Julie de Rambouillet, qui avait anciennement causé
sa querelle avec Mme de Sablé. Sa lettre, conservée également par le soigneux Conrart, est longue,
et était accompagnée de celle adressée précédem-
ment à la comtesse de Brienne. Mme de Maure s'y

sera bien aise qu'il la voie. — M. de Brienne, sans autre cérémonie,
la donna à M. le cardinal comme il étoit prêt d'entrer au conseil.
Il y entre cette lettre à la main, disant : — Voici une lettre de
Mme la comtesse de Maure, où il doit y avoir bien des choses, car
elle est fort grosse. — Et comme il avoit de la peine à la lire,
M. le prince la prit, disant : — Je la lirai bien, moi ! — et il la lut
d'un ton ridicule, ce qui, avec la mauvaise disposition où l'on étoit
dans ce temps-là pour M. le comte de Maure et pour Mme sa femme,
fit qu'elle eut un très-méchant succès. »

défend de son mieux, tout en demandant à sa
chère sœur « de ne punir le ménage. » On voit,
de plus, qu'elle eut un autre motif de froissement. Non-seulement en effet on trouva la fameuse
dépêche maladroite, mais encore la reine se for-
malisa de la manière dont elle était rédigée, re-
prochant à la comtesse « d'en faire vanité ». Cette
négociation, en somme, réussit fort mal au ménage
de Maure. Le cardinal de Retz infligea au comte le
sobriquet de « replâtreux de parti », et les couplets
redoublèrent, répétant très-méchamment :

> Pourvu qu'il ait de bons brevets,
> Le Maure consent à la paix
> Et la va signer tout à l'heure.

Les chances de réconciliation avantageuse étaient
loin de s'accroître après un pareil éclat. La comtesse faisait assez triste figure : elle était à ce moment
à Paris, tandis que la cour se tenait à Compiègne, et
que Mazarin avait très-peu gracieusement mis ses
gardes dans le domaine d'Attichy. Mme de Maure fit
agir vivement pour se débarrasser de cette fâcheuse
garnison ; elle fit écrire au cardinal une demande
par Mlle d'Atri, comme possédant une partie impor-
tante de cette terre. Mazarin donna immédiatement
l'ordre d'évacuer ; mais, quand il sut la vérité, il
le révoqua. « Il a fallu bien des choses, dit Mme de
Maure à Mme de Montausier, pour me faire croire
que c'étoit pur mouvement de vengeance, me semblant que c'étoit une chose trop basse. » Mme de
Maure voulut aussi répondre au sermon qu'elle
avait reçu de Mme de Brienne, et elle s'y résolut

après avoir consulté Mme de Longueville, qui l'y poussa de toutes ses forces. Elle écrivit cette lettre, mais elle n'osa cependant l'envoyer, « non pas que je me fusse trop souciée que la reine l'eût vue, mais de peur qu'on ne dît que.j'étois bien incorrigible sur les lettres après ce qui m'étoit arrivé. » Du reste, Mme de Brienne, étant venue elle-même la trouver, rendit ce plaidoyer inutile : la comtesse ne sut pas pourtant perdre ce beau morceau de style, et le communiqua à Mmes de Sablé et de Montausier. N'était-ce pas assez pour le répandre, et se faire inutilement un nouveau tort? On a donc bien le droit de la considérer comme passablement incorrigible.

La paix signée à la fin de 1649 dura peu, comme on sait, et les témoignages de dévouement donnés à la cour par les chefs de la Fronde ne trompèrent personne ; au premier dissentiment elle se réveilla, et ces mêmes hommes se retrouvèrent à leur place naturelle le jour où la guerre se ralluma. M. et Mme de Maure demeurèrent à Paris; le comte était chargé par les princes retirés en Guyenne de négocier auprès du duc d'Orléans et des Frondeurs et d'entretenir l'agitation du Parlement. Il était en correspondance suivie avec Lenet, véritable premier ministre des princes à Bordeaux; Lenet le tenait au courant des événements, louait souvent sa conduite, sa prudence, et même lui demandait des conseils [1]. Plusieurs dépêches de M. de Maure sont conservées dans les portefeuilles de Lenet, à la Bi-

[1] *Madame de Sablé*, par M. Cousin, 2e édit., p. 295.

bliothèque impériale ; leur auteur cherche visible-
ment à soutenir la résolution du parti des princes,
à augmenter leurs espérances en traçant un tableau
assez sombre de l'état de la cour, notamment en ce
qui concernait Paris : « Si l'animosité n'aveugle
tout à fait le cardinal, il verra aussi bien que nous
que l'État est perdu, si les affaires demeurent durant trois mois en l'état misérable où elles sont : la
France pleine de troupes, ravagée par les ennemis
et par les amis, le roi sans argent et sans autorité,
les généraux sans créance non plus que les ministres,
et Paris si divisé par des cabales puissantes, qu'au
lieu de servir le roi dans de si grands besoins, la
cour a plus sujet de craindre que d'espérer de cette
grande ville, où est le peu d'argent qui reste en
France. » (24 mars 1650.) M de Maure montrait la
délivrance des princes comme le seul remède à ces
maux divers et le seul salut possible pour les affaires du roi, que l'entêtement de Mazarin, selon lui,
compromettait de plus en plus ; il poussait surtout
Lenet à ne traiter à aucun prix avec le cardinal. Les
événements donnèrent tort à l'ardent partisan des
princes, mais il ne renonça à aucune de ses idées,
et nous le voyons aussi des premiers partir pour
Bordeaux au signal de la troisième Fronde ; il se
distingue bientôt dans un sanglant combat livré
sous les murs de Libourne, où il commandait une
division contre M. de Folleville : blessé à la tête,
il fut fait prisonnier (mai). Le 4 juillet 1652, Mᵐᵉ de
Longueville écrivait de Bordeaux à Mˡˡᵉ de Rambouillet : « Je vous supplie de demander à Mᵐᵉ de
Sablé, de ma part, si elle a reçu et rendu à Mᵐᵉ la

comtesse de More une lettre que je lui ay es-
cripte sur la prison de son mary, il y a desjà assez
longtemps [1]. »

La conduite du comte de Maure fut brillante en
Guyenne; il demeura à Bordeaux quand Condé quitta
la province, et il montra comme gouverneur de Libourne une grande bravoure et une connaissance
réelle des affaires. Mme de Longueville, qui n'était
pas précisément gâtée en fait de dévouement, tenait
M. de Maure en grande estime et ne négligeait rien
pour le flatter et l'encourager : elle écrivait quelquefois à sa femme, qui était restée à Paris : elle la pressait de venir la rejoindre : « Sérieusement je le souhaite: c'est une passion que rien n'égale, que le désir
que j'ai que vous me conserviez votre amitié et que
vous croyiez que la mienne pour vous me fait mériter la continuation de celle que je vous demande.»
Quelques jours auparavant, la duchesse lui avait
donné son portrait. « Mme de Longueville, écrit la
comtesse de Maure à son mari, le 9 septembre, a
mandé à Juste qu'il me donnât son portrait. Vous
sentez la joie que j'en ay…. Je souhaite passionnément qu'elle le puisse voir bientôt dans ma chambre qui ne lui déplaît pas et qu'il rend tout à fait
telle, et j'ai bien plus de peine à la quitter que

---

[1] Un passage d'une lettre de Condé à Lenet, du 9 juin, porte à
ce sujet : « Écrivez à M. le comte de More et à M. le comte de
Chastelus de ma part sur le subject de leur prison. » — M. Aubineau mentionne cet emprisonnement vaguement et sans se l'expliquer; M. Cousin l'omet : il était facile cependant à éclaircir,
puisque le renseignement que je donne m'a tout simplement
été fourni par les mémoires de Conrart, collection Petitot, tome
XLVII, page 79.

je n'en avois, quand il n'y étoit pas. » Elle offrait
ses services à la belle duchesse, lui apprenant qu'elle
était parvenue à être à Paris depuis quinze jours,
sans que la reine le sût, et espérant « que cela pourroit encore durer deux fois autant. »

CHAPITRE II.

L'insuccès de cette troisième et dernière Fronde
amena une disgrâce complète pour M. et Mme de
Maure, qui durent se retirer à Attichy, et ne pu-
rent s'y préserver de toutes sortes de vexations,
dont celle du logement d'une garnison n'était pas
la moins onéreuse. Il fallut avoir de nouveau recours au marquis de Mortemart qui avait déjà dû
intervenir lors de la malheureuse affaire de la lettre à Mme de Brienne. Mme de Maure obtint de la
sorte un délai pour terminer à Paris quelques affaires
d'argent. Écrivant à ce sujet au secrétaire d'État
le Tellier, le 4 février 1653, elle reprend assez mal
à propos son vieux thème : « Véritablement la reyne
a faict du bien à des gens qui n'avoient pas eu l'at-

tachement à elle que nous en avions eu de tout temps, et que je puis dire qui ne méritoient pas mieux qu'elle leur en fît que M. le comte de Maure; et bien loin qu'il ayt eu la moindre part dans tant de grâces qu'elle a départies dans sept années de la régence qu'il est demeuré à la cour, nous n'avons sceu même conserver la marque de considération qu'elle nous donnoit auparavant; encore que nous n'ayons pas esté seulement soupçonnés d'avoir rien fait qui nous la deust faire perdre. Je n'ay sceu m'empescher de faire cette petite digression, pour vous faire voir que M. le comte de Maure pouvoit être excusable dans ce qu'il a fait; et en vérité, Monsieur, j'ose vous dire, qu'ayant l'esprit que vous avez, je ne me saurois persuader que si je vous pouvois entretenir du détail de nos raisons, nonseulement pour ce qui regarde la reyne, mais aussi M. le cardinal de Mazarin, vous pussiez condamner tout à fait M. le comte de Maure. Enfin, Monsieur, si on luy reproche la rébellion, on ne lui sauroit reprocher l'ingratitude; et quant à la rébellion, si je pouvois vous faire voir la lettre qu'il m'écrit, vous verriez bien qu'il a les sentiments que peut avoir un bon François. » Elle prie de plus le ministre d'expliquer à la reine la raison qui la retenait, de la prémunir contre un second ordre de départ, « ne voulant pas passer pour une personne qui ne veut pas obéir et qui ne peut pas se résoudre à sortir de Paris, où je ne suis pas, Dieu mercy, fort attachée [1]. »

---

[1] Parmi les lettres publiées pour la première fois par M. Aubineau, il y en a une à l'abbé de la Victoire que l'éditeur place au

Mme de Maure passa près de deux ans loin de
Paris, sans qu'on entendît parler d'elle; son mari
avait été compris dans le traité du prince de Conti;
mais, tout en lui laissant la liberté, on lui recon-
naissait l'obligation de se retirer « dans tel lieu
qu'il lui plaira. » Il s'établit en Poitou, d'après ce
que Mme de Maure mande à l'évèque Godeau, dans
une lettre datée des eaux de Bourbon-Lancy, le 12
juin 1654. Elle lui raconte qu'elle s'y trouve avec
Mlle de Clisson, qu'elle doit en partant passer quelque temps chez Mme de Longueville, où M. de
Maure, demeuré malade à Paris, devait la rejoindre; de là elle devait aller accomplir un vœu à
Sainte-Reine, et passer à Autun où son frère était
évèque. « Nous reviendrons après, en quelque sorte
sur nos pas, pour aller à ce désert de M. le comte
de Maure, dont vous avez ouy parler, et qui nous
feroit bien souhaiter, avec encore quelque autre
raison, que vous fussiez plus tost *évesque de Poitiers*
que de Vence. » Mais déjà le cardinal s'était singulièrement radouci, car, dans cette même lettre,
Mme de Maure annonce que « dans tous les cas, l'on
se rendra à Paris pour y passer l'hyver, s'il plaist à
Dieu. » L'année suivante, à la fin du mois de mai,
Mme de Maure revint aux eaux de Bourbon, et s'y

---

mois de février 1653, et dans laquelle la comtesse parle d'un portrait de M. le Prince, donné par elle à Mlle de Scudéry. Ce billet
me semble au contraire, d'après la réponse même de l'abbé, écrit
à une époque postérieure de plusieurs années, alors que Mme de
Maure était tout à fait revenue à Paris et y tenait un bureau d'esprit. La mention du portrait de M. le Prince me paraît décisive :
il est évident qu'il s'agit d'un portrait écrit, et ce n'est que vers
1657 et 1658 que la mode en vint.

trouva avec Mme de Longueville et Mmes de Bouillon,
et il y eut une petite aventure au sujet de laquelle
elle adressa à Mme de Montausier une longue lettre
qui témoigne d'une verve et d'une vivacité de pinceau que M. Cousin n'hésite pas à déclarer dignes
du duc de Saint-Simon. Mmes de Bouillon s'installè-
rent à Bourbon avec beaucoup de fracas et en princesses souveraines, qualité que Mme de Maure ne
voulait absolument pas leur reconnaître. « Il a fallu
pour mes péchés qu'elles vinssent ici, car ailleurs
je m'étois bien sauvée de leur principauté. » Elles
envoyèrent prévenir la comtesse du plaisir qu'elles
auraient à la voir, et celle-ci se trouva d'autant
plus embarrassée que plusieurs femmes, comme la
comtesse de Lévis-Charlus et la maréchale de l'Hospital, s'accommodèrent de leurs prétentions; « sans
autre cérémonie, Mme de Turenne se mit au-dessus
de Mme de l'Hospital; toute la grâce qu'elle lui fit,
fut de lui donner une même chaise qu'à elle. » Mme de
Longueville essaya vainement d'arranger cette grosse
affaire, Mlle de Bouillon « plus rouge que feu » ne
voulait rien entendre; ces dames se rencontrèrent
fortuitement dans l'antichambre de la duchesse;
mais on comprend que leurs relations s'en soient
singulièrement refroidies. Mme de Maure ne s'en
fait pas illusion, mais au moins elle a la satisfaction
d'avoir résisté à un caprice qui la blessait. « Quoique je n'aie voulu révolter personne, et que je
n'aie prétendu rien, sinon de ne point faire de
bassesse, je ne doute point que je ne sois brouillée
avec toute la maison pour le reste de ma vie. Et,
après tout, sans moi leur principauté eût été du moins

établie à Bourbon ! » Cette comédie recommença
encore à l'occasion de l'arrivée de la comtesse de
Saint-Géran, au mois de septembre. Mme de Saint-
Géran, femme du gouverneur d'Auvergne, était
cousine de Mme de Maure, et cette dernière tenait
essentiellement à ce que sa parenté ne pliât pas
plus qu'elle devant les prétentions de Mmes de Bouillon. « Je lui mandai donc, écrit-elle à la duchesse
de Longueville, alors retournée à Trie, qu'elle
n'allât en aucun lieu que je n'eusse parlé à elle.
Elle répondit qu'elle me verroit à l'heure même, et
aussitôt je la vis entrer, disant : Je me doute bien
de ce que vous me voulez ; mais comment ferai-je ?
Il faut bien que je la voie, puisque je suis ici. — Je
lui dis que si elle avoit envie d'être traitée comme
une soubrette, elle n'avoit qu'à se dépêcher, mais
que si elle vouloit l'être selon sa condition, il falloit
préparer les voies. » Il y eut négociation par l'entremise du père gardien des capucins de Bourbon ;
Mme de Saint-Géran vint avec lui ; le religieux pé-
nétra d'abord seul. Mme de Bouillon était au bain
et Mlle de Bouillon sur son lit ; on discuta assez
longtemps ; il fut convenu enfin que Mlle de Bouillon demeurerait sur son lit et que Mme de Saint-
Géran se mettrait près d'elle ; la comtesse entra,
mais « le cœur lui faillit au besoin », et elle s'assit
sur un petit siége. La duchesse survint, prit le
siége de Mme de Saint-Géran, et comme Mlle de
Bouillon avait eu le soin de faire retirer toutes les
chaises, force fut à la comtesse de se tenir debout.
On comprend quel jugement Mme de Maure porte
de cette conduite et quelle plaisanterie elle déco-

che contre leurs altesses. « Enfin l'altesse de Madame n'étant pas moins satisfaite, ajoute-t-elle, que l'altesse de Mademoiselle, elle fut aussi fort humaine et conduisit la dame le plus loin qu'il se pouvoit, de sorte que si je n'ai tout à fait réussi en mon dessein, j'ai du moins fait recevoir ma cousine d'une autre façon qu'elle ne l'auroit été, si je ne m'en étois mêlée, et j'ai un peu vengé le mépris qu'elles font de nous autres pauvres noblesses, ayant empêché les gouvernants de la province de servir tout à fait à leur triomphe. Vous ne doutez pas aussi, Madame, que je ne me sois donné le dernier coup de pinceau et qu'elles ne soient bien persuadées que c'est moi qui leur ai envoyé le capucin. Mais, quoi qu'il m'en puisse arriver, je n'y saurois avoir de regret, car, outre que j'ai fait ce que j'ai dû, on s'ennuyoit tellement ici, que l'on a été trop heureux d'avoir cela à faire. »

Nous avons vu que Mme de Maure pensait revenir pour l'hiver à Paris, et, en effet, elle y passa encore une grande partie de l'année 1645 ; sa présence nous y est constatée au mois de septembre par une lettre de la princesse de Guéménée à la marquise de Sablé, au sujet d'une nouvelle discussion sur le même sujet soulevé par la comtesse. Mme de Maure se plaignait hautement de ne trouver que des siéges chez la princesse, au lieu de chaises. Mme de Guéménée s'excusait vainement sur l'exiguïté de sa chambre et sur les exigences de « plus petites dames qui prétendoient à des chaises. » Elle terminait quasi aigrement : « Moi, quand j'aurois quelques prétentions aussi bien fon-

dées que d'autres , je crois que Mme la comtesse
de Maure a intérêt à maintenir ma maison, puisque
M. son mary en vient, et j'attendois d'elle des avis
pour la relever, au lieu de se plaindre d'une manière contraire, en faisant trouver à redire ce que
j'ai fait sans dépens particuliers. Si tout le monde
retranchoit les chaises pour les raisons que j'ai dites , trouveroit-on étrange que j'en suivisse la
mode? » Cette lettre émut Mme de Maure, qui écrivit aussitôt à Mme de Sablé dans des termes qui
témoignent d'un vif froissement : elle commence
par déclarer qu'elle n'avait nullement prétendu
médire de la princesse, et qu'elle avait seulement
été amenée à en parler en racontant ses aventures
avec les princesses de Bouillon; mais que, du moment
où elle prenait ainsi les choses, elle serait certainement « très-marrie d'être privée de la satisfaction
de la voir chez elle, mais on ne voudroit non plus
l'embarrasser que de faire ce qu'on croit ne devoir
pas faire. » Elle va jusqu'à repousser l'alliance que
la princesse de Guéménée mentionnait à titre d'honneur pour M. de Maure : « Encore qu'il ayt l'honneur d'estre son parent , vous savez que cette alliance, pour relevée qu'elle soit , ne feroit pas
qu'une maison qui ne le seroit pas par elle-même
le fût pour cela. »

La comtesse, en résumé, n'était pas de relations
très-faciles ; en même temps qu'elle « se délivroit
honnêtement d'aller voir Mme de Guéménée , si
cette dernière ne se met à la raison, » elle avait
une discussion très-vive avec le maréchal d'Albret.
Déjà le manque d'ordre du ménage avait produit de

fâcheux embarras financiers, et force avait été de louer au maréchal l'hôtel de la place Royale ; on l'avait même loué meublé, mais il paraît aussi que Mme de Maure avait tenté, une fois le bail conclu, d'en retirer d'assez nombreux objets : dans tous les cas, elle était dans son droit en voulant avoir les portraits de famille ; mais il paraît aussi que le maréchal les trouvait seyants pour l'ornement des appartements, et il aurait exprimé à Mme de Castelnau l'étonnement que lui causait Mme de Maure en voulant emporter tant de choses. « Je suis d'avis qu'elle emporte encore le plafond, » aurait-il ajouté. La comtesse n'hésite plus, et elle en écrit de sa plus belle encre au maréchal lui-même, lui reproduisant cette sortie : « Je vous avoue, ajoute-t-elle, que rien ne m'a jamais frappé davantage le cœur que cette parole-là,» et elle trace une longue justification qui surprend de la part d'une femme aussi incontestablement intelligente. Le maréchal répondit sur l'heure, en déclarant qu'il n'a jamais tenu ce propos, qu'il a mis Mme de Castelnau devant vingt témoins au défi de le certifier. « Dans le sentiment d'estime, de respect et d'amitié, s'il m'est permis de me servir de ce terme, que j'ay pour vous, je ne serois pas satisfait s'il y avoit une seule personne dans le monde qui pust me soupçonner d'un discours sur votre sujet qui ait, non-seulement besoin d'examen, mais même de la moindre petite explication. »

Cette année 1655 était réellement funeste pour la comtesse. Après les historiettes de Mme de Guéménée, de Mme de Castelnau, voilà M. de Morte-

mart qui marie son fils sans en faire part à sa belle-
sœur : celle-ci , aussitôt , écrivit vingt pages au
comte de la Vauguyon, oncle de son mari, pour
lui exposer cette noirceur, qui ne peut manquer de « l'épouvanter ». Elle en dit autant, mais
moins longuement, à Mmes de Longueville et de
Sablé, en assurant gravement cette dernière que la
duchesse en est «dans le dernier épouvantement».
Malgré cette humeur évidemment plus difficile qu'il
ne convenait, Mme de Maure était fort recherchée.
Le cardinal Mazarin la laissait jouer fort paisiblement à Paris son rôle de victime, et elle y voyait
chaque jour grandir son cercle. Au mois de janvier 1656, elle feint de souhaiter une retraite abso-
lue, et a l'air de faire une grâce toute particulière
au jeune duc de Candale en écrivant à la comtesse
de Langeron qu'elle se décidera à le recevoir ; mais
elle ne pensait pas un mot de ce qu'elle disait,
quand elle mandait à son amie : « Outre que je
crains les gens de son âge , je cherche plutôt désormais à perdre des connoissances qu'à en faire. »
Elle se trompait singulièrement, car, non-seulement elle aimait le monde, mais elle en avait besoin,
et se plaisait à se faire rendre cent petits services.
Elle recevait souvent le commandeur de Jars, le duc
de la Rochefoucauld « qui est venu céans deux fois
en quinze jours [1] », et si le maréchal d'Albret se

---

[1] Après la fin de la Fronde, Mme de Maure paraît avoir été en
très-grand froid avec le duc de la Rochefoucauld. Deux lettres
conservées dans les papiers de Conrart le constatent, mais malheureusement avec assez peu de clarté. M. de Cerizay, secrétaire
du duc, écrivait à la comtesse le 6 septembre 1652 : « Je ne puis
m'empêcher de vous dire que M. de la Rochefoucauld continue à

présente inutilement à son tour, la comtesse se hâte
de lui écrire pour lui exprimer ses regrets. Elle
eut bientôt à recourir à M. de Villeroy, pour le prier
de la préserver d'une nouvelle garnison dont on la
menaçait à Attichy. « Je ne saurois m'empêcher de
vous dire, Monsieur, lui demande-t-elle avec une
franchise au moins originale, qu'encore que M. le
comte de Maure eût eu le malheur de faire des choses qui ont pu déplaire au roy, il me semble qu'il
ne seroit pas raisonnable qu'il (le roi) voulût s'at-
tacher à me faire un mal qui, proprement, me seroit particulier, ce lieu-là estant à moy. » Le maréchal s'empressa de faire retirer l'ordre qui en-
voyait à Attichy un détachement du régiment des
gardes, s'estimant « très-heureux s'il s'offroit quelque autre occasion où je pusse témoigner, Madame,
combien je vous honore. »

maintenir que pour vostre honneur il ne doit jamais croire que
vous ayez pu prendre sérieusement ce qu'il a dit, et que si vous
estiez tellement arrestée à ne vous vouloir réconcilier qu'à condition qu'on ne parleroit plus de voleries, il feroit un effort sur
soy pour se taire d'une chose qu'il trouve la plus plaisante du
monde, à considérer celuy de qui elle s'est dite. Mais que s'il se
relasche jusque-là pour l'amour de vous, il prétend au moins qu'il
lui sera permis de se déchaisner contre les violences de celuy de qui
vous voulez étouffer la question, et qu'il aime mieux ne point
avoir de paix avec vous que d'autoriser par son silence des crimes
aussi publics que ceux dont je vous parle. » La comtesse répondit
sur-le-champ à M. de Cerisay : « Je n'ay cru que M. de la Rochefoucauld eust parlé sérieusement de cette belle affaire, dont il est
question ; mais je n'ay pu souffrir qu'il en eust parlé, de sorte
qu'on l'ayt pu conter parmy ceux qui en parloient. Je seray fort
ayse de m'estre trompée plustôt dans les plaintes que j'ay faites,
que dans l'affection que vous savez que j'ay toujours eue pour M. de
la Rochefoucauld, qui m'a beaucoup plus fait ressentir ce qui s'est
passé que je n'aurois fait sans cela. »

Le temps s'approchait cependant où Mme de Maure
allait être obligée de s'humaniser et de recourir
avec plus d'instance et moins de succès à des pro-
tecteurs qui ne devaient pas se montrer aussi em-
pressés que le maréchal d'Albret. Le comte de
Maure, depuis quelques années, avait été plusieurs
fois malade, et il est permis de supposer que l'obscurité dans laquelle il vivait, jointe à une gêne qui
croissait chaque jour, paraît-il, ne contribuèrent
pas peu à l'entretenir dans une maussaderie sau-
vage. Il crut le terme de ses ennuis arrivé quand,
en 1659, le prince de Condé rentra en France. Il
lui adressa sur l'heure, à Bruxelles, une lettre ne
contenant que des félicitations; mais il espérait
être compris à demi-mot, et, écrivant le premier,
recevoir le cordon bleu que le roi avait généreuse-
ment mis à la disposition de son cousin. Condé se
contenta de remercier son ancien partisan dans les
termes les plus gracieux, mentionnant Mme de
Maure pour « les sentiments qu'elle a eus dans le
temps de la disgrâce, » mais n'ayant pas même
l'air de se douter que le comte eût envie de quelque chose [1]. Il disposa en effet du collier des or-

---

[1] Voici cette lettre, dont Conrart a conservé la copie :

« Monsieur, je ne sais de quels termes je me dois servir pour
vous bien exprimer mon ressentiment sous toutes les marques
d'amitié que vous me donnez touchant mon retour en France, et
sur l'approbation que vous donnez à ma conduite. Je me sens assez
là-dessus pour connoître que je n'ai pas mérité que vous en parliez
si avantageusement que vous faites, ayant pris un chemin qu'il
me semble qu'un homme d'honneur doit tenir, et que tout autre
auroit suivi aussi bien que moi. Ainsi, ce ne doit être qu'une
action fort commune, et qui ne mérite pas tout le bien que vous

dres en faveur de M. de Guitaut. On devine la déception du comte et de la comtesse de Maure : celle-ci l'exprima sans retard à Mme de Longueville, tandis que son mari rédigeait un mémoire justificatif : il y déclare, il est vrai, ne plus songer à aucune de ses prétentions, mais, comme le dit finement M. Cousin, en homme qui y songe beaucoup. M. de Maure s'y plaint amèrement, en effet, mais sans cependant perdre encore tout espoir ; et, tout en priant la duchesse de ne rien demander, il la presse vivement d'agir. « Je pense que lorsque madame sa sœur aura vu cette lettre, elle ne croira plus devoir lui proposer l'exception que mon ancien zèle m'auroit assurément fait désirer (le cordon bleu), et j'avoue qu'à cette heure cette exception ne pourroit plus me passer pour un bonheur, si ce n'étoit que je pusse être bien persuadé qu'on seroit porté à me l'accorder par un sentiment de bienveillance et de satisfaction de ma conduite. » Et M. de Maure avait en vérité bien mal pris la lettre du prince, car ce dernier, remerciant celui des frères de Mme de Maure qui occupait le siége épiscopal d'Autun, lui parlait de son beau-frère dans les termes les plus flatteurs. « Je pourrois vous donner M. et Mme de Maure pour garants de ma reconnoissance, mais je crois que vous ne doutez pas que je n'en aie autant que j'en dois avoir des sentiments que

en dites. Je suis infiniment obligé à Mme la comtesse de Maure des sentiments qu'elle a pour moi, et de ceux durant les temps de ma disgrâce. Je vous prie de l'assurer que j'ai eu toute sorte de reconnoissance. En votre particulier, je ne puis assez vous dire combien véritablement je suis, etc.

« A Bruxelles, ce 29 novembre 1659. »

vous me témoignez. Je vous dirai seulement que,
dans toutes ces occasions ici, M. le comte de Maure
en a toujours si bien usé pour moi que, quand je
n'aurois pas sujet de vous promettre mon amitié,
comme je fais de tout mon cœur, je ne pourrois
m'empêcher, estant ce que vous lui estes, d'avoir
beaucoup de considération pour vous. » Le prince
ne sut ou ne voulut rien savoir des récriminations
du comte de Maure, et préféra sagement conserver
une neutralité qui seule pouvait convenir à son
caractère et lui assurer une situation digne de lui.
Mᵐᵉ de Maure s'oublia même dans les plaintes
qu'elle répète à plusieurs reprises près de la duchesse de Longueville ; elle se félicite d'être à peu
près rentrée en grâce auprès de la reine, et on la
voit de ce jour résolue à tâcher de gagner par cette
voie ce qui lui a échappé par l'autre. « Je ne
croyois pas, Madame, avoir fait un grand coup en
faisant que M. le comte de Maure n'attendît pas le
retour de monseigneur le prince pour revoir la
cour ; et vous savez, Madame, que je n'ai jamais
compté cela que pour ce qu'il vaut, quoique j'avoue
que la manière dont la reine nous a traités en cette
occasion m'ait redonné quelque amitié pour elle,
s'il m'est permis de parler ainsi. Mais, à n'en point
mentir, je trouve à cette heure qu'on est assez heureux que cela soit fait, puisqu'il semble que M. le
Prince ne se souvienne point qu'on ait jamais fait
autre chose pour lui que de lui écrire une lettre de
compliments sur son retour. » Mᵐᵉ de Longueville
eut la patience de ne pas s'offenser de ces fâcheuses
récriminations ; elle voulut bien même excuser

près de M. de Maure « cette lettre sèche, ne venant que d'inapplication, » et ajouter : « Il m'a ordonné de vous faire mille amitiés, auxquelles madame votre femme prendra sa part, s'il lui plaît. On ne peut assurément en témoigner davantage qu'il m'en a montré, et le plus sincèrement du monde. » (14 janvier 1660 [1].) Mais déjà M. et Mme de Maure s'étaient retournés franchement du côté de la cour [2]. Dès 1659 la comtesse

[1] « De Saint-Denis, ce 14 janvier 1660. — Je vous aurois mandé mon passage, si j'avois pu vous y entretenir à loisir : mais comme je suis avec Mme ma belle-sœur, et que monsieur mon frère me laisse jusqu'à son retour de la cour, et qu'il ne veut pas qu'elle voie personne, et cela sans exception, jusqu'à ce qu'il ait vu le roi, je n'ai pas voulu vous donner la peine de venir ici. J'en aurois néanmoins été bien aise, parce qu'on vous auroit dit cent choses qui ne se peuvent écrire. Je commencerai à vous apprendre celles qui se peuvent confier au papier sur ce qui vous regarde, et je vous dirai que cette lettre sèche ne venoit que d'inapplication, et point d'un principe moins obligeant que celui-là. Il est tout à fait comme il doit être sur les affaires de Bordeaux. Pour votre visite, il l'auroit reçue avec plaisir, s'il avoit voulu voir son propre cousin germain : mais quoiqu'il ne les considère point personnellement tant que vous, néanmoins vous savez qu'il y a de certaines convenances qui sont à observer. Il m'a ordonné de vous faire mille amitiés, auxquelles madame votre femme prendra sa part, s'il lui plaît. On ne peut assurément en témoigner davantage qu'il m'en a montré, et le plus sincèrement du monde. J'ai toute sorte de sujet d'être contente de ce côté-là. Voilà ce que l'embarras d'une hôtellerie me permet de vous dire, et que je suis toute à vous et à madame votre femme. Je vous aurois écrit plustôt ceci, sans tous mes accablements, mais je n'ai pas un instant à moi. »

[2] Dans le mémoire du comte de Maure dont je viens de citer un passage, on lit encore : « Cette façon d'écrire m'a fait aussi juger que ce fut par quelque mauvaise satisfaction que M. le Prince ne fit point réponse à la lettre que je me donnai l'honneur de lui écrire à la paix de Bordeaux, pour lui rendre raison de la résolution que je pris de me retirer, par l'aveu des personnes qui lui étoient les plus considérables, comme s'il eût cru que je sois obligé d'aller

avait revu la reine mère, qui l'avait fort gracieusement accueillie, et aussitôt elle résolut d'entreprendre près d'elle une campagne pour obtenir
ce fameux cordon bleu auquel Mme de Longueville,
dans son amicale réponse, n'avait jamais fait la
moindre allusion. Quelques mois se passèrent probablement en négociations près d'Anne d'Autriche,
et c'est sans doute après un pareil échec que le
comte se décida à adresser, le 11 novembre 1660,
une lettre à Mazarin, dans laquelle il le suppliait,
avec les termes les plus soumis, de le faire comprendre dans la promotion de chevaliers de l'ordre
qui devait avoir lieu à la fin de l'année [1]. Déjà la
comtesse s'était adressée quelques mois auparavant
au cardinal pour obtenir une recommandation dans
une affaire d'héritage. Mais le succès ne répondit pas
aux efforts des persévérants époux, et nous les ver-

le trouver en Flandres, aussi bien que les officiers de ces troupes,
et qu'il n'eût pas eu égard à ce que je lui représentois qu'en y allant sans emploi j'aurai appréhendé de lui être à charge. Mais
quand il n'auroit pas bien pris cela, il me semble qu'il n'aura pas
pu garder longtemps cette mauvaise satisfaction, si j'avois été assez heureux pour qu'il fût informé de la manière dont j'ai toujours
parlé et agi dans tout ce qui l'a regardé, et que même je n'ai revu
la cour que depuis un an, y étant engagé par le bon traitement que
la reine fit à Mme la comtesse de Maure, laquelle ne recommença
aussi à la voir qu'en ce temps-là. »

[1] Cette lettre se termine ainsi : « Enfin, Monseigneur, Votre
Éminence agréera, s'il lui plaist, que je lui dise que si mon malheur a pu me faire manquer à ce qui regardoit ma fortune, je n'ai
jamais été capable de manquer à ce qui regarde mon honneur, et
qu'ainsi Votre Éminence se peut assurer de ma parfaite reconnoissance, si elle veut bien me témoigner, en cette occasion des chevaliers, qu'elle fait quelque cas de moi. » (Volumes de Conrart,
t. XI, in-folio, p. 1377.)

rons tout à l'heure contraints d'abandonner la recherche de ce brillant collier, pour tâcher d'obtenir
quelques faveurs plus solides et devenues malheureusement fort nécessaires.

CHAPITRE III.

Cependant Mme de Maure avait rang parmi les précieuses les plus considérées d'Athènes. « *Madonte* étoit recherchée partout et par tous. » Admise dans l'intimité de mademoiselle de Montpensier, elle corrigea elle-même le portrait de Mlle de Vandy, et M. Cousin a retrouvé ce curieux essai dans les papiers de Conrart; il faut reconnaître qu'elle y témoigne d'un talent d'écrivain autrement exercé que la petite-fille d'Henri IV, mais elle y laisse voir une complaisance à parler d'elle-même qui donne une faible idée de sa modestie. On sait que Mlle de Vandy, fille de cet original qui avait épousé une nièce de Mme de Marillac, vivait chez Mme de Maure avec Mlle d'Atry, dont nous avons déjà parlé : la présence de ces deux jeunes femmes augmentait notablement la dépense

de la comtesse, si nous en croyons les détails fournis
par Tallemant: « On y faisoit alors pour le moins trois
dîners, car le comte et elles trois n'ont jamais pu
parvenir à être prêts en même temps. » Mlle d'Atry
quitta assez tôt l'hôtel, et après avoir été, comme
Mme de Sablé, pensionnaire de la maison de Port-
Royal de Paris, elle dut aller chercher, quand vint la
persécution, un autre asile où elle mourut en 1676,
dans la pratique de la plus austère piété [1]. Mlle de
Vandy [2] demeura plus longtemps chez Mme de Maure ;
jolie, spirituelle et de grande naissance, mais pauvre,
Mlle d'Aspremont de Vandy ne voulut pas se marier
pour ne pas se mésallier, et elle se consola en pre-

---

[1] Au mois de novembre 1659, Mme de Maure écrivait une lettre
à M. de Lyonne pour le remercier « de toute la peine que nous
vous avons donnée ma nièce et moy : » elle lui dit : « Encore que
ma nièce ne sorte guère plus qu'une religieuse, je vous la mè-
neray aussitôt que vous serez icy. » Cette lettre est relative au
procès que Mlle d'Atry soutenait, comme nous l'expliquerons plus
tard, contre M. d'Anglure de Bourlemont, et qui concernait, entre autres objets, le domaine d'Attichy, indivis entre Mme de Maure
et sa nièce. Cette lettre, que Conrart nous a conservée et que
M. Amédée Roux a publiée, témoigne d'un profond découragement
chez celle qui l'écrivait : « Pour cette faute que vous me marquez encore d'avoir parlé trop tard, vous voulez bien que je
vous die que je n'y saurois avoir de regrets, ne me pouvant
persuader que j'aye à me prendre à autre chose qu'à la malignité
de mon étoile qu'il a fallu qui ait surmonté la bonne volonté de
M. le chancelier et vos soins, aussi bien que la bonne cause.
Je croy certainement que si mon intérest ne se fût pas trouvé
joint à celui de ma nièce, elle auroit esté plus heureuse. Mais
cette mesme étoile m'ayant fait en ma vie des maux incomparablement plus graves que celui-là, je ne veux pas m'en plaindre davantage, et je puis dire que ce qui ne touche que l'intérest ne me
demeure pas longtemps sur le cœur. »

[2] Mlle de Vandy était fille d'une cousine germaine de Mme de
Maure, la mère de celle-ci étant sœur de la mère de Mlle de Vandy.

nant rang à son tour parmi les précieuses les plus
considérées. Elle plut beaucoup à Mademoiselle, qui
en fit l'héroïne de son *Histoire de la princesse de Paphlagonie*, et se l'attacha quand elle se sépara de ses
deux célèbres aides de camp, les comtesses de Fiesque et de Frontenac. Je crois aussi que la princesse
se décida à la prendre quand elle s'aperçut de la
gêne de Mme de Maure, qu'elle voyait tout à fait dans
l'intimité et dont elle inscrit, dans sa *Galerie*, le
portrait dédié à Mlle de Vandy et composé par M. le
marquis de Sourdis. Mlle de Vandy tenait Mme de
Maure au courant des nouvelles, et Conrart nous a conservé plusieurs lettres qu'elle lui écrivit quand elle
accompagna Mademoiselle lors de son voyage pour
le mariage du roi.

Mais nous sommes parvenus à la période à laquelle se rapportent les lettres que nous publions
aujourd'hui pour la première fois. A ce moment
Mme de Maure logeait encore place Royale, le témoignage de Somaize est formel et prouve qu'elle occupait un rang éminent dans la société choisie de
l'époque; mais bientôt tout changea : il lui fallut définitivement quitter l'hôtel, déjà loué une fois au
maréchal d'Albret, pour s'installer modestement au
faubourg Saint-Jacques, dans la maison de Port-
Royal, où depuis assez longtemps était installée
Mme de Sablé. Leur intimité, qui datait déjà de quelque trente années, redoubla, loin d'être éprouvée
par ce rapprochement si souvent fatal aux amitiés
les plus sincères : logées l'une près de l'autre, elles
se voyaient sans cesse, ou bien, quand une légère
indisposition affligeait l'une d'elles, elles échan-

geaient les plus affectueux billets. On sait que
Mme de Sablé avait une peur horrible des maladies,
et se séquestrait complétement plutôt que d'être
exposée à recevoir une amie atteinte même d'un
léger rhume.

C'est à ce moment que Mme de Maure redoubla
d'ardeur pour les choses de l'esprit : Valant,
heureusement, le médecin de la marquise, nous
a conservé les pièces principales de ces archi-
ves littéraires; M. Cousin avait déjà publié, comme
nous l'avons dit, quelques-uns des billets que Mme de
Maure adressa pendant les trois dernières années
de sa vie à la marquise de Sablé, mais il en avait
laissé un trop grand nombre de côté : ces lettres
sont curieuses en effet par les menus détails qu'elles renferment, et touchantes par les preuves qu'elles
donnent de la durée de l'amitié qui ne cesse d'exis-
ter entre ces deux femmes vraiment supérieures.
Mme de Maure s'y montre simplement affectueuse,
s'occupant de tout ce qui peut plaire à son amie,
cherchant à éloigner d'elle tout ce qui pouvait l'as-
sombrir et caressant les caprices et les manies de
celle qu'elle appela « m'amour » jusqu'à la dernière
heure. Du reste ce n'est qu'avec elle qu'elle conserva ces liens intimes et tendres.

A ce moment Mme de Maure était franchement
rentrée à la cour : elle prodiguait les témoignages
de respect à Anne d'Autriche, dont elle écrivait un
jour à Mme de Sablé : « Elle est belle, cette reyne
mère; » mais l'ancienne Frondeuse reparaît aussitôt,
car elle ajoute : « et fort gracieuse, comme on dit,
quand on ne lui demande rien. » Et malheureuse-

ment la pauvre comtesse avait à demander une pension qu'elle n'obtint pas, malgré bien des efforts, et qui cependant lui était devenue absolument nécessaire, à elle qui avait eu soixante mille livres de rente. Elle s'adressa vainement à Mme de Chevreuse, rentrée aussi en grande faveur, et il ne semble pas que la duchesse ait mis plus de bonne grâce que le prince de Condé à seconder son ancienne amie dans ses démarches : elle s'en plaint très-vivement dans une des lettres que je publie : elle se moque volontiers de la Palatine, notamment à propos d'une scène que celle-ci fit, lors du mariage de Louis XIV, parce que Mlle d'Alençon, fille de Monsieur, se permit de la traiter de cousine, elle, petite-fille du roi d'Angleterre. En revanche elle aimait beaucoup la duchesse de Navailles, une des femmes les plus considérées de la cour, et prisait hautement Monsieur et sa femme, la belle Henriette d'Angleterre : on en jugera également par la lettre écrite le jour de leur mariage. Ce fut même Mme de Maure qui mena le duc d'Orléans chez Mme de Sablé et établit entre eux un commerce d'amitié fort affectueux. Quant à Mme de Longueville, elle continua à la voir, mais avec moins d'aisance qu'auparavant ; seulement elle ne se laissait plus aller aux injustes plaintes auxquelles elle devait ce léger refroidissement. « Elle sent bien, a dit M. Cousin avec une grande justesse, qu'elle est fort loin d'être avec Mme de Longueville sur le même pied que Mme de Sablé. Son cœur n'est point satisfait, mais il lui semblerait trop injuste d'élever des plaintes sans aucun fondement, et son humeur ombrageuse et

hautaine cède au charme irrésistible de Mme de Longueville. Elle la juge d'ailleurs avec son indépen-
dance accoutumée, sans nulle prévention, et sait
fort bien découvrir en elle un instinct de grandeur
qui, habilement exploité par La Rochefoucauld, la
précipita dans la Fronde. » Elle la voyait souvent
cependant et dînait quelquefois avec elle et ses
frères, mais bientôt il se présenta une nouvelle
cause d'éloignement. Mme de Longueville était devenue excessivement dévote et Mme de Maure l'était
moins. « Je vis hier Mme de Longueville entrer avec
Mme de Sablé, toujours la plus aimable qu'il est
possible, mais si froide en elle-même qu'on croit
bien qu'elle ne sauroit avoir de la chaleur pour les
autres et que le peu qu'elle en montre n'est que par
bonté. » Et quelques jours après : « Je suis allé voir
Mme de Longueville. On m'a dit qu'elle étoit retirée,
et, quand elle l'a su, elle m'a écrit une lettre fort
aimable. Mais rien ne sauroit me faire changer d'o-
pinion, qu'elle se passe parfaitement de moi, et c'est
bien à ma confusion, car elle se plaît, ce me semble,
avec toutes celles qui sont dévotes [1]. »

Il ne faut pas croire que, pour n'être pas dévote,
Mme de Maure ne fût pas pieuse : tout au contraire,

---

[1] Mademoiselle, dans *la Princesse de Paphlagonie*, dit à propos
de Mme de Maure : « La reine de Misnie étoit fort éloignée de la
dévotion, et ainsi elle ne confirmoit pas la princesse Parthénie
(Mme *de Sablé*) dans la résolution qu'elle avoit de devenir dévote. »
Cependant Tallemant, à propos de Mme Pilou, dit ceci : « Son
fils, ayant osé dire qu'on l'avoit mise dans un roman, croyoit que
c'estoit une estrange chose, et s'en vint luy dire : — Jésus ! madame Pilou, on vous a mise dans un roman ! — Va, va, luy dit-elle,
la comtesse de Maure y est bien. — Cela l'arresta tout court, car
c'est aussy une dévote. »

et c'est là qu'il faut voir dans ce premier mot le sens un peu exagéré qui lui est vulgairement attribué. Mme de Maure cherchait à demeurer tranquille entre les deux grands partis qui se partageaient alors la société : elle repoussait également Mme de Longueville et Mme de Sablé, qui professaient les opinions jansénistes, et le comte de Maure avec le marquis de Sourdis, qui au contraire étaient ardents molinistes, tout en penchant cependant de préférence vers ces dernières doctrines qui, admettant la grâce universelle comme suffisante, lui semblaient moins rigoureuses que celles qui exigeaient une grâce particulière. M. de Sourdis apportait, à ce qu'il paraît, une grande vivacité dans ces discussions : « Nous nous sommes pensé arracher les yeux, M. de Sourdis et moi, écrivait-elle à son amie. Je lui dis que, dans le livre où saint Augustin parle de la grâce expressément, il parle si nettement de la manière la plus dure à la raison humaine que, quand même il m'auroit fait voir tous les passages contraires qu'il prétend avoir trouvés, cela ne serviroit qu'à me prouver que saint Augustin se seroit contredit, parce que cela ne me feroit pas croire qu'il fallût plutôt donner créance à ce qu'il auroit dit par-ci par-là qu'à ce qu'il a dit dans le traité de la Grâce. » Une autre fois elle reproche à Mme de Sablé une discussion avec M. le comte de Maure, toujours sur le même article, en revenant sur ce qu'il y aurait de triste à croire « une opinion si dure et si contraire à la bonté de Dieu, et portant à l'athéisme plutôt qu'à toute autre chose. » Mme de Maure tient du reste à ne pas entrer dans ces discussions, et elle

en explique très-heureusement les motifs : elle aime
la foi du charbonnier, et elle a grandement raison.
« Comme je ne veux pas entrer plus dans tout cela,
étant toujours revenue, après tout ce que j'ai vu et
entendu, à ce que j'ai cru d'abord, qui est qu'on n'y
verra clair que dans l'autre vie, et que dans celle-ci
je n'y veux pas chercher d'autre finesse que de croire
ce que l'Église croit. » Un autre jour elle dit mieux
encore : « Je sais bien que, quand les plus savants
hommes du monde seroient assemblés en un lieu
où il me seroit très-facile de me trouver, je ne les
voudrois entendre que pour voir qui parleroit le
mieux; car, pour les doctrines, je suis persuadée
que les plus simples en savent autant que les plus
savants. »

La comtesse, heureusement, n'avait pas que les
discussions théologiques pour occuper son temps :
elle aimait aussi les petites joutes littéraires si à la
mode à ce moment, le jeu des maximes, des sentences et des pensées : elle les aimait, mais n'en faisait pas, et elle reconnaît très-franchement son in-
capacité à cet égard : « Vous ne pourriez pas me faire
plus de plaisir, écrit-elle à Mme de Sablé, aussi bien
que plus d'honneur, que de me dire que ce que je
vous ai mandé sur les sentences est ce que vous
avez toujours trouvé; et il faut bien que je ne sois
pas capable de faire de ces sortes de choses-là, puisque je ne m'y suis pas déjà mise pour vous plaire. »
Elle loue surtout les maximes de la marquise :
« Votre sentence est admirable, lui mande-t-elle une
fois; rien de faux, rien d'obscur, et de ce tour court
que j'aime aux sentences. » Pour M. de la Roche-

foucauld elle est plus sévère, à ce point même qu'elle écrit à la marquise pour lui redemander une lettre où elle avait, croyait-elle, formulé un blâme trop vivement. « M. de la Rochefoucauld, dit-elle depuis, fait à l'homme une âme trop laide. »

Les années s'accumulaient cependant sur la tête de Mme de Maure et la gêne ne diminuait pas. Le comte paraît peu désormais ; nous savons seulement qu'il figurait souvent dans le salon de sa femme, qu'il faisait le bel esprit, qu'il était un théologien forcené et un *sentencieux* — le mot est de la comtesse — émérite. La question d'une pension fut remise sur le tapis, mais dans de mauvaises conditions : la comtesse pouvait y prétendre en qualité d'ancienne fille d'honneur, tandis qu'elle voulait la réclamer comme indemnité des injustices commises, suivant elle, à son préjudice. Nous avons vu que Mme de Chevreuse agit faiblement auprès de la reine. Mme de Sablé intervint chaleureusement près de Le Tellier, et vainement, à ce qu'il paraît : « Je ne sais, lui écrit-elle, si je vous ai mandé ce que M. Le Tellier m'a dit, et comme je lui répondis gravement sans vouloir faire durer le discours. Il vaut toujours mieux qu'il l'ait pris comme il l'a fait, mais quand il l'auroit pris autrement, j'y étois toute résolue, n'ayant pu avaler d'avoir reçu un tel traitement sans montrer aux gens de qui ils se sont joués. » Une autre fois, quand elle commençait à ne plus espérer beaucoup, elle écrit : « Je crois que l'affaire ne réussira pas, soit que Mme de Chevreuse n'en parle pas comme il faut, soit par l'humeur où est présentement la reine sur ces choses-là ; mais pourvu que la dame parle, je

serai satisfaite, parce que mon but est autant que
la reine sache bien nettement le sentiment que j'ai
là-dessus que de réussir. Je manquai hier à vous
dire, sur ce que vous pensiez que Mme de Montausier
avoit contribué à cette pension de Mme de Puisieux,
que personne n'y a fait, du moins qui ait paru, que
Mme de Brienne qui a négocié cela avec la reine
mère d'un bout à l'autre; mais je crois que Mme de
Puisieux ne s'est résolue de parler au roi que parce
qu'elle avait fait négocier avec Colbert par l'avocat
Gaumont, qui est fort bien avec lui. J'ai quelque
lumière de cela, mais je vous prie de n'en point parler, car Mme de Puisieux le cache fort, et je ne veux
pas lui en faire de déplaisir. Ainsi la dame ayant
eu Colbert favorable, et s'étant résolue de parler
elle-même, il ne faut pas s'étonner qu'elle l'ait obtenu. Son fils trouve fort mauvais qu'elle l'ait fait,
du moins de la sorte : il dit qu'elle a demandé l'au-
mône. L'on a fort ri de ce que j'ai dit que toutes les
pensions des dames avoient commencé par « la pauvre femme, » et la plupart de celles des hommes par
« le pauvre homme. » Mais Mme de la Trémouille
même, qui en a une de dix mille francs, c'est monsieur et Mme de Brienne qui ont fait que la reine
mère en a parlé au roi; ils se sont tués de dire:
« La pauvre femme, son mari ne lui donne rien. »
Cette pauvre reine mère a moins que jamais de
grandeur d'âme. Il est certain qu'il n'y a nulle prise
sur elle que par la pitié et par la reconnoissance:
de sorte que moi, qui ne veux nullement qu'on dise
« la pauvre femme, » mais, comme je l'ai bien signifié à Mme de Chevreuse, qu'on le prenne par le

mérite de mes proches et mon zèle d'autrefois, je suis, comme vous le voyez, bien fondée à croire que l'on ne fera rien. »

Malheureusement, quand on demande une pension dont on a besoin, il faut agir carrément et ne pas chercher de vains prétextes : il en est autrement comme de ceux qui consentent à servir un gouvernement pour toucher le traitement, mais veulent continuer à en médire : tôt ou tard on en porte la peine. Quand on demande en ayant l'air de faire comme une grâce à celui qu'on importune, on est presque assuré d'échouer et souvent encore de mettre les rieurs contre soi. Mme de Maure échoua, comme cela devait être. Ces insuccès répétés avaient singulièrement aigri la comtesse : elle s'était brouillée, ou à peu près, avec Mme de Chevreuse à cause de la froideur avec laquelle elle avait prêté son concours pour l'affaire du cordon bleu : « Vous savez, dit-elle à Mme de Sablé, que je suis découvrante quand je suis en quelque soupçon ; assurez-vous donc bien que, loin d'avoir pressé la reine, elle n'a pas seulement raisonné ; et l'accueil ayant été froid dans cette affaire comme il a été, je crois que, sans d'Hacqueville et Mme de Caen, elle s'en fût retournée à Dampierre sans en avoir parlé, disant toujours qu'elle n'avoit pas trouvé le temps. Hacqueville m'a dit qu'en sortant de céans elle lui avoit dit que jamais elle ne s'étoit trouvée plus empêchée ; je crois bien aussi qu'elle aura dit ce qu'elle m'a dit sur la dignité, que j'avois désiré qui fût gardé ; mais enfin ce qu'on appelle prendre tous les biais pour faire réussir une affaire, elle s'en est bien gardée. Laigues, si je ne

me trompe, veut qu'elle garde sa faveur pour lui,
car, en quelque sorte, pour elle, c'est pour lui. »
Naturellement elle aimait médiocrement Mazarin,
qu'elle trouva toujours, malgré ses efforts, fort peu
empressé, fort peu oublieux même, ce me semble, du
passé : quand il meurt en faisant obtenir de si nombreuses faveurs à La Porte de la Meilleraie, le mari
de sa nièce Hortense Mancini, elle s'écrie : « En vérité cela passe toute mesure , tellement qu'on ne
sauroit s'empêcher d'y trouver à redire, et le pauvre
cardinal meurt en donnant des marques d'une pro-
digieuse vanité, au lieu de songer à restaurer des
provinces entières désolées, comme l'on sait, et d'où
il a tiré des biens immenses. » Elle se refroidit avec
Mme de Montausier qui lui manqua singulièrement,
à ce qu'il paraît : « Pour Mme de Montausier, je ne
crois pas qu'elle ait jamais fait à personne rien de
pareil à ce qu'elle me fit. » Mais aussi on sait de
quelle importance était pour la comtesse l'offre d'une
chaise au lieu d'un fauteuil, par exemple, et c'est
peut-être d'un méfait de ce genre qu'elle avait à se
plaindre, comme quand elle assurait que le récit
des prétentions des princesses de Bouillon devait jeter Mme de Longueville « dans le dernier épouvantement. » Elle ne traite pas mieux Mme de Schomberg et son neveu de Vivonne [1] ; il semble qu'elle
n'ait gardé de sentiment tendre que pour Mme de

---

[1] Elle se brouilla aussi complétement avec Mme de Guéménée.
Celle-ci se laissait courtiser par le riche partisan d'Émery. « On
n'approuvoit pas trop cela, remarque Tallemant, et la comtesse
de Maure dit plaisamment : C'est qu'elle veut convertir le bon
larron ! — Elle ne luy pardonna qu'en une maladie où elle crut
mourir. »

Sablé, pour le marquis de Sourdis, pour Mlle de
Vandy, et aussi pour son mari, qui, quoique bien ef-
facé alors, vivait dans la meilleure intelligence avec
elle, cherchant dans l'étude une consolation à ses
nombreuses déceptions.

———

CHAPITRE IV.

Mme de Maure était devenue, ce semble, assez originale : ses commencements devaient le faire pres-
sentir; nous avons vu qu'elle ne faisait rien comme
tout le monde dans la vie commune : quand ils al-
laient à Attichy, Tallemant constate qu'au lieu d'envoyer leurs domestiques en avant pour tout préparer,
ils avaient soin de les faire suivre à trois ou quatre
lieues en arrière; ils faisaient leurs visites à l'heure
où l'on dînait, et il leur arriva d'aller solliciter pour
un procès le conseiller Tambonneau comme « il revenoit d'une assemblée. » Mais, par-dessus tout, la
comtesse avait une crainte des maladies qui ne se
peut comparer qu'à celle que Mme de Sablé en avait
elle-même; à ce sujet Mademoiselle donne de pi-
quants détails dans *la Princesse de Paphlagonie* : « Il
n'y avoit point d'heure où la princesse Parthénie
(Mme de Sablé) et la reine de Misnic (Mme de Maure)
ne conférassent des moyens de s'empêcher de mou-
rir et de l'art de se rendre immortelles; leurs conférences ne se faisoient pas comme celles des au-

tres; la crainte de respirer un air trop chaud ou trop froid, l'appréhension que le vent ne fût trop sec, ou trop humide, estoit cause qu'elles s'escrivoient d'une chambre à l'autre. On seroit trop heureux si on pouvoit trouver de ces billets et en faire un recueil. . . . La reine de Misnie étoit une femme grande, de belle taille et de bonne mine; sa beauté étoit journalière par ses indispositions qui en diminuoient un peu l'éclat. Elle avoit un air distrait et rêveur qui lui donnoit une élévation dans les yeux et qui faisoit croire qu'elle méprisoit ceux qu'elle regardoit, mais sa civilité et sa bonté raccommodoient en un moment de conversation ce que la distraction pouvoit avoir gasté. Elle avoit de l'esprit infiniment. . . . Elle ne vivoit point comme le reste des mortels, et elle ne s'abaissoit pas à cette règle où l'usage assujettit les gens du commun à se régler selon les horloges; elles étoient défendues dans tous ses Estats, et on eust réputé pour insensé un homme ou une femme qui se fussent asservis à un coup de cloche. . . . Elle ne sortoit jamais en plein midi; elle ne se levoit qu'au coucher du soleil; elle craignoit extrêmement la mort pour cette raison encore, à ce qu'elle disoit, qu'elle vouloit allonger le monde tant qu'elle pouvoit; et assurément, quand elle n'auroit pas eu ce sentiment par elle-même, elle l'auroit eu par la communication de la princesse de Parthénie. »

Un rhume suffisait pour empêcher ces dames de se voir; mais, en revanche alors, elles s'adressaient billet sur billet pour savoir de leurs nouvelles et se donner réciproquement des conseils et des avis.

Dans son petit appartement de Port-Royal de Paris[1], Mᵐᵉ de Maure se faisait soigner par le médecin Renaudot, le fondateur de la *Gazette de France*, et les portefeuilles de Valant renferment d'innombrables formules de médicaments à l'usage de la comtesse, qui s'étonnait si naïvement de ce que la marquise de Sablé, soignée par Valant, se portât aussi bien en faisant si peu de remèdes ; elle abusait surtout d'un moyen que Molière a si plaisamment apporté sur la scène dans *Pourceaugnac* et dans *le Malade imaginaire*. Tallemant, qui nous l'apprend, raconte que la comtesse hérita un jour de sa cousine Mᵐᵉ de Montigny-Bérieux, Florentine d'origine, comme elle, et qu'elle trouva dans son logis une assez grande quantité d'écus d'or dans un de ces célèbres instruments. « Voylà du bien qui vient à la comtesse de Maure dans la forme la plus agréable qu'il luy pouvoit venir. » Tallemant consigne une aventure plus caractéristique. « Elle et Mᵐᵉ Cornuel allèrent faire un voyage ensemble. Elles couchèrent chez un gentilhomme qui avoit la fièvre. La nuïct, que tout le monde dormoit bien paisiblement, la comtesse vint heurter à la chambre de Mᵐᵉ Cornuel. — Qu'y a-t-il ? — Oh ! levez-vous viste. — Qu'est-ce ? — Allons-nous-en tout à l'heure ! — Hé ! pourquoi ? — C'est que je viens d'apprendre que la maîtresse

---

[1] « La comtesse de Maure alla se loger auprès d'elle, dit Tallemant ; elles sont porte à porte, ne se voyant presque point et s'escrivant six fois le jour. Il ne faut pas s'étonner de cela, car elles ont logé autrefois en même maison à la place Royale, et elles s'escrivoient de grandes légendes d'un appartement à l'autre. »

de céans s'est couchée avec son mary qui a la fièvre;
elle la gaignera, et nous la donnera après. Je ne
sçaurois souffrir ces sottes de femmes-là. — Il fallut
pourtant attendre au lendemain. » Tallemant en
conte encore une bien plus piquante, qui doit
trouver ici sa place. « Comme la marquise de
Sablé et la comtesse de Maure logeoient ensemble
à la place Royale, elles estoient quelquefois trois
mois sans se voir, et elles se visitoient par escrit;
le moindre rhume rompoit tout commerce. La comtesse avoit la migraine et quelque fluxion, il y avoit
quinze jours, et la marquise se croyoit enrhumée.
L'abbé de la Victoire se mit en teste de faire une
malice à la marquise. — Il est fâcheux, lui dit-il,
que vous ne puissiez sortir de votre chambre, car
votre amie-auroit grand besoin de vous; son mary
et elle se brouillent fort; vous les remettriez bien
ensemble; sans vous ils courent fortune d'en venir
à une séparation. — Jésus! que dites-vous! Mais
comment faire? Le moyen de passer mon antichambre, mon grand escalier, cette halle de salle?
— Il y faut penser, reprit-il. — Et après avoir fait
semblant de rêver quelque temps : — N'ai-je pas
veu là haut un pavillon sur le lit de votre cuisinier?
Mettez-vous dessous; on le soutiendra avec un bâ-
ton, vous ne prendrez point l'air. Elle le crut; on
apporta le pavillon, la voilà dessous. Trois de ses
gens portaient le bas du pavillon. La comtesse est
très-surprise de voir entrer cette machine dedans
sa chambre. — M'amour, luy dit la marquise, vous
voyez quelle marque d'amitié je vous donne. —Hé !
qui vous amène? — Il faut bien secourir ses amis

au besoin. Qu'est-ce que veut dire cet homme-là, rêve-t-il? — Quel homme? Est-ce *le Bon* [1] que vous voulez dire? — Ah! ne le nommez plus ainsy, m'amour, il ne l'est plus! Elles furent une heure avant que de s'esclaircir. Voylà la marquise enragée contre l'abbé; elle ne le vouloit plus voir; enfin il lui fit dire que, si elle ne lui pardonnoit, il feroit venir tous les enfants rouges et blancs chanter un *De profundis* dans sa cour. Elle eut peur d'en mourir et aima mieux faire la paix. »

Vers la fin de l'année 1662 la santé de Mme de Maure s'altéra assez gravement, et cet état empira rapidement durant l'hiver; le comte de Maure était alors absent. Pendant la semaine sainte la maladie devint tout à fait inquiétante; la comtesse ne put même sortir pour aller remplir ses devoirs religieux. « Je pensois, écrivait-elle à Mme de Sablé, me mettre en état de pouvoir aller à quelque église un des jours de la semaine sainte; Dieu a permis que cela ait tourné à souffrir toute cette semaine-là. Sa sainte volonté soit toujours faite. » Elle s'éteignit doucement avant la fin de ce même mois d'avril [2]. Mme de Maure n'avait pas eu d'enfant; son mari

---

[1] C'est ainsi que Mme de Maure désignait son mari.

[2] Tallemant raconte à ce sujet une assez plaisante anecdote, quoique le sujet, ce semble, y prête peu : « En 1663, le jour que la comtesse de Maure mourut, la marquise de Sablé, sa voisine et sa bonne amie, mais non pas au point de l'assister à la mort, car il n'y a personne au monde à qui elle pût rendre ce devoir, envoya Chalais pour en savoir des nouvelles. — Mais, lui dit-elle, gardez-vous bien de me dire qu'elle est passée. Chalais y va comme elle expiroit. Au retour : — Eh! bien, Chalais, est-elle aussi mal qu'on peut estre? Ne mange-t-elle plus? (La marquise étoit fort friande). — Non, répondit Chalais. — Ne parle-t-elle plus? — Encore moins.

lui survécut jusqu'au 9 novembre 1669, sans qu'il
ait fait parler de lui [1]. Tandis qu'il mourait pauvre,
obscur et oublié, son frère, qui avait suivi une ligne
toute différente sans se mêler à aucune menée politique, était devenu duc et pair, lieutenant général
et chevalier des ordres. Il paraît même que sa vieillesse fut tristement maussade. M. Cousin nous apprend qu'il devint presque intraitable par ses exigences, ses soupçons perpétuels, ses interminables
explications qui ne pouvaient cependant jamais
épuiser la patiente douceur de Mmes de Longueville
et de Sablé; elles lui pardonnaient sans doute en
pensant à l'affection si constante et si entière de la
comtesse de Maure pour elles.

Nous avons vu le jugement des contemporains;
tous sont unanimes à reconnaître Mme de Maure
comme une femme réellement et sérieusement
distinguée. Tallemant lui-même se moque de ses
manies, raille impitoyablement ses ridicules, mais
ne trouve rien à formuler contre elle, et ce suffrage
négatif a bien son poids : beauté, éclat, intelligence,
vertu, rien n'a manqué à Mme de Maure, sinon l'esprit de conduite qui lui a totalement fait défaut et
qui fut cause que, sans être ce qu'on appelle une
intrigante, elle gaspilla sans gloire et sans profit
une existence brillante et n'a laissé dans l'histoire
du dix-septième siècle qu'une empreinte médiocre :
à ce point même qu'après avoir été célébrée par ceux

— N'entend-elle plus ? — Point du tout. — Elle est donc morte ? —
Madame, répondit Chalais, au moins, c'est vous qui l'avez dit, ce
n'est pas moi. »

[1] Il mourut, dit Moreri, à Essai, près d'Alençon.

qui faisaient alors les réputations, par Mademoiselle de Montpensier, par Mme de Motteville, par Tallemant des Réaux, par Somaize, par Bussy-Rabutin, elle était tombée dans un oubli complet, et que personne, avant M. Cousin, n'avait songé à remettre en mémoire cette figure assurément intéressante; nul n'allait la chercher sous les traits de la reine de Misnie, et personne ne s'amusait à lire son portrait dans la Galerie composée par Mademoiselle, et qui, quoique tracée avec une évidente complaisance par le marquis de Sourdis, porte cependant une incontestable cachet de vérité quand on le relit après avoir étudié la vie de la comtesse. Il est tout naturel, ce me semble, qu'il trouve ici sa place [1]:

« Je ne puis m'empêcher de vous témoigner que j'ai été extrèmement étonné de ne pas voir le portrait de Mme la comtesse de Maure parmi ceux qui avoient été faits depuis peu. Je sais que la difficulté du sujet est capable d'arrêter ce dessein, mais l'excellence doit lui en donner envie, et il y a plaisir à lui dire comme le Cid :

> Et pour mon coup d'essai, je veux un coup de maître.

« N'étant pas d'humeur à blâmer personne, je ne puis excuser les peintres qui m'ont précédé qu'en me persuadant qu'ils m'ont réservé ce portrait à faire, à cause de quelque connoissance qu'on me donne en cet art au-dessus du commun. Ce n'étoit point la difficulté de peindre les traits du visage

---

[1] Ce portrait est adressé à Mlle de Vandy.

d'Alexandre, qui fait qu'il n'étoit permis qu'à Apelle
d'en faire le portrait; mais c'est qu'Apelle étoit excellent en la connoissance de la physionomie, et
que lui seul savoit donner un air héroïque qui mar-
quoit les grandes et rares qualités de l'âme d'Alexandre. Je ne prétends pas entreprendre ce portrait
sur ma suffisance que je connois estre fort médiocre,
mais sur quelque connoissance particulière que j'ai
de la physionomie, laquelle m'a donné de reconnoître en Mme de Maure cet air héroïque qui faisoit
en l'ancienne Rome autant de rois que de citoyens
romains. Aussi son extraction est-elle de ce pays si
fertile en grands personnages, qu'ils servent encore
dans toutes les parties du monde d'un modèle de la
vraie générosité et de toutes les autres vertus; et
dans un siècle dépourvu de ces âmes extraordinaires, la fortune sans doute nous a donné Mme la
comtesse de Maure pour nous faire comprendre
qu'une ville qui se pouvoit vanter de porter une si
grande quantité de personnes héroïques étoit à
juste titre maîtresse de tout le monde. Pour ne pas
tomber dans la faute de certains peintres qui com-
mencent leurs ouvrages par les moindres parties, et
qui réservent la principale pour la fin, je commencerai ma peinture par les qualités de l'âme, qui sont
les plus excellentes parties et qui ont toujours été
estimées telles par Mme la comtesse de Maure, laquelle n'a considéré son corps qu'autant qu'il a été
nécessaire pour exercer les fonctions de son âme,
quoiqu'il ait toujours été admiré de tous ceux qui
l'ont vu. Sa générosité seroit plus généralement
admirée si elle étoit moindre, mais le siècle est si

éloigné de cette vertu qu'il ne peut assez connoître et admirer assez la perfection et le souverain degré où celle de Mme la comtesse de Maure est parvenue. Sa libéralité a quelquefois égalé celle des souverains en la grandeur de ses dons, et la surpasse toujours en la manière de les distribuer, et au soin qu'elle prend de la cacher; ce qui est d'autant plus rare que la libéralité est quasi toujours accompagnée de vanité, laquelle souvent même en est la cause.

« Sa prudence a paru en tant de diverses rencontres et paroît si ordinairement, que l'on doit dire que ce n'est plus une vertu en Mme la comtesse de Maure, mais que c'est sa nature propre, et cela doit être tenu pour un miracle en une personne qui a les sentiments si vifs et si délicats, effets ordinaires d'un tempérament opposé à la prudence.

« Sa piété et sa dévotion n'est pas, comme celle des autres femmes, fondée sur la nourriture et l'habitude seulement; elle est confirmée par le bon sens et par un raisonnement solide qui établissent la véritable perfection chrétienne sans faste et sans superstition.

« L'étendue de son esprit paroît en la capacité qu'elle a aux choses grandes et sérieuses, qui ne l'empêchent pas de s'appliquer aux médiocres et même aux petites, lorsque la compagnie l'oblige d'en parler; et cela est fort extraordinaire aux personnes de grand esprit, et principalement à celles de son sexe, qui méprisent souvent les choses médiocres, pour faire croire qu'elles ont un grand esprit, bien qu'en effet il soit petit.

« Sa bonté est à tel excès qu'elle est pour tout le

monde, excepté pour elle, qui ne se considère
qu'autant qu'elle est utile aux personnes qu'elle
aime; elle entre elle-même tellement dans les sentiments de ses amies qu'elle en est pénétrée et s'y
transforme entièrement.

« Sa conduite en toute sa vie est la bonne et vraie
marque de son jugement. Son imagination lui représente les espèces de toutes choses si claires et si
nettes, qu'elle juge comme les anges en un moment
et par un simple regard. Le don de discernement
des choses, qui est le véritable fondement de la sagesse humaine, est en elle si juste et si exact que
ceux qui la connoissent en sont dans une admiration continuelle.

« Je ne puis mieux exprimer son savoir qu'en disant qu'à l'extrême vivacité de son esprit elle a
ajouté une lecture continuelle, et qu'elle a une mémoire si heureuse qu'elle n'a jamais oublié aucune
chose de ce qu'elle a lu en françois, en italien et en
espagnol.

« Sa facilité à bien écrire sur toutes sortes de sujets est incroyable, et, bien que la vitesse de sa plume
éblouisse les yeux, elle ne peut néanmoins suivre
la promptitude des conceptions de son esprit. La
netteté et la politesse de son style seroient incom-
parables, si Mᵐᵉ de Longueville n'avoit jamais
écrit.

« Il est temps que je laisse aux autres peintres à
travailler sur ce qui est le plus facile en leur art,
qui est la représentation des linéaments de son visage, pourvu que l'éclat ne les éblouisse pas. Je
dirai seulement que la nature lui a donné un corps

digne de son âme, et que j'ai vu la blancheur de
son teint effacer et ternir celle du satin blanc et
des jasmins, dont elle portoit hardiment les cou-
ronnes.

« La nature, qui ne peut faire aucune chose parfaite,
lui a donné une santé si délicate, que, ne pouvant
avoir le repos nécessaire à la vie à ses heures ordinaires, elle est obligée de le recevoir à celle qu'il
veut venir, ce qui l'empêche de régler l'ordre de sa
vie à celui de la plus grande part des autres personnes ; et on peut dire avec vérité que Mme la comtesse de Maure seroit une personne parfaite si elle
pouvoit, comme le reste du monde, s'assujettir aux
horloges. »

Dans le *Grand Cyrus* [1], Mlle de Scudéry a peint
Mme de Maure sous le nom de la princesse d'Arménie : ce portrait présente un véritable intérêt, puisque nous ne possédons aucun portrait véritable de
la comtesse, et qu'il est tracé sept ou huit ans plus
tôt que ceux de M. de Sourdis ou de Mademoiselle.

« Onésile avoit tout ce qu'on peut souhaiter en une
femme, soit pour les grâces du corps, pour celles de
l'esprit et pour les qualités de l'âme. Onésile étoit
grande, de belle taille et de bonne mine. Elle avoit
les cheveux bruns, les yeux noirs, le teint blanc et
uni, la peu délicate, la bouche incarnate et souriante, et le tour du visage fort agréable, quoique
d'une forme assez particulière, car on ne pouvoit
véritablement dire qu'il fût tout à fait ovale et on
ne pouvoit pas dire aussi qu'il fût rond. De plus,

[1] Tome IX, 2e partie, page 548.

elle avoit le nez très-bien fait ; et sans être ni trop
grand ni trop petit, il avoit tout ce qu'il falloit
pour contribuer à la bonne mine d'Onésile, et
pour ne point gâter cet assemblage de belles choses qui en faisoit une des plus belles et des plus
charmantes personnes du monde. Car non-seulement elle avoit tout ce que je viens de décrire,
mais elle avoit de plus un si grand et si bel éclat
dans les yeux, un air si fin, si noble et si spirituel
en sa physionomie, une beauté si particulière à la
bouche, une gorge si admirablement belle, et un
caractère de grandeur en toutes ses actions qui
plaisoit si fort, que, quand elle n'auroit eu de mer-
veilleux que les seules grâces de sa personne, elle
auroit été digne de beaucoup d'admiration. Cependant son esprit brilloit encore plus que ses yeux, et
l'on peut assurer que qui ce soit n'en a jamais eu
un plus pénétrant, plus éclairé, plus solide, plus
agréable, ni d'une plus vaste étendue. Car, encore
que son imagination fût si prompte et si vive qu'elle
dérobât jusque dans le cœur les pensées de ceux
qui lui parloient, et qu'on pût quelquefois appeler
divination la manière dont elle entendoit les choses,
il est pourtant certain que, quelque prompte que fût
son imagination, elle ne devançoit jamais son jugement, qui, agissant aussi diligemment qu'elle, faisoit
que cette princesse jugeoit équitablement de tout.
Ce n'est pas qu'on ne pût quelquefois lui reprocher
qu'elle n'étoit pas toujours où elle paroissoit être,
car il est certain qu'il y avoit peu de gens au monde
qui pussent l'empêcher de penser longtemps à autre
chose qu'à ce qu'ils lui disoient. Mais elle revenoit

si à propos et si agréablement de ces légères dis-
tractions, dont ses amies particulières lui faisoient la
guerre, qu'elle répondoit aussi juste à ce que l'on
ne croyoit pas qu'elle eût entendu, que si son esprit
n'eût point fait plusieurs petits voyages durant la
conversation. Joint qu'à parler véritablement, ce
qui paroissoit quelquefois distraction et rêverie étoit
un pur effet de l'étendue de son esprit, qui, ne pouvant se renfermer en un seul objet, se partageoit
en tant d'objets différents qu'il n'étoit pas possible
que, durant qu'il-étoit partagé, il n'en parût quelque chose ou au son de sa voix, ou en ses yeux, ou
en quelqu'une de ses actions; et je pense même
qu'on en pouvoit accuser même sa générosité, étant
certain que bien souvent, en écoutant une de ses
amies, elle pensoit encore comment elle en serviroit
quelque autre. Ainsi on peut dire sans flatterie que
la seule petite chose dont on pouvoit quelquefois
accuser la princesse d'Arménie, servoit à la rendre
plus aimable et plus parfaite, et étoit un pur effet
de la grandeur de son esprit et de celle de sa bonté.
Joint aussi que, lorsqu'elle revenoit tout de bon à
ceux qui étoient auprès d'elle, sa conversation étoit
la plus agréable du monde et la plus capable de satisfaire pleinement les plus délicats et les plus diffi-
ciles, n'y ayant rien de si élevé dont elle ne parlât
à propos, ni rien de bas dont elle ne pût parler no-
blement. On peut encore dire que jamais personne
sérieuse n'a eu un enjouement plus aimable que
celui qu'elle avoit quelquefois dans l'esprit, ni n'a
su faire un si agréable mélange de l'air modeste et
de l'air galant, ni n'a entendu les choses du monde

plus finement. Mais si Onésile parloit éloquemment,
elle écrivoit aussi bien qu'on pouvoit écrire, et
l'on peut dire que peu de femmes ont aussi bien
écrit qu'elle. Mais après tout il falloit encore que
son esprit cédât à sa générosité, à sa bonté et à sa
vertu. En effet, on peut assurer qu'on ne peut avoir
l'âme plus solidement généreuse qu'Onésile, et
que qui que ce soit n'a jamais su obliger d'une manière plus noble, plus désintéressée ni plus héroïque;
car non-seulement elle accordoit de bonne grâce à
ses amis tout ce qu'ils désiroient d'elle, mais elle
leur rendoit même des offices qu'ils ne lui deman-
doient pas et qu'ils n'eussent osé lui demander. De
plus, quiconque avoit de la vertu étoit assuré de sa
protection, et elle étoit touchée si fort du mérite
qu'elle ne pouvoit voir un honnête homme malheu-
reux sans en avoir de la douleur, quoiqu'il ne fût
pas de ses amis particuliers. Enfin Onésile avoit
le cœur si grand et si noble que, quoiqu'elle fût destinée à occuper le trône d'Arménie, on peut encore
dire qu'elle étoit au-dessus de sa fortune, et qu'elle
en avoit moins qu'elle ne méritoit d'en avoir. Aussi
tout le monde la plaignoit avec tendresse de ce que
sa santé n'étoit pas toujours aussi bonne que tous
ceux qui la connoissoient l'eussent désiré. Ce n'est
pas qu'elle ne fût pas tout à la fois agissante et
délicate, et qu'elle ne fît bien souvent autant de
choses que ceux qui se portoient le mieux, principalement quand il s'agissoit de servir quelqu'un.
Onésile étoit aussi libérale qu'on peut l'être; et l'on
peut assurer sans mensonge qu'elle avoit toutes les
vertus ensemble et qu'elle étoit si respectée et si

tendrement aimée de tous ceux qui avoient l'honneur de l'approcher, qu'il n'étoit pas étrange que le mérite d'une personne si extraordinaire eût fait assez d'impression sur l'esprit de Cyrus pour lui donner la pensée d'agir avec elle avec toute la civilité possible. »

Voici enfin le portrait, beaucoup plus satirique et plus amusant assurément, que Mademoiselle trace de Mme de Maure sous les traits de la reine de Misnie, dans la *Princesse de Paphlagonie :* « C'étoit une femme grande, de belle taille et de bonne mine : sa beauté étoit journalière par ses indispositions qui en diminuoient un peu l'éclat; elle avoit un air distrait et rêveur qui lui donnoit une élévation dans les yeux et qui faisoit croire qu'elle méprisoit ceux qu'elle regardoit. Mais sa civilité et sa bonté raccommodoient en un moment de conversation ce que la distraction pouvoit avoir gâté par cet air méprisant. Elle avoit de l'esprit infiniment, un esprit capable, instruit, connoissant et extraordinaire en toutes choses. Il falloit avoir une grande politesse pour être de sa cour : car tout ce qu'il y avoit d'honnêtes gens de tout sexe s'y rendoit de tous côtés : mais, quelque bonté qu'elle eût pour excuser les défauts des personnes qui venoient pour y apprendre, ses courtisans, moins charitables qu'elle, n'avoient pas la même indulgence, et ainsi la crainte en bannissoit le ridicule. Elle ne vivoit point comme le reste des mortels, et elle ne s'abaissoit pas à cette règle où l'usage assujettit les gens du commun à se régler suivant les horloges; elles étoient défendues dans tous ses États, et on eût réputé pour insensé un

homme ou une femme qui se fussent asservis à un
coup de cloche : on croïoit en ce païs-là que cela
choquoit tout à fait le bon sens, parce que d'ordinaire on règle les cadrans sur le soleil, et c'étoit
l'ennemi mortel de cette princesse. Elle avoit cou-
tume de dire pour s'excuser, qu'elle craignoit la
chaleur, et que, dès que les rayons de cet astre en-
troient dans sa chambre, elle se mouroit, s'évanouis-
soit ; mais, pour moi, je crois que l'aversion étoit ré-
ciproque, et que si le feu de l'esprit de la princesse
et celui de ses yeux se fussent rencontrés avec celui du soleil, ils eussent fait un tel incendie que le
genre humain en eût souffert. Peut-être croyoit-elle
que ce devoit être par là que commenceroit le dé-
luge de feu qui viendra à la fin du monde. Peut-être
aussi notre princesse, qui étoit très-éclairée en
toutes sciences, pénétroit-elle dans l'avenir par l'as-
trologie ; et par ce moyen connoissant le mal
qu'elle craignoit de causer, elle l'éloignoit autant
qu'il lui étoit possible : sans doute c'étoit la raison
qui faisoit qu'elle ne sortoit jamais en plein midi,
qu'elle ne se levoit qu'au coucher du soleil, et qu'elle
ne se couchoit qu'à son lever. Elle craignoit extrêmement la mort par cette raison encore, à ce qu'elle
disoit, qu'elle vouloit allonger le monde de tant
qu'elle pourroit ; et assurément quand elle n'auroit
pas eu ce sentiment par elle-même, elle l'auroit par
la communication de la princesse Parthénie, son
amie intime, qui avoit des frayeurs de la mort
au-delà de l'imagination ; il n'y avoit point d'heure
où elles ne conférassent des moyens de s'empêcher
de mourir et de l'art de se rendre immortelles. »

Comme je le disais avant de transcrire ces portraits, Mme de Maure était tombée dans un profond
oubli, quand M. Cousin a eu l'heureuse pensée de
lui donner accès dans sa galerie des femmes distinguées du dix-septième siècle, et a trouvé avec raison qu'elle ne serait jamais déplacée auprès de
MM^{mes} de Longueville, de Chevreuse, de Sablé, de
Sévigné, de Hautefort, de la Fayette, de Montausier
et de tant d'autres, de précieuse mémoire, et qui
formaient sa société habituelle. M. Cousin d'ailleurs
ne se fait pas illusion, et, après avoir simplement
constaté que Mme de Maure « était une femme de
caractère, » il ajoute prudemment qu'il ne faut
pas la trop vanter, mais qu'il serait injuste de la
laisser dans la foule et dans l'oubli. « Elle avait de
petits travers et d'assez grandes qualités. Les lettres que nous publions montrent qu'elle était heu·
reusement douée, et que, si elle avait écrit beaucoup de lettres comme celles sur Mme de Bouillon,
elle aurait conquis un rang assez élevé parmi les
épistolaires de son temps. »

Mais Mme de Maure a été plus sévèrement jugée
par un savant critique auquel nous devons la publication de curieuses lettres de la comtesse laissées
inédites dans les portefeuilles de Conrart, M. Léon
Aubineau : « C'est une femme d'esprit, dit M. Aubineau, d'un esprit fin, sec, mordant, pointu, sans
spontanéité, sans grâce, sans abandon, sans rien
d'aimable enfin, ni d'attrayant. Elle mettait son
mérite à être fière et difficile à contenter, et elle
parle elle-même quelque part « d'un goût de chez la
comtesse de Maure, » comme de quelque chose de

rare et qu'on ne satisfait qu'à grands frais. » Ces
deux jugements me paraissent tous deux s'éloigner
de la vérité, excepté sur un point, l'esprit, que personne ne songeait à contester à la comtesse [1].
M. Cousin, en effet, me semble faire beaucoup trop
bon marché de la vie de Mme de Maure en se bor-
nant à dire qu'elle était « une femme d'esprit et de
caractère. » M. Aubineau est injuste en écrivant :
« L'esprit une fois connu dans son monument le plus
parfait (les lettres sur Mmes de Bouillon), le caractère
de cette dame n'a pas à gagner au dépouillement
des manuscrits de Conrart, de Valant et de Lenet. »
Il faut, à mon avis, apprécier Mme de Maure d'après
l'ensemble de sa vie : née fière et adulée de bonne
heure à cause de sa beauté, elle fut cruellement
frappée dans ses affections, et évidemment dans ses
espérances d'avenir, par la double mort de ses oncles de Marillac : elle épousa tardivement un cadet
de grande famille, mais qui, comme la plupart des
cadets, crut devoir chercher sa carrière dans l'opposition et bientôt naturellement dans l'intrigue :
Mme de Maure ne voulut pas abandonner son mari,
même quand elle le désapprouvait, et elle vint se

---

[1] Voici comment M. Amédée Roux, dans son intéressante histoire
du duc de Montausier, apprécie Mme de Maure : « Douce et obli-
geante, cette aimable personne faisait oublier à ceux qui la
voyaient le caractère fâcheux de son mari, honnête homme, mais
déplaisant et tracassier, qui avait tous les défauts de Montausier,
sans avoir ses grandes qualités, et que l'abbé de la Victoire appelait le Bon par antiphrase. Mme de Maure n'était pas non plus sans
quelques petits travers, et le peu de soins qu'elle prenait de ses
affaires l'avait fait surnommer la Folle par son entourage; mais
ces torts ne nuisaient qu'à elle-même, et sa mort laissa dans son
cercle habituel un vide réel. »

perdre dans les menées de la Fronde : riche d'abord, puis successivement appauvrie par son inaptitude au règlement des choses matérielles de la vie, inaptitude que partageait malheureusement M. de Maure, elle en fut bientôt réduite à désirer une pension qu'elle ne put obtenir : elle s'aigrit rapidement à travers tous ces mécomptes et en arriva à se roidir contre d'anciens amis, que, dans la mauvaise fortune, on accuse toujours si volontiers [1]. Mais il est impossible d'admettre que Mme de Maure ait pu dès ses débuts laisser voir ces aspérités qui se révélèrent plus tard, car ce serait vraiment un miracle que ce concert unanime d'éloges décernés par tous les contemporains, dans un temps où l'on savait parfaitement distribuer et prodiguer même les médisances, voire même les plus cruelles méchancetés. Comment admettre que Mme de Motteville, qui connaissait bien son monde, qui n'était nullement banale, et qui était l'amie particulière de la reine Anne d'Autriche, dont nul n'ignorait les sentiments peu sympathiques à l'égard de la comtesse, comment admettre que Mme de Mot-

[1] Voici comment Mlle de Vertus, dans une lettre à Mme de Sablé, apprécie l'existence si mal employée et raisonnée, au point de vue pratique, de Mme de Maure : « Cette pauvre comtesse de Maure me fait une grande pitié, je prie Notre-Seigneur de lui faire miséricorde. Hélas ! Madame, l'inutilité de la vie met bien souvent en péril autant que de plus grands péchés ; car, s'il est vrai qu'on est jugé selon ses œuvres, on trouvera quelquefois que de cinquante ans qu'on a vescu, il n'y aura pas une heure qui puisse estre comptée. Je ne parle point pour elle, quoiqu'il soit vrai que depuis sa mort cela m'ait bien passé par la teste. En vérité, quand on passe sa vie à rien, il est bien ordinaire qu'on ne puisse pas faire quelque chose de bien solide à la mort. La grande innocence console et fait bien espérer. »

teville dise dans ses Mémoires : « Elle avoit une vertu éclatante et sans tache, de la générosité avec une éloquence extraordinaire, une âme élevée, des sentiments nobles, beaucoup de lumière et de pénétration. » Ce jugement résume, ce me semble, des qualités bien sérieuses et explique la situation dont Mme de Maure jouissait dans la société et dont on ne saurait raisonnablement contester l'existence. Mme de Maure méritait d'être tirée de l'obscurité où elle était restée jusqu'à présent, quand ce ne serait que pour donner l'exemple d'une femme belle, spirituelle et demeurée « sans tache » au milieu des événements si multipliés d'une époque où la vertu des grandes dames de la cour ne brillait pas toujours d'un éclat aussi pur.

LETTRES

DE MADAME DE MAURE.

LETTRES

DE MADAME DE MAURE.

Les lettres de Mme de Maure sont conservées en copies dans les volumes des papiers de Conrart (tomes IX, XI et XIII in-folio), et en original dans ceux de Valant (t. VII). MM. Cousin, Aubineau et Roux en ont publié une grande partie. Mais je dois faire remarquer que les copies données par MM. Aubineau et Roux sont de beaucoup les plus exactes. La lettre, par exemple, adressée au maréchal d'Albret, à l'occasion des tableaux, renferme non-seulement plusieurs variantes importantes dans le texte donné par M. Aubineau par rapport à celui de M. Cousin, mais deux phrases formant, l'une trois lignes et l'autre cinq lignes, sont complétement supprimées dans la version publiée par ce dernier. J'ai revu tous les textes, et je crois aujourd'hui donner les véritables lettres de la comtesse de Maure.

I. — *A Mme de Sablé.*

Octobre 1631, de Paris. — « J'ai vu cette lettre où vous me mandez qu'il y a tant de galimatias, et je

vous assure que je n'y en ai point trouvé du tout,
au contraire. J'ay trouvé que toutes choses y sont
très-bien expliquées, et entre autres une qui l'est
trop bien pour mon contentement, qui est que vous
avez dit à Mme la marquise de Rambouillet que lorsque vous vous vouliez figurer une vie tout à fait
heureuse pour vous, c'était de la passer toute seule
avec Mlle de Rambouillet. Vous savez si personne
peut estre plus persuadée que moy de son mérite;
mais je vous avoue que cela n'a pu faire que je
n'aie esté surprise de voir que vous eussiez pu avoir
une pensée qui fait une si grande injure à nostre
amitié. Car de croire que vous n'ayez dit cela à
l'une et que vous ne l'ayez écrit à l'autre que pour
leur faire un compliment agréable, j'estime trop
votre courage pour pouvoir imaginer que la complaisance vous fît trahir de cette sorte les sentiments
de votre cœur, surtout en un sujet où je crois que
vous auriez plus de raison de les cacher, puisqu'ils
ne m'étoient pas favorables; l'affection que j'ai pour
vous étant si fort dans la connoissance de tout le
monde, et surtout de Mlle de Rambouillet, que je
doute si elle n'aura pas été plus sensible au tort
que vous me faites qu'à l'avantage que vous lui
donnez. L'aventure que cette lettre me soit tombée
entre les mains, m'a bien ramentevé ces vers de
Bertaut, que

> Malheureuse est l'ignorance
> Et plus malheureuse le savoir.

Ayant perdu par ces moyens-là une confiance qui
seule me rendoit la vie supportable, il n'y a pas

moyen de songer à accomplir le voyage tant proposé; car y auroit-il de l'apparence de faire soixante
lieues dans cette saison pour vous charger d'une
personne si peu agréable, qu'après tant d'années
d'une passion sans pareille vous n'ayez pu vous défendre de faire consister le plus grand plaisir de votre
vie à la passer avec elle? Je m'en retourne donc
dans ma solitude examiner les défauts qui me rendent si malheureuse, et, à moins que de les pou-·
voir corriger, je ne pourrois avoir tant de joye en
vous voyant que je n'eusse encore davantage de
confusion. Je vous baise les mains et suis, etc. »

(VALANT, *autog.*)

II. — *Mme la comtesse de Maure à M. de Serizay pour
le remercier de lui avoir envoyé un exemplaire des*
Lettres choisies *de Balzac, de la part de l'auteur* [1].

Novembre 1647. — « J'ai fait un petit voyage à Attichy et j'y ai reçu votre lettre, mais non pas les
livres. M. le comte de Maure les avoit retenus, parce
que M. Conrart me les avoit déjà donnés, quand il
les fit imprimer. Cela seul pourroit vous faire juger
comme M. Conrart est bien informé de mes sentiments. Je me trouve la plus empêchée du monde,
car je voudrois pouvoir remercier moi-même M. de
Balzac, et je n'oserai seulement entreprendre de
rien lui écrire qu'il puisse voir. Je fus dans la même
peine quand M. le chevalier de Méré me donna avis

---

[1] Jacques de Serizay, membre de l'Académie française, inten-
dant du duc de la Rochefoucauld, mort en 1653.

de ce que fait M. de Balzac pour la mémoire de M. de Marillac; et comme la fortune toute seule avoit pu lui donner quelque opinion de mon esprit, elle voulut avoir soin de ce qu'elle avoit fait, et fit perdre ma lettre. Il ne seroit pas mal à propos dans l'embarras où je me trouve pour celle-ci, de lui donner la même adresse si j'écrivois à un autre qu'à vous; mais quand vous n'auriez pas cette bonté que chacun sait, qui vous feroit cacher les défauts de vos propres ennemis, vous êtes trop engagé dans ma réputation pour me pouvoir manquer dans une telle occasion. Je ne doute donc point que vous ne vous gardiez bien de faire voir ma lettre à M. de Balzac, et que vous ne lui disiez tout ce que je voudrois avoir su dire, pour lui témoigner la joie que j'ai de ce qu'il m'a jugée digne de ce présent. Mais je n'ai pas même besoin de vous pour une autre chose : c'est que je n'ai rien mandé à M. de Balzac sur cette mort, que vous dites qui a pensé de le mettre lui-même au tombeau, et je n'ai point d'autre excuse que celle que j'aurai en toutes les occasions où l'on serait obligé de lui écrire. Je me suis contentée de la plaindre extrèmement dans mon cœur et d'en faire de grandes exclamations avec ses amis. Vous savez de quelle sorte mon expérience m'a appris à plaindre les miens quand ils perdent ce qu'ils aiment. Je suis sur le point de faire encore une perte qui me toucheroit fort, du pauvre M. d'Atri[1], quoique la longueur de cette maladie, à l'âge qu'il a, dût m'y avoir préparée. Les derniers

---

[1] Il mourut au commencement de 1648.

embarras que nous avons eus ensemble sur le sujet de sa fille ont fait tant de bruit qu'il est malaisé qu'ils n'aient été jusqu'à vous; mais tout cela s'est raccommodé, et je vous assure que je le regretterai fort. Au reste, quoique la lettre que vous m'avez écrite soit la plus belle du monde, et qu'elle me donne la plus grande joie que je puisse avoir, en m'apprenant que M. de Balzac continue cet excellent ouvrage pour la mémoire de M. le maréchal de Marillac, je n'ai pas laissé d'y trouver un grand défaut de ce que vous ne me dites rien de votre santé. J'ai peur que ce soit mauvais signe, car vous ne sauriez douter que votre lettre ne m'eût été encore plus agréable si elle m'eût appris que vous vous portez bien. Et parce que je sais que vous avez le même sentiment pour moi, je ne veux pas manquer à vous dire que n'ayant pu aller cette année à Forges, l'on m'a fait prendre ici de certaines eaux de Saint-Reine, nouvellement introduites, qui m'ont fait beaucoup de bien. M. le comte de Maure s'est trouvé mal; mais ce n'a été, Dieu merci, rien de dangereux, et à cette heure il se porte mieux. Il ne me pardonneroit pas si je ne vous disois qu'en quelqu'état qu'il soit, il est autant votre serviteur, que je suis votre passionnée servante. »   (CONRART, copie.)

III. — *A M. Godeau, évêque de Vence, pour le remercier d'un de ses ouvrages.*

1648. — « Monsieur, j'ai une grande confusion d'avoir reçu une nouvelle grâce de vous avant que de vous avoir remercié de celle que vous m'avez faite

de m'écrire sur la perte du pauvre M. d'Atri ; et
en vérité vous ne pouviez mieux vous venger de ce
manquement. Mais je serai prète d'en faire encore
de plus grands, si vous vouliez vous venger toujours
de cette façon; le livre que vous m'avez fait l'honneur de m'envoyer étant si fort de mon goût que
l'on pourroit dire qu'il a été fait pour moy s'il n'y
avoit point de préface. Je pense que vous vous
êtes bien attendu que ce seroit la moindre chose
que je vous dirois de ce que j'y ai trouvé; mais
sans demeurer d'accord de ce que vous dites, je ne
laisse pas de bien comprendre que vous l'avez voulu
dire. Au reste, Monsieur, quoique j'appréhende
toujours d'écrire à un homme qui écrit si bien, je
n'aurois pas laissé de m'en acquitter fort souvent,
si je n'avois pu savoir de vos nouvelles qu'en vous
en demandant; mais M. Conrart est si informé
de l'intérêt que je prends à ce qui vous touche,
qu'il m'auroit même dit tout ce que j'eusse désiré
de savoir avant que de lui en parler, pour peu
que je lui en eusse donné le loisir. Il m'a dit que
votre affaire de Vence n'est pas en l'état que je
l'avois désiré [1], mais je crois que Mme de Longueville
fera augmenter le dédommagement que l'on a proposé. Il me semble qu'il n'est pas proportionné à
l'affaire, mais il l'est bien moins encore à votre mérite; et si j'étois du conseil de ceux qui distribuent
des grâces, vous auriez sans doute beaucoup plus de

---

[1] Mazarin donna à Godeau les deux petits évêchés de Grasse et
de Vence; mais l'évêque négligea de faire faire alors l'union, et,
après la mort du cardinal, il dut abandonner Grasse en 1653,
après une longue résistance.

bien que vous ne voulez en avoir, et j'aurois une mer-
veilleuse joie, à laquelle vous croyez bien que je ne
m'attends pas, de vous pouvoir témoigner le respect
que j'ai pour votre vertu, et combien je suis, Monsieur, votre très-humble et très-obéissante servante,

« ATTICHY. »

(CONRART, copie.)

IV. — *A Marie de Gonzague, reine de Pologne, à l'occasion de son second mariage avec le prince Casimir de
Pologne* [1].

21 may 1649. — « Madame, la lettre que Votre Majesté m'a fait l'honneur de m'écrire m'a donné une
grande joie et tout ensemble une grande confusion.
Ce n'est pas que je puisse jamais être coupable du
crime de l'avoir oubliée, dont il me semble qu'elle me
veuille accuser, mais c'est toujours une grande faute
de lui avoir donné sujet de le dire. Je puis assurer
pourtant Votre Majesté que je ne l'ai fait que par la
seule crainte de l'importuner; sachant bien que
Mme de Choisy lui mande toutes les nouvelles qui
peuvent lui donner du divertissement, et elle aura
pu lui témoigner que pas une de ses servantes n'a
eu plus de douleur que moi de sa maladie, ni plus
de joie de son mariage. Ce que Votre Majesté m'a
fait l'honneur de me mander de l'instance qui lui

---

[1] Louise-Marie de Gonzague, fille du duc de Nevers et de Man-
toue, et de Catherine de Lorraine, veuve de Sigismond IV, roi de
Pologne; elle se remaria, le 30 mai 1649, avec son frère, le roi
Jean Casimir; elle joua un rôle important dans les événements de
Pologne à ce moment, et mourut sans postérité, à Varsovie, le
10 mai 1667.

a été faite de toutes parts, me donne une grande idée de la Pologne. Pour ce qui est du Roy[1], il y a longtemps que nous avons vu, par une lettre qu'il écrivit à Mme de Choisy[2], qu'il étoit non-seulement fort amoureux, mais encore fort galant; et toutes les choses qu'il a faites depuis pour Votre Majesté n'ont guère moins fait de bruit à Paris qu'en Pologne. Enfin, Madame, il me semble qu'il ne reste plus rien à désirer pour Votre Majesté dans une si grande gloire et parmi tant de sujets de satisfaction, que le rétablissement de sa santé. Je n'ai point vu celui qu'elle avoit chargé de la lettre dont il lui a plu de m'honorer; il la laissa et promit de revenir; je n'ai garde de le lui laisser oublier, ayant la plus grande impatience du monde d'apprendre les particularités de ce second triomphe. » (CONRART, *copie*.)

V. — *A Mme de Brienne.*

1649. — « Ma chère compagne, on dit ici que la reine s'est fort récriée de ce que M. le comte de Maure s'est chargé de cette proposition contre M. le cardinal; cela me fait croire qu'elle ne sçait point le mauvais traitement qu'il a reçu de lui, ou qu'elle n'y a fait aucune réflexion, non plus que sur celui qu'elle lui a fait elle-même; car cette proposition n'étant qu'une suite de s'être mis dans le parti, il est question de savoir s'il a eu tort de s'y mettre; et comme vous êtes bien justement nommée la

---

[1] Il abdiqua quelques jours après la mort de la reine.

[2] Jeanne Hurault de l'Hôpital, mariée à M. de Choisy, chancelier du duc d'Orléans, mère du fameux abbé de Choisy.

Bonne, et que je vous ai trouvée telle en d'autres
occasions, j'ai cru que je ne pouvois m'adresser
mieux qu'à vous pour essayer de faire entendre à
la reine les raisons de M. le comte de Maure. Vous
saurez donc premièrement, ma très-chère, que depuis la régence, il n'a pas eu un seul bienfait, de
quelque nature qu'il puisse être, si ce n'est en papier. Véritablement pour du papier, il a eu des
lettres du conseiller d'État, dont la première est de
6,000 livres, une ordonnance de 10,000 écus pour
la récompense que le maréchal disoit à la reyne
qu'il était juste de lui donner pour la compagnie des
gens d'armes de la feue reyne que M. le maréchal
de Marillac avoit achetée; et non-seulement il n'a
jamais rien touché de tout cela, après que lui et
moi en avons tant de fois parlé à M. le cardinal,
qu'enfin nous nous en sommes lassés, mais il n'a
su même être payé des appointements d'une petite
charge qu'il avoit prise en payement de son oncle
de la Vauguyon, pour une dette de 20,000 escus.
Ce traitement, qui lui devoit être assez sensible,
durant que la reyne faisoit des grâces si considérables à tant de gens qui n'avoient pas eu l'attachement que nous avions eu à son service, ne l'em-
pêcha point de se mettre en pièces dans la première
brouillerie du parlement. Il crut qu'y allant du repos de l'État, il devoit préférer les sentiments d'un
bon François à des ressentiments particuliers;
comme il m'importe pour rentrer dans mes obli-
gations, et que j'avois à M. le cardinal celle de m'a-
voir raccommodée avec la reyne, il voulut encore le
servir, encore qu'il n'eût jamais fait les moindres

choses pour luy. Les soins qu'il prit eurent assez
de succès, puisqu'ils empêchèrent au mois de septembre — (1648) — l'arrêt qui a été donné au mois
de janvier — (1649). — Vous pouvez juger, si
l'on auroit vu dès lors ce qu'on a vu depuis. Cependant après que M. le cardinal l'en eut remercié
en présence de M. le Prince et de M. le maréchal de
Villeroy, comme d'un grand service qu'il avoit rendu
à l'État, et dont il lui étoit fort obligé en son particulier, toute la cour a vu que la reyne ne lui en a
pas dit un mot, quoiqu'il fût tous les jours devant
elle; et M. le cardinal a témoigné d'être embarrassé
de lui, lorsqu'il lui vouloit parler sur cet accommodement, jusques à donner sujet de faire dire par
tout Paris qu'il étoit si accablé qu'il ne savoit où se
mettre; et enfin il en fit des railleries qui vinrent
jusques à M. le comte de Maure et qui l'obligèrent à
s'en déclarer à quelqu'un des gens de M. le cardinal, qui avoit connoissance de l'affaire. Cela a duré
trois mois sans que M. le comte de Maure ait ouï
parler de M. le cardinal, sinon par un compliment
assez superficiel qu'il me fit au retour de Sainte-
Reine où j'avois été durant tout ce temps-là; et quoique M. le comte de Maure ne fût qu'à deux pas de lui
et qu'il le vit très-bien, il ne lui dit pas un mot.
Quant à la reyne, je sais bien que cet accommodement, qu'elle ne faisoit que par force, ne pouvoit
lui plaire; mais il me semble qu'il auroit été de l'é-
quité de témoigner à ceux qu'elle savoit ne s'en
pouvoir mêler que pour son service, de leur savoir
gré de leur bonne volonté, et c'est aussi ce qu'elle
a fait à d'autres; mais pour M. le comte de Maure, il

n'a pas été si heureux! L'on voit à cette heure si l'on étoit si fort trompé de croire que cet accommodement étoit de son service, puisque, si l'on s'y étoit tenu, tout ce que l'on a vu depuis trois mois ne seroit point arrivé. M. le comte de Maure étoit donc piqué, comme vous le pouvez juger : la reyne sort de Paris; et comme il mettoit ordre à ses affaires pour que nous en sortissions aussi, M. le prince de Conty et M. de Longueville arrivèrent. Alors véritablement il ne put résister à la tentation de montrer son ressentiment. Il n'eût pas voulu pour cela aider à former un parti; mais étant tout formé, l'estimant juste, et voyant qu'on ne pouvoit pas même soupçonner qu'on voulût détruire la royauté, il crut qu'il seroit mieux de s'y mettre que de s'en aller empressé à la cour, où il avoit été si maltraité, ou de s'enfermer dans une de ses maisons durant cette guerre; et bien loin de croire que la reyne dût s'en plaindre, il crut, ou qu'elle ne songeoit pas à lui, selon le peu de considération qu'elle a fait de nous depuis la régence, ou que si elle y songeoit, elle seroit assez équitable pour trouver qu'il avoit eu raison. Mais de la façon qu'elle parle, il faut, ou qu'elle n'ait rien su de ces particularités, ou qu'elle ne nous ait pas jugés dignes de ces réflexions que la seule équité lui auroit dû faire faire ; car pour cette proposition, vous savez si c'est autre chose qu'une suite de s'être mis dans ce parti, et si, après les premiers pas, on ne doit pas faire tous les autres. Voilà, ma très-chère, pour ce qui regarde M. le comte de Maure. Et pour ce qui est de moi, je vous dirai qu'encore qu'il s'y soit mis pour des causes où je n'ai pu manquer de m'intéresser extrêmement et qui auroient pu détruire dans l'âme de beaucoup de gens le sentiment d'une obligation plus grande que ne peut être celle qui n'a produit que deux années d'une pension de mille écus, durant que Mme de Fiennes et Mlle de Beaumont étaient mieux traitées [1], je suis faite d'une façon que quand on m'a obligée une fois il est assez malaisé de m'en faire perdre tout à fait le sentiment, et il m'est toujours demeuré dans le cœur quelque chose pour M. le cardinal, qui a fait que je n'ai pu sans regret voir M. le comte de Maure prendre parti contre lui. Mais j'ai regretté cela comme une chose dans laquelle lui-même l'avoit poussé, et non pas que j'aie trouvé qu'il eût tort d'avoir faite. Je priai Mme de Montausier de le lui dire, et je crois que d'autres encore lui auront pu témoigner que je n'ai point changé de langage en changeant de parti, et que je parle ici de lui de la même façon que lorsqu'il y étoit. Quant à la reyne, j'avois creu ne lui devoir rien faire dire, et qu'au peu de considération qu'elle faisoit de nous, elle se moqueroit de moi, si j'avois cru qu'elle se fût aperçue que nous ne fussions plus dans son parti. Mais à cette heure, ma très-chère, vous m'obligerez extrêmement de lui dire ce qui pourra servir à la justification de M. le comte de Maure, et même si vous pouvez parler de lui à M. le cardinal, car j'ai appris

---

[1] Mlle de Beaumont, fille de la Reine, puis attachée à Mademoiselle, « hardie, dont l'esprit étoit grand, rude, sans règle, » dit Mme de Motteville. — Mme de Fiennes avait également été fille de la Reine : son mari était écuyer de Madame. Spirituelle, avare et méchante, dit Bussy, elle se remaria à un âge avancé avec Deschapelle, fils de la nourrice du duc d'Orléans.

avec assez d'étonnement qu'il avoit dit à M. le marquis de Mortemart : — Mais qu'ai-je fait à M. le
comte de Maure ? — Cela a renouvelé les sentiments
que j'avois déjà là-dessus, et vous jugerez aisément,
que par les mêmes raisons que j'ai été fâchée que
M. le comte de Maure ait eu sujet de se mettre dans
ce parti, je l'ai été qu'il se soit trouvé engagé à être
porteur de cette proposition ; mais enfin je n'ai su
faire que M. le cardinal fît de lui la considération
qu'il croyoit mériter qu'il en fît, et je n'ai su faire
que M. le comte de Maure pût souffrir qu'il ne l'eût
pas fait. Mais, bon Dieu, seroit-il possible qu'il eût
oublié ce qu'il lui a fait et ce qu'on lui en a dit ! La
grandeur rendroit les gens bien misérables, si elle
les empêchoit de faire les réflexions les plus ordinaires, et si elle leur faisoit oublier les choses dont
ils auroient tant d'intérêt de se souvenir. Je parle-
rois de cela d'ici à demain ; mais ma lettre est déjà
si longue qu'il la faut finir, après vous avoir assurée
que je suis à vous de la même façon que j'ai toujours été, etc.»   (CONRART, copie.)

VI. — A la même.

1649.—« Ma chère compagne, M. de Roquette [1] m'a
dit que vous ne voulez pas venir à Paris et que vous
dites qu'on ne vous y aime plus ; et il m'a fait entendre que même de moy vous ne savez qu'en croire.
Je vous assure que Mme de Longueville vous aime
autant qu'elle a jamais fait, et si la marquise d'O [2]

---

[1] L'abbé Gabriel Roquette, depuis évêque d'Autun.

[2] Louise Séguier, fille unique du marquis d'O, dont elle porta

s'est offensée des sermons que vous nous avez envoyés sur le parti, Mme de Longueville n'en a pas
fait de même ; elle a été aussi raisonnable en cette
occasion qu'en toutes les autres. Vous savez que c'est
tout dire. Pour ce qui est de moi, ma bien chère, ce
ne sauroit être que sur la lettre que vous auriez pu
avoir quelque déférence, car pour les serments vous
avez vu que j'ai été assez douce, encore que j'eusse
toujours fort envie de vous dire que si j'osois je de-
manderois à la reyne si elle a cru n'être pas en
bonne conscience toutes les fois qu'elle n'a pas été
du parti du feu roi. Et pour l'aventure de ma lettre,
je vous jure qu'à cette heure je ne me soucie nullement de tout ce qui est arrivé, car comme je n'ai
jamais douté que vous n'eussiez très-bonne intention, je vous ai été obligée dans le temps même que
j'estois au désespoir qu'elle eût été vue. J'ai enfin
découvert sur quoi on a tant trouvé à redire. . . .
. . . . à cette
heure sans savoir que dans une lettre que l'on auroit voulu que la reyne eût vue, il auroit fallu user
d'un terme plus respectueux que celui *de raccom-
moder avec la reyne;* mais écrivant à une amie de la
façon dont je vous ai écrit, on s'excuse de prendre
un grand ton pour des choses qui peuvent être dites
en une parole. Pour le retour de Sainte-Reine, j'a-
voue que cela me passe, et que je n'aurois jamais
imaginé que ce lieu-là eût été pire à nommer qu'un
autre. Et pour le bruit que l'on a fait de ce que j'ai
dit mes sentiments pour M. le cardinal, je voudrois

le titre, première femme du duc de Luynes, morte le 13 septembre 1651.

bien demander au plus redoutable des juges de ma lettre si les sentiments de gratitude ne sont pas dans le cœur; et cela étant, si c'est une chose fort extraordinaire et que l'on puisse faire passer pour une fort grande flatterie d'avoir dit que quand on m'a une fois obligée, il est malaisé de m'en faire perdre tout-à-fait le sentiment, et qu'il m'est toujours demeuré quelque chose dans le cœur pour M. le cardinal, qui a fait que je n'ai pu voir sans peine M. le comte de Maure prendre parti contre lui. Vous savez que, bien loin d'avoir voulu qu'il vît ma lettre, je ne vous ai point demandé de lui rien dire de moi, mais seulement de M. le comte de Maure, parce qu'il sembloit qu'il eût oublié le sujet qu'il lui avoit donné de faire ce qu'il a fait. D'ailleurs il me semble que j'ai assez montré jusques icy que je n'estois pas fort empressée du côté de la faveur pour ne pas devoir être accusée de m'en soucier beaucoup à l'advenir, et qu'il étoit plus raisonnable d'attribuer ce que j'ai dit là-dessus à un sentiment de reconnoissance qu'à un sentiment d'intérêt; et je crois que de tous ceux qui m'ont accusée, il y en a peu que je ne puisse défier de renoncer aux prétentions de la cour, quelque raison qu'ils en eussent; de la sorte que je le saurai bien faire en cette occasion. Au reste, je ne crains pas que vous montriez cette lettre. Véritablement pour la reine, elle n'a qu'à faire d'avoir la teste rompue de tout cela, et en l'état où nous sommes auprès d'elle, je sais que les choses qui viennent de moi ne peuvent lui paroître raisonnables. »   (CONRART, *copie*.)

VII. — *A la marquise de Montausier.*

1649. — « J'ai toujours la plus grande joie du
monde lorsque je reçois de vos lettres, et quand
vous seriez en Pologne, je vous écrirois avec plaisir,
quoique je n'aime à écrire, comme vous savez, que
quand je puis avoir la réponse au bout d'une heure.
Je suis encore à Paris. Les gardes de M. le cardinal
sont à Attichy. Cela répond à la question que vous
me faites de la façon dont je suis à la cour; mais je
vous en veux encore éclaircir davantage, et pour
cela je vous envoie cette lettre qui a fait tant de
bruit, et d'autres encore, sans lesquelles il seroit
malaisé de vous faire entendre tout ce que je désire que vous sachiez; et ce qui pourroit estre une
assez grande importunité à Paris, pourra estre un
divertissement aux champs. Vous saurez donc que
cette lettre ayant été vue comme je vous ai mandé,
la paix ne fut pas sitôt faite que le bruit courut que
M. le cardinal avoit dit devant la reyne : — Ce seroit
le dernier de mes malheurs s'il lui restoit quelque
amitié pour moy ; — et incontinent j'en fus avertie,
et qu'il avoit ajouté : — Ce seroit alors qu'il faudroit
quitter le royaume. — Je crus tout à l'heure que cela
étoit vrai, et que par rapport à ce que faisoit M. le
comte de Maure il avoit trouvé que c'étoit une fort
belle pointe ; et enfin j'en eus tant d'avis qu'il n'y
avoit pas eu moyen d'en douter. Je m'assure que
vous trouverez cela encore un peu plus admirable que
tout ce que je vous ai mandé déjà. Je n'aurai point
trouvé estrange qu'il eût dit quoi que ce fût de M. le

comte de Maure, mais de moi, après ce que vous lui
avez dit et ce qu'il avoit vu dans cette lettre, j'avoue
que cela me surprit, quoique j'eusse su d'autres
choses de cette nature qui s'estoient passées devant
la guerre qui m'ont fait croire qu'il avoit plutôt fait
ce beau discours pour plaire à la reyne et à cette
cabale qui m'est si contraire, que par ressentiment
de ce que faisoit M. le comte de Maure; et Mme de
Brienne m'a dit depuis une chose qui m'a bien confirmée dans cette opinion, qui est qu'après qu'elle eût
vu cette lettre, il dit à M. de Brienne : — Je vous
prie de dire à Mme de Brienne que quoi qu'il arrive
je ne veux point être mal avec la comtesse de Maure,
et que je la prie de lui mander que j'ai toujours esté
son serviteur et que je le veux toujours estre. — Ne
pouvant donc douter de ce beau discours, je priay
M. de Mortemart de lui dire que l'on me l'avoit dit,
et que s'il ne sortoit du royaume que par mon amitié, il étoit assuré d'y demeurer toute sa vie; qu'il
étoit même en sûreté de mes visites, parce que du
jour que M. le comte de Maure s'étoit mis de ce parti
je m'étois résolue à ne pas mettre le pied à la cour,
et qu'il pouvoit savoir comme j'en avois usé du
temps du cardinal de Richelieu et juger de là si
j'aurois de la peine à suivre cette résolution. Vous
pouvez croire que je lui aurois fait dire encore pis si
j'avois trouvé quelqu'un qui lui eût voulu dire. Vous
verrez dans la première lettre du marquis de Mortemart comme cela se passa. Incontinent la cour
alla à Compiègne, et dès qu'elle y fut arrivée j'appris que ses gardes étoient à Attichy; et ne voulant pas le prier de les en faire sortir, je fis écrire à

Mlle d'Atri pour l'intérêt qu'elle a à cette terre aussi. Sitôt qu'il eut vu sa lettre, il commanda que l'on fît déloger les gardes; mais selon qu'il a paru depuis, il donna un autre ordre quand il sut que j'avois part à la terre. Il a fallu bien des choses pour me faire croire que c'étoit par ce mouvement-là, me semblant que ce seroit une chose trop basse. Je crus d'abord que c'étoit que celui qui commande ses gardes trouvoit ce logement bon, et faisoit ce qu'il pouvoit pour le conserver. J'écrivis au marquis de Mortemart ce qui se passoit et que je croyois qu'il falloit qu'il dît au cardinal que cela avoit peu de rapport à ce qu'il m'avoit dit de sa part, mais quoi qu'il pût arriver, il ne lui fit nulle prière de la mienne, et qu'en l'état où estoit M. le comte de Maure avec lui, je ne croyois point lui devoir demander aucune grâce, et plus encore à cause de ce que tout le monde croyoit qu'il avoit dit de moi, et que bien qu'il eût dit que cela étoit faux, l'on étoit tellement persuadé qu'il étoit vrai, qu'il seroit malaisé que je pusse résoudre à lui rien demander. Vous verrez par la seconde lettre du marquis comment cela s'est passé. Je lui ai mandé qu'à cette heure que je voyois à quoi tenoit cette affaire, je m'en saurois bien reposer, et que, si M. le cardinal le faisoit par vengeance ou pour me réduire à le prier, il n'y trouveroit point son compte; que pour la vengeance elle étoit médiocre, et que pour le prier, une plus grande affaire ne m'y feroit pas résoudre, parce que je croyois que ce seroit une bassesse. J'ai la plus grande envie du monde de savoir votre opinion sur tout cela, et quoique l'on

ne puisse pas tout dire par lettres, je suis assurée que
je vous entendrai à demi-mot. Mais de monseigneur,
de Mme de Brienne, d'être sa servante et du sermon,
ne pensez pas à vous exempter de me mander tout
du long ce qu'il vous en semble. Je ne répondis qu'à
cette aigreur que vous remarquerez de la reyne et du
sermon. Je lui mandai que j'étois facilement entrée
dans le sens de la reyne, que je n'avois jamais esté
assez bien avec elle pour que cela eût pu changer,
et que je demeurerai aisément d'accord de tout ce
qu'il lui plairoit là-dessus, et que j'aurois toujours
cette consolation qu'elle ne pouvoit désavouer que
d'autres personnes y eussent esté bien, avec lesquelles je ne me voudrois pas changer; et pour le
sermon, qu'elle pouvoit juger que M. le comte de
Maure n'avoit rien fait sans consulter de bons ca-
suistes. Je dis à Mme de Longueville qui lui avoit
mandé cela, et que j'avois encore eu envie de lui mander ce que vous verrez dans cette seconde lettre sur
ce que la reyne n'avoit pas esté toujours du parti du
feu roi. Elle me dit tant que je le devois faire qu'enfin je fis cette lettre sans avoir pourtant tout-à-fait
dessein de l'envoyer, non pas que je me fusse trop
souciée que la reyne l'eût vue, mais de peur qu'on
ne dît que j'étois bien incorrigible sur les lettres,
après ce qui m'étoit arrivé. Sur cela Mme de Brienne
vint ici, de sorte que cette lettre n'a été vue que de
Mme de Longueville et de la marquise; et je vous
l'envoie pour vous faire voir par où l'on a taillé en
pièces la première. Il ne faut oublier à vous dire
qu'après qu'elle eut esté lue par M. le Prince du
ton que je vous ai mandé, la reyne voulut qu'on

la relût le soir, et elle dit au marquis de Mortemart,
à cet endroit du cardinal : — Vous me permettrez
de vous dire que cela n'est pas fort à propos, son
mari faisant ce qu'il fait. — Il lui dit : — Mais, Madame, ce n'est pas elle. — Elle dit : — Comme si
l'on ne savoit pas qu'il ne fait que ce qu'elle veut! —
Il y eut quelqu'autre qui dit : — Tout le monde croit
qu'elle a voulu l'empêcher d'être de ce parti. — La
reyne répondit encore la même chose.

« Il me semble, ma chère sœur, que vous voilà
suffisamment informée de ce que vous avez désiré de
savoir. Ne montrez, s'il vous plaît, ces lettres qu'à
M. votre mari, et ne dites point que je les ai en-
voyées, car il y a eu encore une chose fort agréable, c'est qu'après qu'on avoit parlé de cette lettre
comme de la plus terrible chose du monde, et
qu'on avoit été très-heureux de pouvoir retirer l'o-
riginal pour montrer qu'elle n'étoit pas telle qu'on
le disoit, la reyne s'en est formalisée, disant que
j'en faisois vanité. Vous verrez qu'il n'y a pas de
quoi, et qu'il y a des répétitions et d'autres
choses dont je m'attends bien que vous ferez des
excuses à M. votre mary. En effet, je l'écrivis dans
une fort grande hâte, voulant prendre le temps
du vacarme que faisoit la Reyne pour lui faire dire
ce que j'avois envie, il y avoit longtemps, de trouver
occasion de lui faire savoir, et vous savez comme les
choses passent vite à la cour.

« Je ne vous manderay rien du mariage de M. de
Mercœur [1], ni de l'espérance qu'on a à la cour

---

[1] Il épousa une nièce de Mazarin.

qu'ensuite M. de Beaufort adoucira le peuple de
Paris. Je crois que vous savez tout cela comme nous.
J'aime mieux vous parler du pauvre M. Esprit, dont
je ne doute pas que vous ne soyez fort attendrie [1].
Il me parle de vous avec des sentimens fort tendres
et enfin tels qu'il vous doit. Il a fait un grand sa-
crifice, car il a fait un grand effort. Mon Dieu ! ma
chère, que j'ai envie de vous revoir ! Si vous êtes
encore à Angoulême quand j'irai en Poitou, qui
sera après le voyage de Saint-Reine, je vous irai
voir. A propos de Saint-Reine, on dit que M. le
Prince en auroit plus besoin que moi. Je ne saurois
m'empêcher de souhaiter qu'il fût réduit à y venir
pendant que j'y serai. J'ai eu des nouvelles de la
reine de Pologne ; elle m'a écrit sur la résolution de
son mariage. Je ne doute pas qu'elle ne vous ait
écrit aussy. Ma très-chère, faites-moi la grâce de
m'aimer toujours et de me croire à vous au-delà de
ce que je puis dire. Permettez-moi d'assurer M. votre
mari de mon très-humble service. J'ai fort envie de
le revoir aussi. M. le comte de Maure est votre très-
humble serviteur à tous deux : il s'en va à Bourbon :
le froid lui a donné moyen de retarder son voyage
jusqu'à cette heure. Je vous supplie d'embrasser
ma nièce [2] pour l'amourer de moi. » (CONRART, *copie*.)

VIII. — *A M. de Serizay.*

Septembre 1652. — « Vous savez que je ne vous
saurois plaindre médiocrement quand vous perdez

---

[1] Son entrée à l'Oratoire.
[2] Elle appelait ainsi Melle de Montausier, traitant sa mère de
sœur.

5

vos amis, sachant de quelle sorte vous les aimez.
Et vous sçavez aussi que j'ayme mieux ne vous avoir
point veu que si cela eust esté cause que votre mal
s'est tant soit peu augmenté. Je vous dis donc à
Dieu en la manière qu'il m'est permis de vous le
dire. Et quant à M. de la Rochefoucauld, je n'ay
jamais creu qu'il eust parlé sérieusement de cette
belle affaire dont il est question; mais je n'ay pu
souffrir qu'il en eût parlé de sorte qu'on l'ayt pu
conter parmy ceux qui en parloient. Je ne me serois pourtant pas empeschée de luy témoigner le
sentiment que j'ay eu de l'estat où il a esté si ce
n'eust esté que je ne voulois point faire de compliments à M. de Nemours, de peur qu'il ne creust
que c'eust esté pour attirer la visite dont il avoit
tant parlé et que j'avois plutôt dessein d'éviter que
d'attirer. Et comme il avoit pu savoir que je m'estois plainte de M. de la Rochefoucauld aussi bien
que de lui, quoique j'y aye toujours fait bien de la
différence, n'ayant rien sceu de M. de la Rochefoucauld de pareil, je creus que je ne me pouvois sau-
ver, qu'en faisant la mesme vers tous les deux. Mais
enfin je seray fort ayse de m'estre plustost trompée
dans les plaintes que j'ay faites que dans l'affection
que vous savez que j'ay toujours eue pour M. de la
Rochefoucauld, qui m'a beaucoup plus fait repentir
ce qui s'est passé que je n'aurois fait sans cela. Je
vous supplie de le lui dire et à Madame sa femme [1]
que je suis leur très-humble servante à tous deux,
et pour ce qui est de vous, je pense que vous ne

[1] Andrée de Vivonne.

doutez pas que je ne sois autant la vostre que
personne du monde. »   (CONRART, *copie*.)

IX. — *A M. Le Tellier, secrétaire d'État.*

4 février 1653. — « Monsieur, comme vous ré-
pondistes si favorablement à M. de Mortemart quand
il vous parla de moy sur le délay que la reyne eut
la bonté de luy accorder et que vous m'avez témoigné depuis tant de civilités et de bons sentimens
sur la garnison d'Attichy, j'ay creu que je devois
vous rendre compte de ce qui me retient encore icy,
et que vous ne vous tiendriez pas importuné que je
vous suppliasse de me faire sur cela quelque office
auprès de la reyne, s'il en est besoin. C'est, Monsieur, qu'un homme qui faisoit quelques affaires en
Bretagne pour me faire avoir de l'argent, ayant
esté arresté par une cheute, ces affaires-là ont esté
retardées; vous comprendrez bien que quand on
sort par un ordre comme celuy que j'ay eu et dans
une conjoncture qui ne donne pas lieu d'espérer de
revenir si tost, on ne se peut pas résoudre aysément de s'en aller sans payer de certaines sortes de
debtes, et il est assez croyable que des gens qui
n'ont jamais receu aucuns bienfaits de la cour de
quelque nature qu'ils puissent estre, et qui ont plutost voulu vivre selon leur condition que selon l'estat de leurs affaires, n'ont pas de l'argent toutes les
fois qu'ils en ont besoin et surtout en ce temps-cy.
Véritablement, Monsieur, la Reyne a faict du bien
à des gens qui n'avoient pas eu l'attachement à elle

que nous y avions eu de tout temps, et que je puis
dire qui ne méritoient pas mieux qu'elle leur en fît
que M. le comte de Maure, et bien loin qu'il ayt eu
la moindre part dans tant de grâces qu'elle a départies dans sept années de la régence qu'il est demeuré
à la cour, nous n'avons sceu mesme conserver les
marques de considération qu'elle nous donnoit auparavant, encore que nous n'ayons pas esté seulement soupçonnés d'avoir rien fait qui nous les deust
faire perdre.

« Je n'ay sceu m'empescher de faire cette petite
digression, pour vous faire voir que M. le comte de
Maure pourroit estre excusable dans ce qu'il a fait,
et, en vérité, Monsieur, j'ose vous dire, qu'ayant
l'esprit que vous avez, je ne me saurois persuader
que si je vous pouvois entretenir du détail de nos
raisons, non-seulement pour ce qui regarde la
Reyne, mais aussi M. le cardinal Mazarin, vous
pussiez condamner tout à fait M. le comte de Maure.
Enfin, Monsieur, si on luy reproche la rébellion, on
ne luy sauroit reprocher l'ingratitude; et quant à
la rébellion, si je pouvois vous faire voir les lettres
qu'il m'écrit, vous verriez bien qu'il a le sentiment
d'un bon François. J'en ay montré quelques-unes à
M. de Mortemart, et il pourra vous en rendre témoignage. Ne songez point, s'il vous plaist, à vous
donner la peine de me faire réponse. Je vous supplie seulement si vous apprenez que la Reyne entende parler que je suis encore icy, de me vouloir
faire la grâce de luy dire ce qui m'y retient et que
j'espère d'en partir bientost. Et si vous ne pouviez
empescher que je ne fusse menacée d'un second

ordre, d'avoir la bonté de m'en avertir, afin que je
le prévienne, s'il m'est possible, ne voulant point
passer pour une personne qui ne veut pas obéir et
qui ne se peut résoudre à sortir de Paris, où je ne
suis pas, Dieu mercy, fort attachée : et croyez, s'il
vous plaist, qu'en quelque lieu que je sois, je con-
serveray toujours un fort grand désir de pouvoir
reconnoître les civilités que vous m'avez faites et
les témoignages que j'ay receus de votre bonne volonté. Et en vérité, Monsieur, il ne me pourroit
guère arriver de la plus grande joye que de rencontrer quelque occasion de vous faire paroître combien je suis votre servante,   « ANNE DONI. »

                              (CONRART, copie.)

X. — *A M. l'abbé de la Victoire* [1].

Février 1651. — « Il n'y a pas moyen que j'attende à vous voir pour vous faire des reproches du
tour que vous m'avez fait avec M. de Berville. Il me
semble que tout ce que vous aviez à faire estoit de
m'avertir que cette personne avoit redit cela, afin
que je misse ordre qu'elle ne le dist plus; et que de
l'aller redire tout courant à M. de Berville comme
vous avez fait n'estoit bon à rien qu'à me faire un
fort grand déplaisir, luy ayant donné sujet de croire
que je ne le considère pas comme je fays, et feray toute
ma vie, quand cette belle affaire-là seroit cause qu'il
ne m'aymeroit plus. J'avoue que croyant Mlle Le-

---

[1] Claude Duval de Coupeauville, l'un des amis de Mme de Sablé
et des beaux esprits du temps.

gendre [1] une personne fort discrète et la trouvant
elle-mesme dans le sentiment de M. de Berville, je
crus que je pouvois luy dire cela sans blesser l'a-
mitié que je dois à M. de Berville; et cela vint sur
ce qu'elle me reprochoit d'avoir plustost donné le
portrait de M. le Prince à Mlle de Scudéry qu'à elle.
Je luy dis qu'elle estoit admirable, faisant le mestier qu'elle faisoit [2], et qu'elle savoit bien ce que
j'avois dit à M. Conrart là-dessus, les mettant ensemble, et que j'y ajouterois M. de Berville, qui estoit aussy pétry de royauté qu'eux deux ensemble,
et qu'il n'avoit sceu exprimer ce qu'il trouvoit de ce
que fait M. le Prince sans se servir d'un tel terme [3].
Enfin depuis quatre ans qu'il m'a parlé de cette
sorte sur ce qui s'est passé de cette nature, voilà la
première fois que j'en ay ouvert la bouche, hormis
ce que je vous en ay dit à vous qui estes un autre
luy-mesme. Et bien que j'aye regardé Mlle Legen-
dre comme une personne fort discrète, je n'aurois
pas seulement eu la pensée de le luy dire. Si ce
n'est que comme M. de Berville et elle s'accordent
dans leurs sentimens en cela et mesme dans quelque façon de les exprimer, j'ai creu que je ne faisois rien du tout contre l'amitié que je luy dois.
Mais c'est vous qui avez bien fait contre celle que
vous me devez. . . . .
. . . . . Vous savez bien en votre conscience ce qui

---

[1] Belle-fille de M. Cornuel, trésorier de l'extraordinaire de
guerre.

[2] De parler toujours à l'avantage de la cour. (*Note de Conrart.*)

[3] C'est qu'il dit, en exagérant la rébellion de M. le Prince,
qu'elle alloit jusqu'au parricide. (*Note de Conrart.*)

en est, que ce tour-là passe la raillerie et que je
n'aurois jamais songé à vous en faire de pareils.
Enfin jusqu'ici j'avois seulement creu que vous aviez
cessé de m'aymer, et à cette heure je croy que vous
me haïssez. »   (Conrart, *copie.*)

XI. — *A Monseigneur l'évêque de Vence.*

De Bourbon, le 12 juin 1654. — « Vous pensiez
n'avoir qu'une amie à Bourbon et vous y en avez deux;
mais c'estoit assez de jalousie que j'avois déjà de
Mlle de Vertus, sans que la lettre que vous avez escrite à Mlle de Clisson m'en donnast encore une autre d'autant plus grande qu'il n'est pas besoin de
la voir longtemps pour connoître que toutes les ten-
dresses qu'on peut luy escrire peuvent bien aysément estre fort véritables. Avec tout cela je n'ay pas
cessé d'avoir une fort grande joye de voir de vos
lettres en un lieu où je ne m'en doutois point du
tout, et j'attendois à vous écrire que j'en fusse sortie, pour vous pouvoir dire des nouvelles de la santé
que j'y suis venue chercher, sachant bien que cela
ne vous est pas indifférent. J'ay mesme creu que
bien que j'eusse à vous dire que j'ay veu Mme de
Longueville et que je ne l'ay point trouvée changée,
si ce n'est par l'esprit qui m'a semblé estre encore
augmenté, que mes lettres vous seroient plus agréables, si elles vous pouvoient aussi apprendre que
les eaux m'eussent fait du bien. Il me semble que
c'est estre assez persuadée de la bonté que vous
avez pour moy, et que je ne le saurois mieux prou-

ver que par une telle confiance. Je verray encore
Mme de Longueville en partant d'icy et je seray avec
elle davantage que je n'y ay esté en venant. J'y fus
pourtant deux jours. M. le comte de Maure, que j'ay
laissé malade à Paris, s'y doit trouver, et si je puis,
je le méneray à Sainte-Reine, pour un vœu que j'y
fis pour Mlle de Vandy, quand elle fut si malade; et
après nous irons voir M. de Langres, qui n'en est
qu'à une journée. Il n'y auroit pas moyen d'estre si
près d'Autun sans y aller aussi, encore que je ne
croye pas que l'évesque y puisse estre, si ce n'est
que son procès, pour lequel il m'a mandé que l'on
luy parle d'accord, peut estre terminé en ce temps-là.
Nous reviendrons après, en quelque sorte sur nos
pas, pour aller à ce désert de M. le comte de Maure,
dont vous pouvez avoir ouy parler, ce qui nous feroit bien souhaiter, avec encore quelque autre raison, que vous fussiez plutôt évesque de Poitiers que
de Vence. Ce sera pour y estre jusque à la Tous-
saint, si ce n'est que ces eaux-cy m'eussent fait
assez de bien pour me faire résoudre d'y revenir
l'automne. Mais en tout cas, l'on se rendra à Paris
pour y passer l'hiver, s'il plaist à Dieu. Vous don-
neriez une grande joye à bien des gens, si vous en
vouliez faire autant; mais personne n'en pourroit
avoir davantage que moy, pas mesme M. Conrart. »

.   (CONRART, copie).

XII. — A Mme de Montausier.

De Bourbon, le 9e juin 1655. — « Encore, ma
chère sœur, que l'on ne trouve guère de temps à

Bourbon pour écrire, il faut bien vous faire part de ce qui m'est arrivé avec les dames de Bouillon [1], surtout puisque vous y estes mêlée. Il a fallu pour mes péchés qu'elles vinssent icy, car ailleurs je m'étois bien sauvée de leur principauté. Elles m'envoyèrent visiter dès le lendemain que je fus arrivée, disant qu'elles me viendroient voir, de sorte qu'il fut doublement question de savoir si l'on pourroit trouver quelque sûreté chez elles. Mme de Longueville me voyant en peine de trouver quelqu'un qui fût propre à cela, elle trouva qu'il n'y avoit qu'elle, et nonobstant ce qui pouvoit l'empêcher de se charger d'une si redoutable entreprise, elle le voulut bien. Elle fit donc la harangue avec tous les assaissonnemens qu'il lui fut possible, et ce fut à Mlle de Bouillon [2]. La réponse fut qu'elles étoient en possession de traiter comme faisoient les princesses, et qu'en un mot elles ne le pardonneroient à personne, qu'elles s'étonnoient que je songeasse à cela, parce que les mareschales de France elles-mêmes s'y étoient accommodées. Elle nomma Mme de Guébriant [3]. Mme de Longueville fit entendre que pour moi je ne

[1] Anne de Nompar de Caumont, fille du maréchal duc de la Force, mariée en 1653 au maréchal de Turenne, second fils de Henri de la Tour, vicomte de Turenne, puis duc de Bouillon et prince de Sédan par son mariage avec Charlotte de la Marck, fille unique de Robert de la Marck, prince de Sédan et duc de Bouillon, et de Françoise de Bourbon-Montpensier.

[2] Charlotte de la Tour, sœur de Turenne, morte sans alliance en juillet 1662.

[3] Renée du Bec de Vardes, femme du maréchal de Budes de Guébriant, chargée d'accompagner la reine de Pologne : nommée dame d'honneur de la reine Marie-Thérèse, morte avant le mariage en 1659.

m'y accommoderois pas, encore que je lui eusse témoigné d'estre tout à fait de leurs amies. Le lendemain Mme de l'Hospital [1] et Mme de Charlus [2], qui ne les avoient point encore vues chez elles, y allèrent; et sans autre cérémonie, Mme de Turenne se mit au-dessus de Mme de l'Hospital. Toute la grâce qu'elle lui fit fut de lui donner une même chaise qu'à elle. Étant donc toutes deux dans des chaises à bras, on donna un petit siége à Mme de Charlus. Je ne doute pas qu'elle ne vous fasse grande pitié de l'avoir pris, et j'en suis assez fâchée, car elle est ma bonne amie, mais enfin elle le fit. Mlle de Bouillon étoit sur le lit. Elle ne manqua pas de venir tout courant conter cette prouesse à Mme de Longueville et de se vouloir servir d'un tel exemple pour me persuader; et Mme de Longueville disant que cela ne me feroit chose du monde, elle dit plus rouge que feu : — Avant que nous eussions ce que nous avons à cette heure, nul n'en avoit jamais usé autrement avec Mme de Montausier, sans qu'elle s'en soit formalisée; — et elle dit aussi entre ses dents, Mme la marquise de Sablé, mais pour vous ce fut tout franc. Je dis à Mme de Longueville que je ne le croyois non plus de vous que de Mme de Sablé, de

[1] Marie Mignot, seconde femme de François de l'Hospital, comte de Rosnay, maréchal de France, qu'il avait épousée le 28 août 1653, étant veuf de Charlotte des Essars, l'une des maîtresses de Henri IV.

[2] M. Cousin pense que c'est Jeanne de Montjouvent, femme de Roger de Lévis, comte de Charlus, lieutenant général du Bourbonnais : ce me semble impossible, puisque M. de Charlus, veuf de Jeanne, se remaria en 1656 avec Mlle Perdriel, et que d'ailleurs son père, seul pouvant porter le titre de comte de Charlus, ne mourut qu'en 1662. Il s'agit donc d'Antoinette de l'Hospital, fille du seigneur de Vitry et cousine du maréchal de l'Hospital.

laquelle j'étois très-assurée; que pour le siége pliant ce seroit du dernier ridicule de le vouloir faire croire; que je ne pensois pas aussi qu'elle y songeât, mais que je ne le croyois non plus des places, encore que ce seroit une chose plus supportable. Mme de Longueville eut aussi son fait, après que nous eûmes eu le notre. Mlle de Bouillon lui fit entendre qu'elles prétendoient qu'elle les traiteroit comme elle traite ceux de Savoye et de Lorraine, et en un mot qu'elle donneroit la droite à elle et à sa mère. J'entrai chez Mme de Longueville comme elles ne faisoient que de la quitter; et si ce fut bien à propos pour elle, à cause de la hâte que l'on a de conter de telles choses, ce ne fut pas si à propos pour moi, ni pour nos princesses. Je les trouvai dans l'antichambre, causant avec Mlle de Portes [1], et vous jugerez bien que de part et d'autre l'on n'avoit pas trop envie de se rencontrer. Je fis pourtant le mieux que je pus, parlant de leur santé, du bon visage de Mme de Turenne, que je trouvai en effet toute embellie; et Mlle de Portes dit après à Mme de Longueville qu'elles parurent plus embarrassées que moy. Mme de Turenne fut toujours fort froide, mais Mlle de Bouillon se remit un peu, et demanda de vos nouvelles et ce que ç'avoit été que votre mal. Mme de Turenne entra dans le discours, mais très-peu; et sans se saluer, non plus à la fin qu'au commencement, on se sépara. Mais revenons à Mme de l'Hospital, vous saurez qu'à l'heure qu'il est, elle ne sait point que Mme de Turenne se soit mise au-dessus d'elle. Jugez

[1] Marie Felice de Budos, fille du marquis de Portes et de Louise de Crussol.

le beau triomphe d'avoir emporté cela sur une personne qui ne s'en est point aperçue! C'est un conte que je garde pour notre première conversation. Mais quoique je n'aie voulu révolter personne, et que je n'aie prétendu sinon de ne point faire de bassesse, je ne doute point que je ne sois brouillée avec toute la maison pour le reste de ma vie. Et après tout, sans moi, leur principauté eût été de mesme établie à Bourbon; car pour Mme de Saint-Simon [1], que vous savez qui y est peu soumise, comme elles ne se voient point ailleurs, cela n'eût guère paru. Je voudrois bien pourtant ne m'être point trouvée en leur chemin, quoique je sois révoltée naturellement contre ces sortes d'entreprises-là, et je ne me suis jamais étonnée que dans les républiques on se soit exposé à tant de périls pour empêcher qu'un citoyen ne se rendît maître des autres. Il faut avouer que pour le siége pliant, cela va jusqu'à l'audace. Mme de Longueville qui le peut connaître, comme vous savez, n'a pas laissé d'en être surprise. Et en effet y a-t-il rien de tel que de vouloir qu'on soit devant elles comme devant les princesses du sang? Mlle de Duras même est une espèce de princesse [2]; elle ne conduit personne, et se tient si près de ses tantes, dès qu'elle le peut, qu'on n'y met-

[1] Diane, sœur de Mlle de Portes, première femme du père de l'auteur des *Mémoires*.

[2] Marie de Durfort, sœur des maréchaux de Duras et de Lorges, dame d'atours de la duchesse d'Orléans, morte en 1679. Elle avait embrassé le catholicisme en 1675, et c'est pour elle que Bossuet, cette même année, soutint une célèbre controverse chez la comtesse de Roye, sœur de Mlle de Duras, contre le ministre réformé Claude.

troit pas une feuille de papier. Au reste, on me l'a-
voit bien dit, l'écolier le maître a passé : Mme de
Turenne est pire à cette heure que Mlle de Bouillon.
Je vous ai dit comme c'étoit elle qui étoit la plus
froide lorsque je la rencontrai. Elle fit la même
chose chez elle à Mlle de Vandy, qui crut qu'elle la
devoit aller voir, parce qu'elle les connoît de son
chef. Ce fut une gravité de reine, dans une grande
chaise à bras, le coude appuyé sur une table, un
valet de chambre n'apportant de siéges que fort
loin de S. A. Mais comme la demoiselle à qui elle
avoit à faire n'étoit pas fort disposée au respect,
cela fit un effet tout contraire à celui que l'on se
proposoit. Elle se souvint qu'elle n'avoit vu Mme de
Longueville que sur un petit siége; et elle dit que
si j'eusse été là elle eût été en danger d'éclater de
rire, surtout lorsqu'elle vit entrer Mlle de Bouillon,
tenant par la main une dame d'Auvergne que personne n'a su déchiffrer ici et qui est plaisamment
faite, Mlle de Bouillon disant : — C'est Mme la comtesse une telle, — du ton dont elle auroit dit : — C'est
Mme la comtesse de Fleix [1]; — pour cette comtesse de
se jeter quasi par terre, pour prendre la robe de
Mme de Turenne, laquelle recevoit cela, non pas
comme auroit pu faire Mme de Longueville, mais
comme feu Mme la Princesse, quand elle étoit sur
ses grands chevaux; cette comtesse, au reste, n'ou-
vrant quasi la bouche que pour dire : Vos Altesses,

[1] Claire de Beaufremont, fille du marquis de Senecey et de
Catherine de la Rochefoucauld, épousa Henri de Foix, comte de
Fleix; après la mort de son mari, elle fut dame d'honneur de la
reine mère et pourvue d'un brevet de duchesse.

auxquelles on voyoit venir alors une grande séré-
nité sur le visage, que Mlle de Vandy leur avoit trouvé
fort troublé, principalement quand elle avoit nommé
mon nom, bien que ce n'eût été que pour dire que
j'avois trouvé Mme de Turenne embellie. Enfin, elle
dit que de tout ce qu'elle avoit vu de sa vie, rien ne
lui a jamais semblé si plaisant, qu'il falloit que
Mlle de Rambouillet vît cela comme elle, et que jamais il n'y eut telle comtesse, si ce n'est la comtesse Trifaldi, quand elle vint saluer don Quixote.
Je voulois qu'elle vous fît la relation de cette aven-
ture-là, à l'heure même; mais c'est une paresseuse,
qui me laisse toujours tout à faire, quoiqu'elle s'en
acquitteroit bien mieux que moi. Elle dit pour ses
raisons que la prose n'est pas digne de cela, et qu'il
faudroit savoir faire des vers. Mais pour moi, j'ai
voulu que vous le sussiez vitement en quelque langage que ce fust. Ce n'est pas encore tout : il a fallu
que les hommes aient tâté aussi de la principauté.
Ne leur pouvant pas faire toutes les mêmes choses
qu'aux dames sur les siéges, on s'est tué de leur
parler du valet de pied de M. mon frère. Enfin l'on
n'auroit jamais fait, et elle a dit quelque chose à
Mme de Longueville sur la souveraineté de Sédan,
qui passe, à mon gré, tout ce qui a jamais été dit.
Pour ce qui est de moi, c'étoit mon étoile présente
que d'avoir des démêlés avec ces sortes de princesses; car en même temps que Mme de Longueville
faisoit celui-ci pour moi avec Mlle de Bouillon,
Mme la marquise de Sablé faisoit peut-être un éclaircissement à Mme de Guéménée pour quelque chose
de pareil qui m'arriva chez elle la veille que je par-

tis. Mlles de Haucourt [1] vous pourront dire ce que
c'est, car je le leur ai mandé. Vous pourrez aussi,
s'il vous plaît, leur faire part de cette lettre et à ce
parpaillot de M. Conrart pour lui faire voir ce que
c'est que leurs dévotes. M. Chapelain aussi peut bien
estre de cette confidence-là. Mais pour Mme votre
mère et Mlle votre sœur [2], c'est pour elles aussi bien
que pour vous que cette relation est faite. Il faut
bien aussi que M. vostre mary sache ce qu'elle con-
tient, mais je n'ose désirer qu'il voie de mes lettres.
Hors cela, ma chère, je vous supplie que personne
n'entende parler de ceci, car pour Mme la marquise
de Sablé, elle est toujours exceptée, et ce sera elle
qui vous envoyera ma lettre.

« Il y a bien eu ici une plus grande affaire que
celle des rangs, je ne doute pas que vous n'en ayez
ouï parler, et je n'ai pas le courage aussi de vous
en rien dire, à cause de mes amis qui y seroient in-
téressés. Plût à Dieu que cela pût être aussi bien
oublié qu'il a été réparé, c'est-à-dire autant qu'il
peut l'être ! Mlle de Longueville a témoigné en cela
une bonté extraordinaire. Je l'ai trouvée non-seulement dévote, comme on nous l'avoit dit, mais dé-
tachée du monde plus que je ne l'avois cru. Elle m'a
demandé de vos nouvelles fort amiablement, vous
plaignant fort de l'accident qui vous est arrivé. Elle
est allée à Moulins il y a trois jours. Vous verrez
bientôt Mme de Saint-Simon, et pour moi je n'es-

---

[1] Filles de Daniel d'Aumale, premier chambellan du prince de
Condé.

[2] Mlle d'Angennes de Rambouillet, qui épousa, le 27 avril 1658, le
comte de Grignan.

père ne vous revoir qu'au commencement du mois qui vient. Je souhaite de tout mon cœur de vous retrouver en parfaite santé et que vous me fassiez toujours la grâce de me croire parfaitement à vous. »

(Conrart, copie.)

XIII. — A Mme la duchesse de Longueville.

De Bourbon, ... septembre 1655. — « Dans la créance que j'ai qu'on s'ennuie quelquefois à Trie [1], aussi bien qu'on fait à cette heure à Bourbon, il m'a semblé, Madame, que ce qui nous y avoit diverties vous pourroit divertir aussi, et qu'à Paris même, ce que j'ai à vous dire d'un voyage que Mme de Saint-Géran a fait ici, ne seroit pas à rejeter [2]. Vous vous souviendrez peut-être bien, Madame, qu'elle et moi sommes parentes et bonnes amies. Cela fit qu'aussitôt que je sus qu'elle étoit arrivée, je la voulus avertir qu'il y avoit ici un fort dangereux endroit, où il se falloit bien garder d'aller sans reconnoître. Je lui mandai donc qu'elle n'allât en aucun lieu que je n'eusse parlé à elle, ou que j'allois la trouver. Elle répondit qu'elle me verroit à l'heure même ; et aussitôt je la vis entrer, disant :
— Je me doute bien de ce que vous me voulez, mais comment ferai-je ? Il faut bien que je les voie, puisque je suis ici. — Je lui dis que si elle avoit

---

[1] Maison de campagne de la duchesse.

[2] Suzanne de Longaunay, mariée à Maximilien de la Guiche, comte de Saint-Géran, gouverneur du Bourbonnais, fils du maréchal de Saint-Géran.

envie d'être traitée comme une soubrette, elle n'a-
voit qu'à se dépêcher ; mais que si elle vouloit l'être
suivant sa condition, il falloit faire préparer les
voies, et que pourvu qu'elle pût savoir qu'on trouveroit les Altesses au lit, ce seroit assez, parce qu'elle
n'auroit qu'à s'asseoir dessus pour éviter le petit
siége. Il fut donc question de trouver un négocia-
teur. Vous savez, Madame, que cela n'étoit pas aisé ;
et sans le Père gardien qui voulut bien l'être et
qui avoit fait grande connoissance avec ces Altesses, nous n'eussions su à quel saint nous vouer.
Il jugea que d'abord il ne falloit point faire de semblant d'avoir vu Mme de Saint-Géran, et qu'il devoit seulement dire que l'intérêt qu'il prenoit à
cette maison-là lui avoit fait croire qu'avant que
cette dame les vît, il devoit s'éclaircir d'un bruit qui
couroit de ce qu'elles avoient fait à Mme de l'Hospital et à Mme de Charlus, et que même elles s'en
étoient vantées. Il s'adressa à Mlle de Bouillon,
Mme de Turenne étant au bain : Mlle de Bouillon,
rouge, comme vous savez qu'elle devient en ces oc-
casions-là, lui dit qu'il étoit vrai qu'elles l'avoient
fait, que cela étoit leur droit, mais qu'elles n'en
avoient point parlé. Votre Altesse saura qu'elles
l'ont dit à Mme de Mézières, de la même façon qu'à
elle, et c'est par là qu'il a été su ; car pour moi,
Madame, je pense que vous jugez bien que je ne
vous aurai citée que bien à propos. Mlle de Bouillon demanda ensuite s'il avoit vu Mme de Saint-Géran. Le Père, ne voulant point mentir, avoua la
dette. Alors, devenant toute en feu, elle lui dit qu'il
n'en falloit point davantage, mais que cela ne ve-

noit pas de Mme de Saint-Géran, qu'elle les avoit
vues toute sa vie, et qu'elle n'avoit jamais songé à
cela ; que même son mari avoit reconnu par écrit
leur principauté ; et qu'ainsi aller au contraire, c'é-
toit leur refuser ce que la naissance leur avoit
donné ; que ce que le Roi avoit fait pour elles n'a-
voit été que de les reconnoître. Et ensuite elle conta
mot pour mot tout ce que vous savez, Madame,
qu'elle disoit de la façon dont le Pape et le roi d'Espagne ont traité feu M. de Bouillon, n'oubliant pas
que le pape lui donnoit de l'Altesse, lorsqu'il ne
donnoit que de l'Excellence à M. de Guise ; que pour
le roi de France, chacun savoit que dans le traité
que feu M. de Bouillon avoit fait pour Sédan, le
Roi a juré foi de roi, et M. de Bouillon foi de prince ;
et pour conclusion qu'elle ne croyoit pas que Mme de
Saint-Géran qui étoit leur parente et de leurs meilleures amies, voulût être venue pour leur faire un
affront en ne les voyant pas sur un tel sujet. Le
Père lui dit que cela étoit aisé à accommoder, que sa
belle-sœur étoit au bain, et que pour elle, comme
elle étoit sur son lit, elle n'avoit qu'à s'y tenir, et
à faire mettre dans la ruelle une chaise. Ce fut là
que Son Altesse fut aux abois. Elle n'osoit refuser de
demeurer sur son lit, de peur que la dame ne s'en
retournât sans la voir ; de s'y accouder aussi ; voyez
s'il y avoit moyen de proférer une telle parole, car
comme vous le savez, Madame, on ne prétend point
cela des princesses de Savoye et de Lorraine. Elle prit
aussi le parti de ne répondre que sur les siéges,
disant qu'elle n'avoit que deux chaises, qui étoient
déjà sur le char pour partir ; qu'il voyoit bien qu'il

n'y en avoit point dans la chambre, avec mille pro-
testations qu'elle voudroit rendre à Mme de Saint-
Géran tout l'honneur qu'il lui étoit possible, mais que
Dieu lui avoit fait la grâce de naître princesse. Elle
acheva par où elle avoit commencé, disant que
cela ne venoit pas de Mme de Saint-Géran. Vous
jugez bien, Madame, que si cette comtesse avoit
été de l'humeur de quelqu'autre, l'affaire eût pu en
demeurer là; mais comme elle est bien meilleure,
et qu'elle a des exemples domestiques que véritablement l'autre n'a pas, elle voulut aller, disant
qu'assurément la demoiselle seroit sur le lit; de
sorte qu'il se fallut contenter de lui faire promettre
qu'elle ne s'assiéroit point, si elle ne l'y trouvoit,
et qu'en ce cas-là. En effet, elle l'y trouva, mais
le cœur lui faillit au besoin. Elle se sentit si obligée
de ce qu'elle lui offrit de s'y mettre, qu'elle se mit
sur le petit siége. Mme de Villars [1], qui lui avoit fait
de bonnes leçons, aussi bien que nous, pensa tomber de son haut, et lui fit de telles mines qu'elle fut
contrainte de changer de place assez promptement,
et de se mettre sur le lit, disant qu'elle sentoit un
grand vent. Mais ce fut assez pour mettre la princesse en bonne humeur, que la dame se fust mise
d'abord à son devoir. Elle crut sans doute qu'elle
n'avoit fait le reste que pour avoir paix de ceux
qu'elle jugeoit bien qui lui avoient donné de si
mauvais conseils; et lui parlant comme à une véritable amie de la maison, elle l'entretint de la douleur qu'elle avoit fait que trois de ses sœurs se

---

[1] Marie Gigault de Bellefont, mariée, le 24 janvier 1651, au marquis de Villars, ambassadeur en Espagne.

fussent mésalliées, n'ayant épousé que des gentilshommes; que sans cela elle seroit morte contente,
le roi leur ayant fait la justice qu'il leur avoit faite.
Votre Altesse n'aura-t-elle point de regret que ce
discours-là ne se soit point adressé à quelqu'un qui
eût moins de douceur que n'en a cette comtesse?
Pour moi, je ne m'en serois consolée. L'autre Altesse
qui vouloit voir cette dame, et qui ne fut point
dans sa chambre, vint dans celle de sa belle-sœur,
et s'étant mise d'abord de l'autre côté du lit, cette
pauvre comtesse ne se put encore tenir de lui donner sa place. Elle dit que ce fut à cause d'un grand
vent, qui en vérité n'auroit pas été fort bon au
sortir d'un bain, et qu'elle le lui dit pour lui faire
voir que ce n'étoit que pour cela. Mme de Villars, ni
moi, ni Mlle de Vandy non plus, n'avons point pris
cette excuse en paiement, et il ne nous arrivera
plus de vouloir faire battre quelqu'un qui n'en ait
point d'envie. Mais aussi l'Altesse de Madame n'é-
toit pas moins satisfaite que l'Altesse de Mademoiselle; elle fut aussi fort humaine, et conduisit la
dame le plus loin qu'il se pouvoit; de sorte que si
je n'ai tout à fait réussi en mon dessein, j'ai
du moins fait recevoir ma cousine d'une autre
façon qu'elle ne l'auroit été si je ne m'en étois mêlée, et j'ai un peu vengé le mépris qu'elles font de
nous autres pauvres noblesses, ayant empêché le
gouvernement de la province de servir tout à fait à
leur triomphe. Vous ne doutez pas aussi, Madame,
que je ne me sois donné le dernier coup de pinceau, et qu'elles ne soient bien persuadées que
c'est moi qui leur ai envoyé le capucin. Mais, quoi

qu'il m'en puisse arriver, je n'y saurois avoir de
regret, car outre que j'ai fait ce que j'ai dû, on
s'ennuyoit tellement ici, que l'on a été trop heureux d'avoir cela à faire. Je sais bien que, lorsqu'on est près de l'ennemi, qu'on est oisif et qu'on
n'est pas poltron, l'on fait aisément des entreprises
assez hardies. Après tout, Madame, nous avons eu une
demi-victoire, et si nous avions eu de meilleures
troupes, jugez de ce que nous aurions fait. Nous ap-
prenons même que, de son côté, celui qui comman-
doit est assez blessé. Tout de bon, ce n'est pas raillerie ; je crois que Mlle de Bouillon en est malade ;
car, après avoir paru furieusement émue avec le
capucin, elle se trouva mal dès le lendemain, et le
jour d'après, qui fut hier, elle eut un grand accès
de fièvre. Elle n'a pas laissé de partir aujourd'hui.
Mme de l'Hospital est partie aussi, il y a trois jours.
On ne trouve pas ici que sa libéralité soit égale à
sa fortune. On me disoit qu'elle n'a donné que sept
pistoles aux comédiens ; les autres rien du tout.
Mais en vérité sept pistoles peuvent être appelées
rien, après les avoir fait tous jouer. Elle s'est contentée de prendre un grand soin de la quête que
l'on a fait pour eux, qui n'a point été fort bonne.
Voilà, Madame, les nouvelles de Bourbon, et que
Mlle de Vandy n'a point pris congé des Altesses, encore qu'elles l'eussent envoyé visiter. Elle n'a pas
été friande d'une seconde réception pareille à la
première. Mme de l'Hospital ne s'est point assise,
quand elle est allée leur dire adieu. Je crois que c'est
qu'elle avoit enfin compris qu'elles s'étoient mises
au-dessus d'elle. Elle ne l'a pourtant jamais voulu

avouer. Et à propos de Mme de l'Hospital, il faut bien dire un petit mot de M. de Lévis. Mme de Villars lui parle si bien sur ce qui s'est passé ici, qu'encore que je suis fort persuadée que vous ne doutez point du zèle qu'elle a pour votre service, je ne saurois m'empêcher de vous en rendre ce témoignage. Et pour moi, Madame, cela me tient tellement au cœur, que, bien que vous ayez pardonné, je ne me saurois résoudre à aller à Poligny quoique le mari m'en ait autant pressé que la femme. Mais quand je vous pourrois mettre quelque chose en compte, ce ne seroit pas cela; car jugez quel personnage je pourrois faire parmi tout ce qu'on trouve là! Et puis, Madame, l'impatience d'être à Trie ne permettroit pas même de s'arrêter pour des choses agréables. M. le comte de Maure n'en a pas moins que moi, étant toujours autant votre très-humble et très-obéissant serviteur que je suis votre très-humble, très-obéissante et très-passionnée servante. »   (CONRART, *copie*.)

XIV. — *A M. le maréchal d'Albret* [1].

Août 1655. — « Mme de Castelnau [2], Monsieur, a dit à un homme qui est à nous, que sur ce qu'elle vous a dit hier que je voulois avoir des portraits

---

[1] César-Phœbus d'Albret, comte de Miossens, mort en 1676.
[2] Marie de Girard de Villetaneuse, femme de M. de Castelnau, depuis maréchal de France, et maîtresse attitrée de M. de Villarceaux. (Voir sa très-plaisante historiette dans Tallemant.)

qui sont dans mon logis, vous avez dit : — Je suis
d'avis qu'elle emporte encore le plafond. — Je vous
avoue que rien ne m'a jamais davantage frappé le
cœur que cette parole-là, et bien que je ne veuille
pas faire envers vous la mesme chose que vous auriez faite envers moy qui seroit de vous condamner
sans vous ouïr, je ne puis pas tarder un moment à
vous dire que Mme de Castelnau sait qu'elle n'a jamais parlé d'aucun de ces tableaux, que de celui
de la 'Porcie qui est sur la cheminée de la grande
chambre, dont elle parla à un de nos gens, qui
traitoit avec elle avant qu'elle eust mis Mlle Cornuel dans la négociation. Et comme ç'a esté entre
elles deux que cette affaire s'est achevée, ç'a esté
Mlle Cornuel qui lui a parlé sur cette Porcie, luy
disant, que parce que c'estoit un original de Juste,
que j'avois fait faire avec beaucoup de soin, et
que Juste n'estoit plus icy et n'y vouloit point revenir,
je ne pouvois luy en donner qu'une copie ; mais que
je la lui ferois faire par tel peintre qu'elle voudroit.
Mlle de Cornuel sait si elle a trouvé rien à dire à
cela, et si durant tout le temps qu'elles ont négocié,
Mme de Castelnau luy a jamais parlé d'aucun de ces
tableaux. Aussi, Monsieur, jugez la belle apparence
qu'il y auroit eu de le demander, la plupart estant
des portraits de famille, en sachant, comme elle
sçait, que je n'ay laissé ni les uns ni les autres, que
parce que je croiois retourner bientôt dans mon logis, et qu'y mettant une personne propre comme
elle, je luy pouvois faire aysément le plaisir de luy
laisser cela pour l'embellissement de la maison.
Mais enfin, il est question qu'elle n'a jamais parlé

d'aucuns que de la Porcie, et que, quand elle vous
a donc fait des plaintes de ce que je le voulois oster,
elle ne m'avoit pas seulement fait paroistre de songer à les avoir; et il faut qu'elle vous l'ait dit pour
commencer à chercher quelque prétexte de rompre.
Je ne me saurois davantage expliquer par une lettre, et je vous supplie de ne témoigner à personne
que je vous aye découvert qu'elle veuille rompre.
Voilà pour ce qui regarde Mme de Castelnau. Pour
ce qui est de son mary, qui ne sait pas, à mon avis,
en ce sujet tous les sentimens de madame sa femme,
et qui y va tout de bon, ayant envie d'avoir la maison, il a témoigné aujourd'hui à un homme par qui
nous lui avons envoyé faire compliment sur la
conclusion du marché, qu'il seroit bien aise que
nous leur laissassions M. de Vivonne et Mlle de Ton-
nay-Charente. Et bien que pour *elle*, ce soit un des
beaux portraits que Juste ait fait, la reine mesme
l'ayant trouvé admirable, je me suis accordée à les
y laisser, luy faisant pourtant proposer de se contenter de la copie pour celuy de Mlle de Tonnay-
Charente. Voilà, Monsieur, le grand tort que j'ay
dans cette affaire-là; et, bien loin d'avoir eu quelque sentiment d'intérest, il me semble que je fais
assez paroistre le contraire, en voulant plus tost
rompre ce marché-là, que de faire autre chose que
ce que je crois pouvoir faire avec bienséance; car
enfin il pourra fort aysément arriver que ceux qui
n'auront pas gasté cette maison, comme a fait
Mme de Castelnau, ne voudront pas en donner ce
qu'elle en donne, et vous pourrez perdre sur ce
marché-là; sans compter le retardement si l'on la

vendoit à d'autres, ne pouvant faire sortir Mme de Castelnau qu'à la Saint-Remy [1]. » (CONRART, *copie*.)

[1] Conrart nous a conservé la réponse du maréchal :

« En présence de MM. de Saint-Luc, de Rouville, de Gramont et d'Estrée, et de beaucoup d'autres encore qu'il seroit superflu de vous nommer, je me pleignis hier soir à Mme de Castelnau de m'avoir fait un discours que je n'avois jamais fait, et que même je ne serois jamais capable de faire. Tous ces mêmes Messieurs pourront vous témoigner que vingt fois de suite, elle jura qu'elle n'en avoit jamais parlé, et que toutes les fois que je voulus lui redire les mêmes mots qu'elle m'avoit supposés lorsqu'elle avoit parlé à M. Garnier, elle se récria toujours à ce bel endroit du plafond que je voulois faire emporter : — Quelle apparence que je vous aie fait dire cela ? Je l'ay bien dit, mais ç'a esté de moy et je n'ay jamais songé à vous faire dire cela ni autre chose. — Enfin, madame, cette conversation qui dura fort longtemps, finit par cette déclaration que je ne trouvai que des caprices à son procédé et beaucoup de raison au vôtre. Saint-Luc et le petit Gramont parlèrent presque dans le même sens, et comme elle n'étoit pas d'accord, je m'en allois du logis, la laissant criant et disputant encore de toutes leurs forces. Voilà au vray, comme s'est passé l'éclaircissement que j'ay eu avec Mme de Castelnau, qui me doit pleinement justifier, ce me semble, vers vous et vers tout le monde. Car dans le sentiment d'estime, de respect et d'amitié, s'il m'est permis de me servir de ce terme, que j'ay pour vous, je ne serois pas satisfait, s'il y avoit une seule personne dans le monde qui me pût soupçonner d'un discours sur vostre sujet qui eût besoin, non-seulement d'excuses, mais mesme de la moindre petite explication. Avant que mes manquements d'égards aillent jusqu'à Mme la comtesse de Maure, je vous assure, madame, que toute la terre aura sujet de s'en plaindre. Or, enfin, puisque sous le témoignage avantageux que vous m'avez rendu de M. Garnier, j'ajoute foy à son rapport, contre toutes les apparences contraires que m'a faites Mme de Castelnau, je vous supplie aussi de me faire la mesme justice en me croyant fort véritable et fort sincère dans les assurances que je vous fais de n'avoir jamais parlé du plafond, ni dit une seule parole en cette rencontre, qui vous pût déplaire, et que pour mon honneur je fusse obligé de désavouer. »

XV. — *A la marquise de Sablé.*

Du ... septembre 1655. — « Vous savez, m'amour,
que je n'ay point creu que madame de Guéménée [1]
songeàt à faire difficulté de me faire donner une
chaise, pour ma considération particulière et que je
jugeay dès-lors que c'estoit pour la raison qu'elle
déclare dans sa lettre, que je n'en avois point trouvé
chez elle. Ce qui fit ma surprise fut qu'elle savoit
que j'irois, et que c'estoit un jour de médecine, où
elle ne pouvoit craindre les conséquences. Pour ce
qui est de la plainte qu'elle fait que j'aye parlé de
cela à M. de Léon [2] et à M. de Lenoncourt [3], elle sait
que pour M. de Léon, il estoit chez elle au mesme
temps que moy, et qu'ainsy ce n'estoit rien lui apprendre, sinon, que je remarquois ce que je devois
remarquer. Mme la princesse de Guéménée d'ailleurs
le connoît trop pour ne savoir pas combien il est
discret, et que je ne pouvois le regarder comme un
homme capable de faire aucun bruit de cela. Pour
M. de Lenoncourt, il est si particulier amy de la
maison et parent si proche qu'il me semble que de
le luy dire n'estoit que la mesme chose de vous l'a-

---

[1] Anne de Rohan, fille de Pierre et de Madeleine de Rieux, née
en 1607, mariée à Louis VII de Rohan, duc de Montbazon, prince
de Guéménée, frère de la duchesse de Chevreuse.

[2] Henri de Laval-Boisdauphin, fils de la marquise de Sablé,
évêque de Saint-Pol-de-Léon (1621-1693).

[3] L'abbé, marquis de Lenoncourt depuis la mort de son frère tué
au siége de Thionville en 1643. — Il était petit-fils de Henri de
Lenoncourt et de Françoise de Laval-Boisdauphin, tante du marquis
de Sablé et remariée à Louis VI de Rohan, prince de Guéménée.

voir dit. Je ne le fis pourtant que par occasion sur
ce qui s'estoit passé entre Mme de Longueville et
Mlle de Bouillon sur mon sujet; et bien loin d'avoir
rieu creu faire en cela contre la profession que je
fais d'honorer particulièrement Mme de Guéménée,
et d'estre fort persuadée de la grandeur de leur maison, je creus au contraire en donner quelque nouvelle marque, en me servant de cet exemple pour
faire voir combien Mlle de Bouillon étoit loin de son
compte, en disant que si l'on pouvoit souffrir cela
de quelqu'un de ceux qui le prétendoient, ce seroit
de Mme de Guéménée parce qu'il n'y avoit point de
comparaison entre les maisons; et je suis assurée
que personne n'a jamais exalté davantage celle de
Rohan que moy. Je croy aussy que peu s'y sont at-
tachés autant que j'ay fait; et véritablement ç'a
esté seulement par équité et affection, car pour l'intérêt, encore que M. le comte de Maure ayt l'honneur d'estre leur parent, vous savez que cette alliance, pour relevée qu'elle soit, ne feroit pas qu'une
maison qui ne le seroit pas par elle-mesme, le fust
pour cela; et qu'aussi, lorsqu'elle l'est, ce qui se
trouve de plus ou moins dans une alliance, n'est
pas de grande conséquence; de sorte qu'encore
qu'on tienne celle de Rohan à honneur ç'a esté sans
doute par un sentiment qui lui doit estre plus
agréable que celui-là, que j'ay parlé comme j'ay
fait. Je ne doute pas que quand vous aurez parlé à
Mme de Guéménée, vous lui avez témoigné que je
vous avois dit que quelque prétention qu'elle eût,
je ne ferois que m'abstenir d'aller chez elle; que je
ne ferois aucun bruit, ni rien dont elle se pust

plaindre; et que je ne laisserois pas de le servir dans tout ce qui me seroit possible. Je seray toujours dans les mesmes sentimens, et hors de faire une chose où l'on croiroit se préjudicier, il n'y a rien que je ne voulusse faire pour la contenter. Mais vous savez qu'elle peut garder ce qu'elle veut garder, en voyant à des heures particulières celles qu'elle doit traiter d'une autre façon. Je ne vous dis rien sur cette commodité de petits siéges dont elle parle : vous savez que cela ne s'introduiroit pas, et qu'il ne seroit pas raisonnable aussy que tout le monde fust assis de la mesme façon. Je serai très-marrie d'estre privée de la satisfaction de voir Mme la princesse de Guéménée chez elle, mais on ne voudroit non plus l'embarrasser que de faire ce qu'on croit ne devoir pas faire. Elle est si équitable que je suis assurée que si elle avoit connoissance à fond de la maison de M. le comte de Maure, elle conviendroit que je ne puis avoir là-dessus d'autres sentimens que ceux que j'ay. »   (CONRART, *copie.*)

XVI. — *A Mme de Sablé.*

Du 11 septembre 1655. — « Hélas, m'amour, vous avez eu votre grand rhume! j'espère que vous en serez tout à fait quitte à cette heure et j'en prie Dieu de tout mon cœur. Vous avez bien raison de vous taire, loin de m'avoir écrit en cet estat-là. Mais vrayment quand je serois encore plus malade que vous ne l'estiez, je ne croy pas que je me pusse un moment empêcher de vous faire réponse sur l'article de

M. d'Avaux [1]. Vous rirez sans doute, d'y trouver en
teste Mme de Soussy, si déjà il ne vous l'a nommée;
et moy-mesme, encoré que je suis fort fâchée d'avoir
un nouvel embarras avec M. d'Avaux, je n'ay sçu me
tenir de rire, quand j'ay veu d'où cela me venoit.
Ce qui en est de meilleur, c'est que, hors l'article de
gagner des juges, où il y auroit encore quelque apparence qu'il n'y ayt point de vérité, je ne pouvois
du tout juger ce que M. d'Avaux vouloit dire. Enfin
je me suis souvenue que j'avois veu Mme de Soussy à
Rouen, et que devant Mme de Longueville on avoit
parlé de cette affaire-là, et que j'avois fait la déclaration que j'avois faite à toutes ces occasions, qu'il
eust esté à désirer que le nom de M. de Vivonne
n'eust point esté meslé à cela, et qu'il n'y eust paru
que lorsque Mme de Mesmes [2] eust eu rompu avec ces
messieurs, comme elle disoit qu'elle l'avoit fait en
particulier; et que nous estions fort faschés, M. le
comte de Maure et moy, qu'ils pussent se plaindre
qu'on ne leur eust pas gardé assez de considération;
que c'estoient des personnes que nous avions toujours aymées et honorées; que M. et Mme de Mortemart disoient qu'ils s'estoient toujours déclarés à
Mme de Mesmes qu'ils ne vouloient point estre nommés; mais qu'il falloit qu'ils ne se fussent pas bien
expliqués, puisqu'elle n'avoit pas laissé que de le
faire. Voila, m'amour, tout ce que j'ay jamais dit

[1] Jean-Jacques de Mesmes, comte d'Avaux, conseiller d'État,
depuis membre de l'Académie française, président au parlement,
et mort en 1681.

[2] Anne Courtin, fille d'un maître des requêtes, mariée à Jean-
Antoine de Mesmes, seigneur d'Irval, président au parlement,
veuve en 1675.

sur ce sujet, et là, et ailleurs; et par ce seul mot de *bourbier*, il est aysé à juger, du moins à vous, que cela est plutost du style de la dame que du mien, car vous savez que je ne me sers pas volontiers de telles expressions. Pour ce qui est des railleries, si elle avoit dit que j'en eusse fait du mareschal de Gramont, et un peu aussi, en quelque façon, de Mme de Mesmes, elle auroit eu quelque raison, car nous nous jouâmes un peu, Mme de Longueville et moy, sur ce que le mareschal de Gramont n'estoit pas accusé d'estre assez désintéressé pour s'estre retenu de songer à cette fille par la considération de ces messieurs, s'il y avoit trouvé son compte, et je me tuay d'expliquer que je ne doutois pas qu'il ne les considéroit fort; ce que vous remarquerez, s'il vous plaist. Et pour Mme de Mesmes, ce fut sur le peu d'apparence qu'il y avoit qu'elle eust jamais songé à ce mariage de M. d'Avaux [1], quelque mine qu'elle en eust faite. Et pour cet article-là, c'estoit une correspondance à Mme de Longueville, qui disoyt que des amies de Mme de Mesmes avoient descouvert ce secret-là, il y avoit longtemps; mais enfin dans tout cela, il ne fut jamais dit un mot dont M. d'A-vaux eust eu sujet de se plaindre. Vous savez si je connois cette créature (Mme de Soussy), et si j'ay pu ne pas prendre garde à ce que j'ay dit, la voyant assez animée contre Mme de Mesmes pour ne pou-voir pas douter qu'elle ne fust pour M. d'Avaux. J'avoue pourtant qu'il me manquoit encore cela

---

[1] M. d'Avaux, leur fils, épousa en 1660 Marguerite Bazin de la Bazinière, fille du grand maître des cérémonies de l'ordre du Saint-Esprit.

pour la connoistre. Je m'attendois bien qu'encore
que je répondisse assez superficiellement à ce qu'elle
disoit contre Mme de Mesmes, elle ne manqueroit
pas de dire à M. d'Avaux, que je l'excusois de tout
mon pouvoir. Mais d'avoir fabriqué de telles choses,
j'avoue que cela passe tout ce que je pourrois jamais imaginer d'elle. Mme de Longueville, quy est
arrivée icy, comme je commençois ma lettre, en est
dans le dernier épouvantement. J'ay eu beau lui dire
de quelle façon elle est faite, elle revenoit toujours
à dire : « J'entends bien, si vous lui en aviez donné
le moindre sujet du monde; mais où a-t-elle pu
prendre cela? » J'avois envie de vous conter mot
pour mot tout ce que je me suis souvenue qui avoit
été dit dans cette conversation-là; mais il auroit
fallu faire une terrible lettre, ayant encore bien
d'autres choses à vous dire. Faites, m'amour, que
M. d'Avaux vous dise ces choses qu'il dit qu'il ne
peut dire; je croy qu'il n'en fera point de difficulté,
quand il verra que tout est découvert, car c'est sans
doute que, par ces choses, il craignoit que l'on ne
découvrît la personne [1]. Assurez-vous que quoi
qu'elle ayt pu dire, je rendray fort bon compte de
ce que j'ay dit; mais je croy qu'il ne sera guère besoin de plus ample justification, quand vous lui aurez dit ce que c'est que Mme de Soussy, et que je la
connois assez, pour n'avoir pas seulement pu estre
tentée de luy dire les sentimens que j'ay. Mais il ne
faut pas oublier l'affaire des juges, sur une pure in-
vention, pour se faire de feste, parce que l'on sayt

---

[1] Mme de Soussy.

que j'ay des parents et des amis à Rouen; je ne l'ay point fait, et je say qu'on ne le luy a pas dit. Et il y a bien plus, car si M. d'Avaux avoit simplement plaidé pour la charge, je n'aurois point voulu solliciter contre luy. Vous entendez bien qu'il y a de certaines choses publiques dont on ne sauroit se défendre; mais vous savez aussy que ce n'est pas ce que les gens d'esprit appellent solliciter. Enfin je crains assez ces sortes de peines-là pour ne pas hazarder de les prendre inutilement. C'est pourquoy j'aurois toujours attendu que l'affaire y eust esté renvoyée. Il faut parler à cette heure à Mme de Guéménée. Vous savez que tout ce que j'ay prétendu de votre négociation a esté de me délivrer honnestement de l'aller voir, si elle ne se mettoit à la raison[1]. Voilà qui est donc fait..... » (CONRART, copie.)

XVII. — A M. le comte de la Vauguyon[2].

Septembre 1655. — « Bon Dieu! que n'estes-vous icy? vous y verriez des choses où vous prencz assez d'intérest, que l'on ne vous sauroit faire entendre par lettre. Il faut cependant que j'essaye de vous faire comprendre une partie de celles qui vous regardent. Je vous ai mandé de Beaumont, aussitost après le mariage, que j'allois écrire à Mme de Mesmes. Je jugeay depuis que la devant voir

[1] Allusion à la lettre de septembre 1655.

[2] Jacques de Stuert de Caussade, comte de la Vauguyon, mort en 1671 : il était fils de Louis de Stuert de Caussade, comte de la Vauguyon, et de Diane des Cars qui avait épousé en premières noces Charles, comte de Maure, dont la fille unique fut mère de M. le duc de Mortemart et de M. de Maure.

si tost, il suffisoit de luy faire faire un compliment et à la nouvelle mariée. Je manday donc
au jeune Ménard de les aller visiter de notre part
pour leur tesmoigner la joye que nous avions, et
qu'encore que je ne pusse craindre qu'elles en dou-
tassent, nous n'aurions pas manqué de le leur
tesmoigner par nos lettres, si je ne devois les voir
bientost, et pour M. de Vivonne, que nous luy faisions des reproches de ne nous avoir pas fait part
de sa joye. Vous jugez bien que faisant ces com-
pliments-là ç'auroit esté rompre avec les autres
que de ne leur en pas faire aussi, mais nous
voulusmes qu'ils fussent succincts, et nous man-
dasmes au jeune Ménard de leur aller dire
qu'ayant appris le mariage (il n'auroit tenu qu'à
nous de dire par la gazette), nous envoyions leur
témoigner que nous en avions de la joie. Mme de
Mesmes et sa fille receurent le mieux du monde
nos compliments, montrant une grande joie de ce
que je parlois de revenir bientôt. M. de Vivonne dit
aussi ce qu'il falloit dire. M. de Mortemart estoit
dans le jardin de Mme de Mesmes, causant avec
elle. Le jeune Ménard, après avoir fait son compliment à Mme de Mesmes, en fit aussi un à M. de
Mortemart. La réponse fut qu'il nous remercioit,
et que nous lui faisions beaucoup d'honneur en
voulant demander de ses nouvelles. Il se trouva
qu'il nous croyoit encore à Rouen, lorsqu'il y avoit
cinq semaines que nous en estions partis ; et vous
remarquerez que durant toutes ces cinq semaines
M. le comte de Maure avoit esté toujours malade. Pour ce qui est de Mme de Mortemart, ce fut

6.

chez elle que l'on la trouva. Elle manda qu'elle ne pouvoit pas parler. On fit la harangue à sa demoiselle, qui rapporta qu'elle nous remercioit, qu'elle alloit dans trois ou quatre jours en Poitou, et que si M. le comte de Maure y vouloit aller, ils feroient les affaires qu'ils y avoient. Vous jugez qu'aussi bien que son mary elle ne fit non plus d'excuses de n'avoir rien mandé de ce mariage que si ç'avoit esté le Grand Turc. Je suis arrivée à Paris deux jours après que ce compliment eut esté fait, et, dès le lendemain, je fus pour voir Mme de Mesmes. Elle estoit allée à Roissy du jour précédent; mais M. et Mme de Vivonne y estoient. J'eus tout à fait de la joye de les voir. C'est en vérité un fort joly mariage. Je songeay à vous, souhaitant que vous les vissiez dans cette grande maison, y paraissant les maîtres : cela avoit quelque chose d'assez plaisant. Je trouvai la petite dame embellie; je ne sçay si c'est qu'elle parle avec plus de liberté, ou si c'est en effet qu'elle le soit, mais je la trouvay fort agréable, et puis l'air de beaucoup d'esprit; vous savez que je luy en ay toujours trouvé. On m'a dit que la reyne, qui n'est pas prodigue de louanges, avoit tesmoigné qu'elle la trouvoit fort à son gré. M. de Vivonne estoit aussi d'un fort bon air avec elle. Ils partirent le mesme jour pour aller à Roissy, et ni les uns ni les autres ne sont encore revenus. Mme de Mortemart y est allée depuis deux jours; je ne l'ay point veue ny M. son mary; et pour luy je n'en ay ouy parler que par un remerciement qu'il fit et un compliment que je luy ay fait faire comme vous verrez; mais pour elle, deux jours après que

je fus arrivée, elle sceut que Marins [1] me venoit voir,
elle luy dit de me dire qu'elle se réjouissoit de mon
retour et de ce qu'il avoit appris que j'étois en
bonne santé, et qu'elle me viendroit voir le plus
tost qu'elle pourroit. Marins ayant trouvé compagnie icy ne me put faire son compliment ; mais
m'ayant esté fait dès que je fus seule, j'écrivis le lendemain la lettre dont je vous envoie la copie, et je
donnay charge à celuy qui la portoit, d'aller savoir
des nouvelles de M. de Mortemart. On le trouva
qu'il entroit dans la chambre de sa femme, et l'on
luy fit mon compliment. Il répondit, qu'il me remercioit. Deux jours après, Mme de Mortemart m'é-
crivit une lettre dont je vous envoie aussi la copie ;
et voylà tout ce que je sus d'eux, c'est-à-dire de
leur part depuis que je suis à Paris, et, comme
vous voyez, depuis le mariage. Mais Duché, que je
vis hier, pour parler d'un embarras qui est entre
Duloir et luy, pour lequel tout seul il faudroit bien
vous faire une lettre aussi longue que celle-cy, me
fit entendre qu'ils croyoient que nous nous en estions allés pour ne point paroître au mariage de
leur fille, afin de ménager M. d'Avaux. Vous savez
si c'est cela, et si nous n'aurions pas tout quitté
pour faire nostre devoir, si les autres eussent fait
le leur. Vous pouvez juger avec quelles exclamations je demanday à Duché comment il auroit esté
possible qu'ils eussent pu se figurer cela, après ce
que nous avions fait. Je luy dis ensuite que je ne

---

[1] M. de Marins, frère d'Antoinette de Marins qui avait épousé
François d'Anglure, fils lui-même d'Angélique Adjacetti.

croyois pas que Mme de Mesmes fust de leur opinion, que nous luy avions dit expressément, et moy
surtout avant que de partir, que si nous pensions
être utiles, nous ne songerions pas à nous en aller,
quelques affaires que nous eussions, et que nous
reviendrions dès qu'elle nous le manderoit. Duché
parut fort surpris de cela, et plus encore quand je
luy dis que si nous avions besoin de quelque autre
témoignage que celuy de Mme de Mesmes, nous
avions le vostre qui estoit assez bon, et que vous
saviez tous les mouvements que nous avions eus là-
dessus comme si vous aviez esté dans nostre âme.
Que, véritablement, de retarder des affaires qui
nous estoient aussy importantes que celles que
nous avions à Rouen, pour demeurer icy à n'y
faire autre chose que de guetter pour voir si M. de
Vivonne se marieroit [1], ç'auroit esté un personnage
que personne ne nous eust pu conseiller de faire;
mais que sans doute M. de Mortemart avoit cru nous
faire assez honneur d'avoir dit à M. le cardinal de
Mazarin que c'estoit nous qui avions fait l'affaire;
qu'encore s'il l'avoit dit pour faire paroistre que
l'on estoit de bon naturel, et pour n'avoir pu s'empescher de dire qu'il nous avoit cette obligation, on
n'auroit seu s'empescher de luy en savoir gré, bien
loin de s'en plaindre, quoyque cela fust contre nostre intention et la parole qu'il avoit donnée; mais
que de l'avoir dit d'une manière où il ne paroist autre chose que d'avoir voulu nous charger de la

---

[1] Il avait épousé, le 5 septembre 1655, Antoinette de Mesmes,
fille unique d'Henry, seigneur de Roissy, et de Marie de la Vallée-
Fossé.

hayne de M. de Mesmes et de son fils [1], pour s'en ga-
rantir, ou de s'excuser envers M. le cardinal de Mazarin d'avoir fait cette affaire sans luy, ou (ce qui seroit encore pire) par la seule angoisse de se trouver
dans un embarquement qui luy faisoit des affaires;
ce n'estoit pas une chose dont il pust aysément s'excuser; que je luy disois tout cela dans le dernier
secret; que je ne voulois point d'éclaircissements,
que je croyois aussi que quand j'en voudrois, il me
seroit assez difficile d'en trouver l'occasion, du
moins avec M. de Mortemart; qu'il n'y avoit point
d'apparence qu'il eust beaucoup d'envie de me voir
de la façon qu'il s'y prenoit; mais que, de quelque
façon qu'ils nous eussent traités en cette occasion-
cy, je ne laisserois pas de vivre toujours avec eux
en civilités; que ç'avoit esté moy qui avois esté
d'avis de ne point faire de compliment à Mme de
Mesmes et aux mariés, sans leur en faire aussy;
que M. le comte de Maure auroit fort voulu garder le silence de son côsté, comme ils l'avoient
gardé du leur; mais je m'y estois opposée, parce
que c'eust esté une sorte de rupture, et qu'enfin
on pouvoit vivre en civilité sans avoir aucune amitié. Duché se récria fort, disant : — Mesdames, que
dites-vous, point d'amitié? — Je luy dis : — Je leur
donneray encore plus qu'ils ne peuvent donner; ils
n'ont ni amitié ni civilité, et du moins j'aurai de
la civilité. — Et pour M. le comte de Maure, je
n'en dis rien, c'est son frère; il fera comme il
l'entendra. J'ajoutay ensuite que quoi qu'ils eussent

---

[1] M. d'Irval, frère cadet du comte d'Avaux.

fait jusques icy, et qu'ils pussent faire à l'avenir, je n'aurai point de regret à ce que j'ay fait; que ce n'a pas esté eux que j'ay regardés; que je les connoissois déjà bien, comme il savoit; que ç'a esté M. de Vivonne, non-seulement comme neveu de M. le comte de Maure, mais parce que j'ayme sa personne, et que je ne désavoue pas aussi d'avoir esté bien ayse de faire plaisir à Mme de Mesmes, que j'ay toujours honorée. Voilà, mon très cher oncle, la substance de ce que je luy dis en cette occasion, et je ne l'aurois pas voulu dire à Duché; du moins les premiers jours que j'ay esté icy, ayant voulu voir à pur et à plein de quelle façon ils en useroient, sans que rien eust pu les effaroucher. Car vous jugez bien que je n'ay pu me promettre que Duché se tust tout à fait, encore que je le luy aye fort recommandé. Je vous garde plusieurs lettres, et vous verrez que les avis que j'ay eus de ce que M. de Mortemart a dit à M. le cardinal Mazarin sont très-circonstanciés, et c'est de M. d'Avaux que sont venus les principaux. Vous ne serez point surpris que Son Éminence ayt eu grand soin de nous faire ce bon office. Il m'a pourtant fait un honneur à quoy je ne m'attendois pas, de me mettre au nombre de ses ennemys. Je ne croyois pas qu'il se souvint que je fusse au monde, luy ayant donné assez de moyens de m'oublier, comme vous avez pu savoir. Je m'imagine qu'on n'aura pas manqué de vous mander qu'il a dit que c'estoient ses ennemis qui avoient fait ce mariage, savoir le comte et la comtesse de Maure, Beaumont et le commandeur de Jars. Pour ce qui est de M. d'Avaux, vous

savez que j'ay toujours bien creu qu'il seroit difficile que de part et d'autre ce que j'ay fait n'allast
à luy, et que si j'ay leur hayne, j'ay bien voulu
l'avoir plutost que de manquer cette affaire-là. Mais
vous m'avouerez qu'il n'estoit pas raisonnable que
cela arrivast par M. de Mortemart, et de la sorte
qu'il est arrivé ; car j'en reviens toujours là que
si ç'avoit esté avec quelque marque d'amitié qu'il
l'eust dit, et seulement qu'il eust pris soin de dire
que nous ne l'avions fait qu'après avoir veu clairement que M. d'Avaux n'y pouvoit prétendre, et
que nous nous estions toujours expliqués à eux-
mesmes [1] ; que quand M. de Vivonne eust esté notre
fils, nous n'aurions pas voulu nuire à M. d'Avaux,
qu'ils [2] estoyent de nos amis, et qu'en mon particulier je luy [3] avois de l'obligation. Mais vraiment,
quand vous saurez de quel biais il [4] l'a dit, vous
serez épouvanté, encore que vous le deviez connoître. Je sçay que l'on peut dire pour son excuse
qu'il en a peut-estre parlé comme je dis qu'il devoit faire, et que M. le cardinal n'aura dit que ce
quy fait contre nous. Mais je sçay de science certaine qu'il l'a dit encore à d'autres et d'une pire façon que M. le cardinal ne l'a dit, et ce sont des personnes dont vous ne pourriez disconvenir, si je vous
les pouvois nommer. Il faut encore vous dire que je
n'ay nullement pris le parti de nier ce que j'ay fait;
ce seroit la première fois que cela me seroit arrivé.

[1] M. et Mme de Mortemart.
[2] M. et Mme de Mesmes.
[3] M. d'Avaux.
[4] M. de Mortemart.

J'ay seulement dit que nous n'avions rien fait contre M. d'Avaux que ce que nous aurions fait contre
un propre frère, et qu'en pareille occasion, ayant
les lumières que nous avions, nous aurions fait
toute la même chose. Je l'ay même escrit dans une
lettre que j'ay bien jugé qu'il verroit, et qu'en effet
il a veue. Je n'ay pas encore seu ce qu'il en a dit,
et j'attends cela sans impatience. Ce n'est pas que
je n'aye toujours de la considération pour MM. de
Mesmes, mais quand j'ay fait ce que je dois, je say
me résoudre à de plus fàcheux événemens; je say
seulement que les plaintes qu'ils ont faites de nous
ont esté accompagnées de beaucoup de civilités, et
je pense que vous nous connoissez assez pour croire
que nous avons plus désiré de n'avoir point leur
hayne à cœur, qu'ils nous avoient témoigné de
l'amitié que par la crainte de leur crédit. Après
vous avoir parlé tant de nos affaires, je veux vous
dire quelque chose de celles du monde.... »

(CONRART, copie.)

XVIII. — Au maréchal d'Albret.

Bourbon, septembre 1655. — « Si je n'étois
partie de Paris le lendemain que vous eûtes parlé
à M. le comte de Maure et à Mme de Cornuel, ou
que je n'eusse point eu tant d'embarras avant que
de partir, ce n'auroit pas été sans vous écrire,
ayant été tout à fait surprise de ce que vous leur
avez dit, que vous ne me reconnoissiez plus dans
mes lettres. J'avois cru que le soin que j'ai pris de
vous rendre compte de ce qui s'est passé dans la

conclusion de l'affaire de la maison, et la confidence que je vous ai faite du sujet qui l'a traversée, vous étoient des preuves infaillibles que je suis pour vous tout ainsi que j'ai jamais été[1]. Aussi suis-je persuadée que ce n'est que pour en recevoir de nouvelles assurances, que vous avez fait paroître d'en douter. Je vous dirai donc qu'il ne se peut rien ajouter à la satisfaction que j'ai de tout ce que vous avez fait là-dessus, et bien loin qu'il me puisse rien rester dans l'esprit dont vous devriez être en peine, je suis au contraire tout à fait obligée à la considération que vous avez témoigné de faire à moi en cette occasion. Et comme le sentiment que j'ai eu, quand j'ai cru que je pouvois avoir quelque sujet de douter de votre amitié, est la plus grande marque que je vous pouvois donner de la mienne, ce que vous avez fait pour m'éclaircir et pour me satisfaire m'en est une si grande de la vôtre qu'il ne sauroit plus rien arriver qui m'en pust donner le moindre doute, quand même quelqu'un de plus véritable que Mme de Castelnau ne me l'a paru en cette occasion, s'en voudroit mêler. »

(*Autog.*, VALANT.)

XIX. — *A Mme de Langeron* [2].

Janvier 1656. — « Si M. de Candale fait quelque chose d'extraordinaire pour un homme comme

---

[1] Voir la lettre n° XV.

[2] Gouvernante des sœurs de Mademoiselle, Mlles d'Orléans et de Valois, après Mme de Raré (1660). « C'étoit, dit Mademoiselle, une femme de vertu et de mérite, qui n'avoit pas celui qui étoit nécessaire pour être auprès des personnes de la qualité de. mes

luy de vouloir faire connoissance avec une personne hors du monde comme je suis ¹, j'en fais une
qui n'est pas moins extraordinaire pour moy de
recevoir cela avec les sentimens que je le reçois ; car
outre que je crains, comme vous savez, les gens de
son âge, je cherche plutost désormais à perdre des
connoissances qu'à en faire. Mais je suis encore assez
bien informée pour savoir qu'il mérite qu'on soit
pour luy d'une autre façon que l'on est pour les autres.
Ce sera quand il vous plaira à l'un et à l'autre, que je
recevrois l'honneur qu'il me veut faire, et du moins
pour la première vérité, je ne craindrois pas qu'il
s'ennuye, puisque vous y serez. » (CONRART, *copie.*)

XX. — *Au maréchal d'Albret.*

Janvier 1656. — « Bien que ce ne soit pas une
fort mauvaise rencontre pour des gens qui ont autant d'occupation que vous en avez, et qui n'ont
pas encore le goust de la solitude, que de ne pas
trouver les hermites que par quelque bienséance
ils viennent chercher ; il me semble qu'il ne faut
pas laisser de vous faire des excuses de ce que
vous ne m'avez pas veue après ce que vous m'aviez
fait l'honneur de me mander l'autre jour. Je n'ay
pu éviter de donner un rendez-vous pour une affaire qui m'obligeoit de m'enfermer, et j'ai pensé

---

sœurs, n'ayant jamais vu le monde, et ne sachant pas vivre à la
mode de la cour. »

¹ Gaston de Foix, duc de Candale et de Randan, marié à vingt-
sept ans, en 1665, à Mˡˡᵉ d'Albret, fille du duc de Chaulnes, dont
il n'eut pas de postérité.

vous mander quelque chose pour vous empescher
de venir. Car je vous avoue qu'il m'a passé par
l'esprit que cela pourroit arriver, mais j'ay trouvé
que je n'eusse seu vous rien mander qui ne vous
engageoit à prendre cette peine-là une autre fois
et qu'il falloit plutost vous l'épargner. Dans l'in-
certitude que vous vinssiez, j'ay oublié de mettre
ordre qu'on vous offrît de voir Mlle de Vandy, ce que
nous avons appris qu'on vous a aussi refusé. Voilà
dans la vérité comme la chose s'est passée. Je pense
que vous ne douterez ni de son regret, ni du mien.
Mais enfin voyez ce que c'est que du monde. M. de
la Rochefoucauld est venu céans deux fois depuis
quinze jours ; et au bout de trois mois que M. le
maréchal d'Albret y vient, on le renvoye parce
que je suis enfermée avec le commandeur de Jars.
Il me semble que quand on verra M. le duc d'Orléans au Louvre, ce ne sera pas encore un si grand
changement. Quoy qu'il en soit, vous voyez bien que
vous estes quitte de vouloir rapporter la lettre, et
que sans rien faire contre une extrême civilité, vous
pouvez me la renvoyer quand vous n'en aurez plus
à faire. »   · (CONRART, *copie*.)

XXI. — *A M. le maréchal de Villeroy.*

De mai 1656. — « Monsieur, je ne sçay si n'ayant
jamais eu le bonheur de vous rendre aucun service, vous ne serez point surpris que j'aye recours
à vous dans un embarras où je me trouve, et que je
le fasse mesme sans l'entremise de Mme votre femme.
C'est que, revenant d'Attichy, j'ay rencontré le ré-

giment des gardes, qui ont dit qu'ils y alloient loger.
Je crus que si je pouvois mettre ordre à cela, ce
seroit plutost en venant icy le plus vite que je pourrois, que de retourner sur mes pas ; et j'ay trouvé
que Mrs de Froulé, ni Descurs, ni Lenglée, n'ont
point donné d'ordre pour ce logement-là ; de sorte,
Monsieur, que n'ayant point cru d'abord ce que ces
mesmes gardes ont dit que c'estoit le Roy mesme
qui l'avoit donné, j'y trouve à cette heure quelqu'apparence, puisque l'on ne trouve point qui c'est,
et que le bruit du logement continue. Et comme
M. de Mortemart ni M. de Vivonne ne sont point à
la cour, ni aucun de ceux que je puis avoir droit
d'employer pour mes intérests, j'ay cru, Monsieur,
que vous n'auriez point désagréable que j'eusse
assez de confiance en votre générosité pour espérer
que vous voudrez bien me protéger en cette occasion, et demander au Roy la délivrance d'un lieu
qui est déjà fort ruiné par les fréquens logemens
qu'il y a eu depuis quelques années, et par des
tailles tout à fait excessives. Je ne saurois m'empescher de vous dire, Monsieur, qu'encore que M. le
comte de Maure ayt eu le malheur de faire des
choses qui ont pu déplaire au Roy, il me semble
qu'il ne seroit pas raisonnable qu'il voulust s'atta-
cher à me faire un mal, qui proprement me seroit particulier, ce lieu-là estant à moy, et je croy
que ceux qui ont du zèle pour la personne de Sa
Majesté peuvent désirer qu'il ayt d'autres sentimens
que ceux-là. Mais ce qui me presse encore plus que
cette considération à vous faire cette prière, est la
compassion que j'ay de ces pauvres gens, qui ne

me permet pas seulement d'attendre que je puisse avoir une lettre de Mme votre femme pour vous, bien que je sois assurée qu'elle ne me la refuseroit pas, et mesme très-favorable, estant sa servante de longue date comme je la suis. Et pour vostre regard, Monsieur, quand je n'attendrois pas de vous la grâce que j'en attens, il suffiroit bien que vous eussiez le mérite que vous avez pour me faire estre la vostre. »   (CONRART, *copie*.)

XXII. — *Au maréchal de Villeroy.*

Du ... juin 1656. — « Monsieur, la diligence et la civilité avec laquelle vous m'avez fait la grâce que je vous ay demandée, justifie bien la confiance que j'ay eue en votre générosité, quelque grande qu'elle ayt été, et me fait trouver du plaisir à vous estre aussy obligée que je le suis. Si M. le comte de Maure étoit icy, il ne manqueroit pas de joindre ses très-humbles remerciemens aux miens, mais je vous puis assurer qu'il ne ressentira pas moins que moy la faveur que vous venez de nous faire, et ne désirera pas avec moins de passion de la pouvoir reconnoistre. Je suis, Monsieur, d'une maison qui a eu de longtemps grand attachement pour la vostre; mon père ayant esté serviteur particulier de messieurs vos grands-pères et surtout de M. de Sancy [1], avec qui il estoit en fort grande amitié. Faites-moy la grâce de croire que j'auray

---

[1] Nicolas de Harlay, baron de Sancy, colonel des suisses, dont la fille épousa en 1596 Charles de Villeroy, marquis d'Alincourt, père du maréchal.

désormais pour votre personne le sentiment qu'il avoit pour votre maison, et qu'il ne vous sauroit plus rien arriver à quoy je ne prenne très-grande part. Cela tout seul me feroit extrêmement regretter la pauvre madame de Lesdiguières [1]; mais, Monsieur, vous avez quelque connoissance de la bonté qu'elle avoit pour nous. Elle vous a quelquefois escrit pour quelque chose de pareil à ce qui m'a fait avoir recours à vous, et je suis asseurée que si elle estoit encore en estat d'avoir de la joye, elle en auroit beaucoup que vous m'eussiez obligée comme vous avez fait Il faut avouer que c'est un furieux dommage, et que vous estes bien à plaindre de faire une telle perte. Je croy en mon particulier en faire une fort grande, mais je crains d'augmenter votre douleur et d'abuser de votre civilité par une trop longue lettre. Faites-moy l'honneur de croire, Monsieur, que je seray toute ma vie autant que vous m'y avez obligée.... (CONRART, *copie.*)

XXIII. — *A Mme la duchesse d'Épernon* [2].

Attichy, ... novembre 1657. — « Vous me faites, Madame, des excuses d'une chose dont je ne puis faire assez de remerciemens. Il seroit mal aisé qu'une lettre comme celle que vous m'avez fait

---

[1] Madeleine de Bonne, femme du duc de Lesdiguières; leur fille avait épousé le maréchal de Villeroy.

[2] Marie du Camboust de Coislin, nièce de Richelieu et femme de Bernard, duc d'Épernon. — Cette lettre répond à celle que Mme d'Épernon avait adressée à Mme de Maure le 21 octobre, pour lui rendre compte de l'état où en étaient ses affaires particulières et de sa séparation de biens avec son mari.

l'honneur de m'écrire fust trop longue, mais quelque obligeant que soit le soin que vous prenez de
m'informer si particulièrement de vos intérests, je
vous puis dire qu'il n'est pas mal employé, prenant
autant de part que je fays à l'estat où vous vous trouvez. J'ai esté estonnée de voir ce que vous me mandez
à l'égard de Mlle d'Épernon[1] et de M. de Candale[2]. Je
croirois que cela alloit tout d'une autre façon. Je
suis pourtant persuadée qu'ayant fait voir que le
chemin qu'on a pris n'est pas celuy qu'il falloit
prendre, vous verrez que les choses changeront de
face. Je ne say comme il est possible de vous offrir
la condition qu'on vous offre pour un droit tel que
celuy que vous avez sur la communauté de monsieur votre mari, et il n'est pas besoin d'avoir, ce me
semble, autant de bon sens que vous en avez pour
en user comme vous faites. J'ay toute ma vie
autant souhaité l'opulence à ceux qui ont l'âme
faite comme vous l'avez, que je l'ay plainte aux autres; de sorte que quand je n'aurois rien eu de particulier pour vous, je n'aurois pas laissé d'estre de
votre parti en cette occasion. Et, bien loin que la
raison dont vous me parlez avec tant de bonté et de
civilité, m'empeschast d'avoir pour vous des sentimens équitables, mon inclination m'en a fait avoir
de favorables avant mesme que j'y fusse obligée par
l'honneur que vous me faites. Véritablement je ne
sçaurois m'empescher de vous dire que quelque ay-

---

[1] Anne-Louise, fille de la duchesse d'Épernon, carmélite sous
le nom de Anne-Marie de Jésus, morte le 22 août 1701, à soixante-
quinze ans.

[2] Gaston de Nogaret de la Valette et de Foix, duc de Candale, son
frère, mort sans alliance, le 28 janvier 1658.

mable que vous soyez, ce n'est pas la moindre marque que vous en avez donnée, que d'avoir touché autant que vous avez fait l'inclination d'une personne qui avoit dans le cœur ce que j'y ay. Car encore que les choses soient personnelles, comme vous dites si bien, il y a une certaine répugnance que je croy qu'on peut avoir, sans estre injuste, et cela mesme, je ne l'ay point senty pour vous. Je ne croyois pas, Madame, entrer jamais si avant avec vous dans cette matière, mais il y a des personnes avec qui le cœur s'ouvre, comme d'autres avec qui il se ferme. Je veux pourtant m'arrester tout court, ne voulant point me soulager en vous faisant de la peine. J'ay une vraye impatience de savoir ce que deviendra votre affaire, et j'espère que vous voudrez bien me faire la grâce de m'en faire quelquefois savoir des nouvelles, encore que vous ne douterez pas que Mlle de Vandy me fasse part de ce qu'elle en saura. Mais, Madame, vous entendez bien qu'on ne voudroit pas abuser de votre civilité, et que l'on ne désire cela qu'en cas que vous ayez des heures de loisir. Nous avons eu ici une affliction, dont on croit vous pouvoir faire part, estant bonne comme vous estes. Le pauvre petit Saint-Mesgrin [1] ! Il étoit le plus joly du monde, et plusieurs raisons nous le font beaucoup regretter. C'est un grand dommage encore de ce pauvre petit Châtillon [2]. Voilà une terrible perte pour sa mère. Ces

---

[1] Fils de Jacques de Stuert de la Vauguyon, marquis de Saint.Mesgrin, tué au combat du faubourg Saint-Antoine, en 1652, et de Marie, fille du duc de Roquelaure.

[2] Henry-Gaspard, né posthume de Gaspard de Coligny, duc de

deux pauvres enfants ont eu un pareil sort en la mort, comme en la naissance, estant nés tous deux après la mort de leur père et ayant si peu vescu. L'on a de la peine à vous quitter mesme par lettres; il faut pourtant finir, après vous avoir assurée que personne ne peut estre davantage que moy votre très-humble et très-obéissante servante.

«M. le comte de Maure, à qui je n'ay pas manqué de faire part de votre lettre, en a eu les mesmes sentimens que moy. Il ne vous souhaite pas moins de repos et de satisfaction que je fay et est votre très-obéissant serviteur. » (CONRART, *copie*.)

XXIV. — *A M. le maréchal d'Albret.*

Attichy, novembre 1657. — « Comme vous avez deviné mes sentimens sur l'estat où se trouve M. de la Vauguyon, nous savions les vostres sur la perte de ce pauvre enfant, avant que vous nous les eussiez fait savoir. J'ay quasy autant songé à vous, en cette occasion, qu'à ceux qui y ont le plus d'intérest, sachant que la noblesse de votre âme vous feroit sentir quelque chose d'approchant de ce que le sang et l'intérest leur pust faire sentir. Le pauvre enfant! je regrette que vous ne l'ayez pas veu, vous l'auriez sans doute trouvé assez joly pour juger qu'on le peut regretter pour luy-mesme. J'en ay esté tout à fait attendrie en mon particulier. Et puis M. le

Châtillon et de Élisabeth de Montmorency-Bouteville, en 1649, morte le 25 octobre 1657 : il fut le dernier représentant mâle de sa branche. Madame de Châtillon se remaria en 1663 avec le duc de Mecklenbourg.

comte de Maure, ayant veu comme vous avez faît la grande affection qu'il avoit pour son cousin, vous pouvez juger comme il a esté pénétré de voir périr tout ce qui restoit de luy. Je vous supplie de croire qu'il prend grande part à l'obligation que vous a toute la parenté, de la façon dont vous parlez sur leur perte, et qu'il a tout le ressentiment qu'il doit des marques que vous luy donnez en toute occasion de l'honneur de votre amitié. Nous avons extrèmement plaint aussi ce pauvre petit Chastillon. C'est comme vous dites un grand dommage que de telles maisons soyent éteintes. Je ne doute pas que Mme de Chastillon ne soit fort affligée. Les deux pauvres enfans ont eu pareil sort en la mort comme en la naissance. Vous sçavez qu'ils sont tous deux nés après la mort de leur père. M. de la Vauguyon est d'autant plus à plaindre qu'il a une grande aversion pour le remède que chascun propose pour luy ; une autre aversion pourroit pourtant estre encore plus forte. Vous m'entendez bien sans que je m'explique davantage. Mais Mme de Chastillon, qu'en dites-vous? Pour moy, je ne la connois pas assez pour en pouvoir juger. Il me semble seulement qu'il faudroit bien avoir envie de laisser quelque chose de soy pour préférer cela au bonheur de la condition où elle se trouve. »   (CONRART, copie.)

XXV. — Au même.

May 1659. — « Vrayment il faut bien vous faire part d'une aventure que j'ay eue, où vous avez quelque intérest, et qui m'a desjà brouillée sans doute

avec quelque gouverneur de province. Vous sçaurez
que le marquis de Sourdis [1] vint, il y a quelques
jours, pour me faire part d'une lettre qu'il a écrite
à M. le cardinal, pour l'instruire que les gouverneurs de province ne doivent pas estre oubliés lors
de la publication de la paix. Il commença par me
dire que les grans du royaume devant estre appelés, ils le devoient estre aussy. Je luy dis : — Mais
ceux-là le sont quelquefois sans que les gouverneurs de province le soyent : je croy pourtant bien
que pour le pays, ils le doivent estre. — Il s'écria là-
dessus que non-seulement pour la paix, mais pour
toutes choses, et que c'estoient eux qui estoient les
vrays grands du royaume, ce qu'il me voulut prouver par plusieurs raisons. Vous pouvez juger s'il
m'en fallut davantage pour me récrier : — Jésus!
Monsieur, qu'est-ce que vous nous venez conter?
Vrayment vous faites bien de l'honneur à M. le cardinal de prétendre de luy faire accroire une telle
chose! Quoi! M. de Saint-Germain Beaupré seroit
donc un grand seigneur du royaume [2]? — Le voilà à
dire qu'il n'estoit pas question de personnes, que
cela ne faisoit rien contre la chose; et qu'enfin cela
estoit ainsi et que les histoires en faisoient foy. Je
luy dis que je croiois bien qu'en plusieurs occasions
ils avoyent esté appelés avec les grands du royaume,

[1] Charles d'Escoubleau, marquis de Sourdis et d'Alluye, gouverneur de Beaune, un des beaux esprits du temps, mort en 1666.

[2] Henry Foucault, marquis de Saint-Germain Beaupré, gouverneur de la Marche, « qui avoit fait sa fortune, dit Tallemant, par le
moyen de Mme de Sourdis, » mort le 10 septembre 1678. La famille
Foucault était de très-bonne noblesse et connue dès le treizième
siècle dans la haute Marche.

mais comme adjoints et non pas qu'il ayt pu jamais entrer dans l'esprit de personne qu'ils en fissent partie. Il me soutint toujours que ce n'estoit pas autrement que comme l'estant eux-mesmes. Et moy, je le priay de m'excuser si, sur sa parole, je n'admettois pas M. de Beaupré, ni une douzaine d'autres, parmy les grands du royaume ; qu'il y en avoit déjà assez, et que M. le cardinal, qui en faisoit si aysément, pourroit estre plus débonnaire que moy là-dessus ; mais que pour moy, il avoit beau crier, il ne me mettroit pas cela dans la tête Il recommença encore à alléguer tous les livres qu'il prétend qui font foy de son dire, me disant avec une vraye colère qu'il n'importoit guère que je ne le creusse pas. Et moy, je voulus finir la dispute, et disant qu'il estoit vray, pourveu qu'il le put persua-der à celuy à qu'il avoit escrit, mais qu'en attendant que nous en pussions avoir des nouvelles, nous pourrions trouver quelqu'un propre à juger notre différend, et je nommay M. de Béthune ; il s'y accorda, et à peine l'avions-nous dit que voilà M. de Béthune qui entre avec M. de Guéménée. Vous pouvez juger la joye que ce fut pour moy, et la haste que j'eus de luy dire ce qui se passoit icy. Je ne voulois point que M. de Guéménée en fust, rien ne pouvant jamais faire que je veuille tourner mes amis en ridicule. Mais enfin, quoique j'eusse parlé bas, M. de Béthune et M. le marquis parlèrent ensemble d'une sorte que le prince devina ce que c'estoit. Il est assez inutile de vous dire que M. de Sourdis ne le gagna pas plus aysément avec l'un qu'avec l'autre, et qu'ainsy sa colère redoubla, encore que tous deux

traitassent cela tout le plus doucement qu'ils pou-
voyent. Aussy ayma-t-il mieux s'en aller avec eux
que de demeurer un moment tout seul avec moy;
et, ayant esté quatre jours sans revenir, je croiois
l'avoir perdu; mais il y revint hier, pour la seconde
fois, et il me remit sur ce discours-là, quoyque je
ne luy eusse fait aucun semblant qu'il en eust jamais esté parlé. Et après m'avoir dit que c'estoit
une chose estrange que M. de Béthune sceust si peu
les choses qu'il faisoit profession de savoir le mieux,
il me dit que la proposition qu'il avoit faite par sa
lettre n'avoit reçeu aucune difficulté et qu'aussi il
n'y avoit rien de plus certain; que M. Le Tellier et
autres en estoient tombés d'accord, et là-dessus, il
me voulut prouver que, hors la fonction de conné-
table, il n'y en avoit aucune dans l'Estat qui fut es-
gale à celle des gouverneurs de province. Je luy dis
tout doucement que je ne disputois rien que le caractère de grand du royaume, mais que pour cela
je ne me pouvois rendre, et je m'aperçeus dans son
discours qu'il s'estoit fait faire de grands remerciemens par tous les gouverneurs et notamment à
l'hostel de Rambouillet; et vous jugez aysément que
ce n'aura pas esté sans parler de nostre contestation, de laquelle ayant informé M. le comte de
Maure, il ne manqua pas de songer à vous, comme
vous le verrez en lisant ce qui est au-dessous de
cecy. — Je vous supplye de me renvoyer cecy quand
vous l'aurez lu; c'est que je seray bien ayse qu'une
de mes amies que je ne puis voir le sache, et cela
m'épargnera la peine de luy écrire. — Si vous voulez parler de ceci à Mme du Plessis, vous le pouvez

faire, Mme Cornuel luy en ayant déjà parlé, mais point d'autres, je ne voudrois pas qu'on dist que je joüe ce pauvre homme-là. »   (CONRART, *copie*.)

XXVI. — *A M. de Lyonne* [1].

Novembre 1659. — « Monsieur, je me trouvois déjà assez obligée à vous rendre grâce de toute la peine que nous vous avons donnée, ma nièce et moy; mais le sentiment que vous avez eu la bonté de me témoigner, sur le peu de succès qu'a eu nostre affaire, me donne un nouveau sujet de vous faire de très-humbles remerciemens [2]. En vérité, Mon-

---

[1] Hugues de Lyonne, secrétaire d'État.

[2] Il paraît que Mme de Maure avait eu lieu tout d'abord d'espérer le gain de ce procès. Mme de Montausier, en effet, lui écrivait au mois de septembre 1659 : « C'est une grande honte pour moi de n'avoir pas su le gain de votre procès que par la lettre que vous a écrite ma fille. » Et le 2 octobre elle lui racontait, dans un autre billet, que, quelqu'un s'étant permis de blâmer la conduite de M. de Maure à ce sujet devant Mlle de Montausier, « celle-cy devint rouge comme du feu, et dit : — Pour moy il faut que je sorte d'icy, car je ne puis durer à voir un homme assez injuste pour accuser M. le comte de Maure, au lieu de le louer de la plus belle action du monde. »

Personne n'a expliqué jusqu'à présent la cause de ce procès qui a tenu, cependant, une assez grande place dans la vie de Mme de Maure à cette époque, pour être un moment étudié : c'était de plus bien facile à éclairer. L'évêque de Castres était Charles-François d'Anglure, fils de Claude d'Anglure, marquis de Sy, comte de Bourlemont, prince d'Amblise, et d'Angélique Adjaceti, nommé à ce siége en 1657, et transféré en 1662 à l'archevêché de Toulouse. Mlle d'Atri, qui demeura si longtemps chez Mme de Maure, était donc la cousine germaine du prélat, puisque le père de celle-ci était frère de Mme d'Anglure : il s'agit évidemment ici de quelques-uns des nombreux procès que soutint avec tant de constance le comte de Château-Villain pour rentrer dans ses droits sur le duché d'Atri et autres nombreux domaines situés au royaume de

sieur, je suis si persuadée qu'on ne peut avoir
l'âme noble comme vous l'avez, et de n'estre pas
un peu touché du malheur que nous avons eu dans
une cause si juste, qu'encore que nous n'ayons jamais eu le bonheur, ni ma nièce ni moy, de vous
rendre aucun service, je n'ay nulle peine à croire
que vous avez tous les sentimens que vous me faites
la grâce de me témoigner. Mais pour cette faute
que vous me marquez encore d'avoir parlé trop
tard, vous voulez bien que je vous die que je n'y
sçaurois avoir de regret, ne me pouvant persuader
que j'aye à me prendre à une autre chose qu'à la
malignité de mon étoile, qu'il a fallu qui ait surmonté la bonne volonté de M. le chancelier et vos
désirs aussi bien que la bonne cause. Je croy certainement que si mon intérest ne se fût pas trouvé
joint à celuy de ma nièce, elle auroit esté plus heureuse. Mais cette mesme étoile m'ayant fait en ma
vie des maux incomparablement plus grands que
celui-là, je ne veux pas m'en plaindre davantage,
et je puis dire que ce qui ne touche que l'intérest
ne me demeure pas longtemps sur le cœur. Je ne
sçay pourtant si je ne fais point une faute de parler
de cela comme d'une chose tout à fait perdue,
voyant que M. le chancelier veut que nous espérions
encore, et que vous avez aussi la bonté de m'y ex-
horter. J'ay assurément, Monsieur, toute la confiance que je dois avoir en ses paroles et aux vostres, mais il avoit déjà fallu que je fisse quelque

Naples, qu'il tenait du chef de sa femme, Anne d'Acquaviva d'Aragon. Le titre de duc d'Atri fut porté dans le dernier tiers du
dix-septième siècle par le chef de la branche d'Anglure Bourlemont.

effort sur mon naturel pour pouvoir espérer, et l'on n'est pas, ce me semble, à cette heure, en si forts termes, à beaucoup près, que l'on estoit. Je ne laisse pas de souhaiter passionnément que cela passe encore par vos mains ; et si je pouvois cependant avoir le bonheur de me faire un peu connoistre à vous, j'espérerois de pouvoir ajouter quelque chose aux bonnes dispositions qui vous ont fait agir si civilement, puisque vous verriez que j'ay une âme fort capable de reconnoissance, et que j'ay le plus grand désir du monde de rencontrer les occasions de vous témoigner combien je suis, etc.

« M. le comte de Maure, Monsieur, prend la part qu'il doit à l'obligation que nous vous avons, ma nièce et moy ; il vous supplie de le croire vostre très-humble serviteur, et encore que ma nièce ne sorte guère plus qu'une religieuse, je vous la mè- neray aussitôt que vous serez icy. Elle vous supplie cependant de croire qu'elle a le même ressentiment que moy et qu'elle est votre très-humble servante. » (CONRART, copie.)

XXVII. — A Mme de Montausier.

3 décembre 1659. — « Quelque plaisir que j'aye toujours à recevoir de vos lettres, je n'aurai pas eu tant de peine à m'en passer à cette heure qu'en un autre temps, puisque vous estes de retour pour moy depuis cinq ou six jours, par le moyen d'Alisdalis[1],

---

[1] Mme de Rambouillet, à ce que nous dit Tallemant, ayant épuisé tous les contes qu'elle savait pour amuser Mlle de Dombes (depuis duchesse de Longueville), encore enfant, s'avisa d'en

qui m'est apparu lorsque j'y songeois le moins. J'en
avois eu de fort mauvaises nouvelles, ayant seu la
conjuration que vous aviez faite contre luy; et enfin
ç'a esté pour moy une vraie résurrection. Mais pen-
sez-vous qu'on vous puisse pardonner d'avoir voulu
priver le monde d'un si grand plaisir? Je ne vois
pas que vous puissiez réparer cela qu'en vous résol-
vant à le luy donner tout entier. Ce seroit un terrible dommage qu'une si belle chose demeurast im-
parfaite, et l'on sçait bien que qui a pu l'inventer
peut l'achever en se jouant. En vérité vous devriez
donner ce divertissement aux autres en vous le donnant à vous-même pendant le séjour que vous
faites hors de Paris; et si vous n'entendez pas aussi
bien la guerre que fait Mlle de Scudéry, vous avez
auprès de vous un assez bon secours pour le combat
par mer et par terre (car nous ne devons pas douter qu'Alisdalis n'en ait fait plusieurs, outre ceux
que nous voyons qu'il a déjà faits); de sorte que
si le monde m'en veut croire, on ne prendra aucune excuse en payement là-dessus. Sachez au
reste que je n'ay pas eu besoin du secours de l'auteur pour vous reconnoître; je vous ay tout aussitost
reconnue à ces grâces secrettes qui vous ont fait
estre l'inclination de tout le monde; à ce charme, à
ce son de voix; car pour les autres louanges, encore
qu'on sache assez qu'elles vous appartiennent très-
bien, elles pourroient aussi se trouver propres à
quelques autres qu'à vous; mais pour celles-cy,

composer un sous le titre de : *Zélide et Alisdalis :* elle l'aurait
inventé pendant une nuit qu'elle ne pouvait dormir, et chargea
Voiture, qui en parle souvent dans ses lettres, de l'arranger.

elles vous sont, à mon gré, si particulières, que je ne voy pas qu'on peut jamais prendre Zélide pour une autre que pour vous. »   (CONRART, *copie*.)

XXVIII. — *Au cardinal de Mazarin*.

An 1659. — « Encore que M. de Lyonne ayt enfin fait parler à don Louis (de Haro) celuy que nous avons à la suite de Votre Éminence, je suis si per-· suadée que c'est seulement pour la forme et sans aucune intention que cela produise rien, que je ne pourrois sans manquer à ce qu'on se doit à soy-mes-me, tarder davantage à vous découvrir le soupçon que m'a donné la conduite de M. de Castres [1] dans toute cette affaire-cy, qu'il vouloit nous faire perdre cette conjoncture de la paix, afin que le droit de ma niepce qui tombe à sa maison, leur peust venir soit en la survivant, soit en traitant avec elle pour peu de chose, comme ils ont déjà voulu faire, il y a quelque temps. Votre Éminence sçayt qu'après cela il ne seroit pas difficile de trouver moyen de frustrer les créanciers. Je ne luy disois qu'un des fondemens de mon soupçon, car pour les luy dire tous, il fau-· droit une trop longue lettre; ma niepce donna à M. de Castres, plus d'un mois devant que Votre Émi-nence partist de Paris, une lettre pour la luy présen-ter; elle se peust souvenir que, croyant qu'elle l'avoit eue, je luy en parlai lorsque j'eus l'honneur de la veoir au Luxembourg, et qu'elle me dit qu'elle n'en avoit pas ouy parler. M. de Castres, quy nous avoit

---

[1] Charles d'Anglure Bourlemont, évêque de Castres.

fait un grand discours pour nous prouver que le
seigneur Ludovic qu'il disoit en avoir chargé, l'avoit
donnée, ne manqua pas de rejeter tout sur luy;
et depuis nous avons sceu que le seigneur Ludovic
a déclaré qu'il ne sçavoit ce que c'estoit. Votre Éminence a veu que, lorsque j'ay esté obligée de luy
rendre raison du retardement qu'il y a eu à lui parler, j'ay passé le plus doucement que j'ay pu sur
ce qui regardoit M. de Castres, n'ayant pu me résoudre qu'à l'extrémité de vous rien dire contre luy.
J'espérois toujours, Monseigneur, que la bonne
volonté que vous avez eu la bonté de faire paroistre
à cette occasion, à ma niepce et à moy, prévau-
droit sur son dessein, dont je doutois mesme qu'il
osast vous donner connoissance, mais à cette heure
que la suite me fait juger que ses amis ont trouvé
moyen de conduire l'affaire à ses fins, sans pourtant
que je croye qu'ils se soient découverts à Votre Éminence, elle jugera bien que je ne pouvois plus tarder à m'en déclarer à elle, et j'espère de sa bonté
qu'elle n'aura pas désagréable que, dans un si grand
intérêt que celui-là, je ne me sois pas arrestée à la
crainte que j'ay toujours de l'importuner par tant
de lettres. J'avois creu que M. de Castres pouvoit
estre satisfait de la proposition que je luy fis d'abord,
que Votre Éminence estant maistre absolu de l'affaire, elle pouvoit assurer à luy et à sa maison par
voye de substitution tout ce qui reviendroit à ma
niepce, et qu'ainsy chacun y trouveroit son avantage. Il fit semblant de gouster ma proposition; mais
il a donné tout lieu de croire que ce n'estoit que
pour mieux nous surprendre et qu'il ne pouvoit

estre content s'il n'avoit tout. Le mémoire que Votre Éminence m'ordonna de luy donner fait voir que mon intention estoit très-esloignée de vouloir frustrer ni M. de Castres ni ses frères de tout ce qu'ils peuvent légitimement prétendre [1]. J'ay toujours aymé leur maison, et M. le comte de Maure et eux sont parents ; mais véritablement pour une espérance aussi vaine que celle qu'il paroît qu'il a de pouvoir, dans quelque autre conjoncture, faire valoir ce droit par le seul avantage de sa maison, il nous fit perdre, à ma cousine et à moy, le seul moyen qui nous reste d'être payées d'une dette si considérable : je suis persuadée que Votre Éminence ne voudroit pas qu'il reçût un avantage aussi injuste. Je sçay bien que je ne doy pas trouver à redire qu'elle favorisast M. de Castres contre moy; il a eu le bonheur d'estre toujours regardé d'elle comme son serviteur particulier, et moy j'ay eu le malheur d'avoir part dans des intérêts contraires aux siens; mais j'ay tant d'opinion de son équité que je ne sçaurois croire que ce fust en cette occasion qu'elle voudroit faire cette différence-là entre nous; et j'ose dire à Votre Éminence que si M. de Castres avoit réussy en ce dessein, il vous auroit osté le moyen d'acquérir une grande obligation sur des personnes quy ont assurément l'âme aussy fidelle et aussy reconnoissante que luy. Car, Monseigneur, pour le retardement qu'il y a eu à vous parler, Vo-

[1] Ces frères étaient : François, marquis de Sy, époux d'Angélique d'Aspremont, sœur de Mlle de Vandy; — Nicolas, comte de Bourlemont, qui fit branche; — Scipion, commandeur de la Neuville au Temple de Châlons; — Louis, auditeur de rote; — Geneviève, chanoinesse de Remiremont.

tre Éminence me permettra de luy dire qu'après toutes les grandes choses qu'elle a réglées depuis la paix faite à Paris, il serait mal aysé de se persuader qu'une affaire de si petite importance, en comparaison de celles-là, n'eust pas seu trouver sa place, ayant la protection de Son Éminence. Je luy demande pardon de cette dernière importunité ; et en vérité, Monseigneur, si dans le commencement de l'affaire j'eusse creu estre obligée de luy escrire si souvent, je ne sçay si j'aurois peu me résoudre à l'entreprendre. Je suis avec le respect que je dois, de Votre Éminence, etc. »   (CONRART, *copie*.)

XXIX. — *A Mme de Sablé.*

Février 1660. — « En vérité, m'amour, plus je voy ceste instruction des enfans [1] et plus je trouve que c'est une très-belle chose, et ce que vous y avés adjouté est encore admirable. J'ay toujours songé, en la lisant, que c'est grand dommage que vous n'avez eu le Roy dans votre gouvernement [2], car

---

[1] On n'a pu retrouver ce travail de Mme de Sablé, travail très-remarquable si l'on en croit les contemporains. La Rochefoucauld écrivait à la marquise : « Je n'ai, de ma vie, rien vu de si beau ni de si judicieusement écrit. Si cet ouvrage-là étoit publié, je crois que chacun seroit, en conscience, obligé de le lire, car rien au monde ne seroit si utile ; et il est vray que ce seroit faire le procès à bien des gouverneurs que je connois. » — Mme de Longueville : « Rien n'est plus beau que votre *Instruction pour les enfants* : je l'ai lue aux miens sans leur dire que cela vient de vous. » — Arnauld d'Andilly : « Rien n'est plus judicieux, ni plus solide, et si les enfants étoient instruits de cette manière, il est sans doute que, par la connoissance qu'ils auroient d'eux-mêmes, ils pourroient former en même temps et leurs mœurs et leur esprit..... »

[2] M. Cousin a publié cette lettre jusque-là.

du moins on est sûr qu'on en eust tiré ce qui s'en
pouvoit tirer. Pourquoy ne voulez-vous pas que je
montre cela[1] ? Il ne me semble pas que rien vous
dust empêcher de me laisser la liberté de le faire
voir à ceux qui en seroient dignes. Je fus hier, m'a-
mour, chez le fils de M. le lieutenant civil pour la
sollicitation que vous m'avez recommandée, et je
pense que vous croyez bien que je fis de mon
mieux[2]. Il demande qui est le raporteur : je luy ay
promis de luy mander; j'iray aujourd'hui chez
M. Goubret, mais pour celuy-là c'est Mlle de Vandy
qui y a crédit, et je n'y en ay que sous son nom.
Ceste sollicitation fut cause que je ne vis pas Mme de
Longueville ; car après avoir esté aux Carmélites, o ù
Mme de La Grange[3] me fit aller, je n'eus du temps
que pour ceste sollicitation ou pour Mme de Longueville, et je préféray vostre service à ce devoir-là
comme de raison, et je sceus à mon retour qu'elle
estoit venue icy. Je jugeois bien qu'elle n'auroit
pas manqué d'aller chez vous, et M. le comte de
Maure me dit au retour de chez elle qu'elle le luy
avoit dit. Je vous envoye ce que je viens de recevoir
de M. de Sourdis. »   ·   (*Autog*. VALANT.)

---

[1] Mme de Sablé exigeait le secret de ceux à qui elle avait com-
muniqué ce travail. « Je ne la montrerai pas, à mon grand regret,
lui mande Mme de Longueville, mais vous voulez bien qu'on en
prenne copie. »

[2] Pour l'affaire de la tribune de la chapelle de Port-Royal.

[3] Probablement Mme de la Grange d'Arquien.

XXX. — *Au surintendant Fouquet.*

21 juin 1660. — « Monsieur, vous serez aysément persuadé que j'aurois bien mieux aymé avoir
l'honneur de vous voir que de vous escrire, quand
mesme je n'aurois point deu appréhender de vous
faire voir de mes lettres. Mais croyant qu'on vous
importune moins en vous escrivant, il a fallu s'y
résoudre pour vous remercier très-humblement,
Monsieur, de la grâce que vous venez de me faire.
M. Pellisson n'a point manqué de me témoigner
comme vous vous y estes porté de façon qui, à mon
gré, ajouste encore beaucoup au bienfait. Je crois
qu'il voudra bien aussy vous répondre de ma reconnoissance et vous dire que je suis naturellement
plus sensible au mérite qu'à l'intérest. Et c'est assez
pour vous persuader que quand vous ne seriez
point en la place où vous estes, je n'aurois pas
moins désiré que je fays, d'estre assez heureuse
pour avoir quelque part et l'honneur de vostre
amitié et que vous voulussiez me croire, etc. »

(CONRART, copie.)

XXXI. — *A Mme de Sablé.*

Juin 1660. — « Mandés-moi s'il y a quelque chose
de pressé pour le marquis de Vertamon affin que je
voye son frère [1]. Tout ce que j'ay pu apprendre
de la nouvelle Reine doit, ce me semble, faire ju-

M. de Vertamon, marquis de Masneuvres, conseiller d'État,
mort en 1663, frère de François de Vertamon, comte de Villemena,
conseiller au parlement de Paris en 1647, maître des requêtes en 1653.
Tallemant lui consacre une historiette assez peu à son honneur.

ger qu'elle est telle que la Reine et M. le cardinal la pouvoient souhaiter. » (*Inéd. autog.* VALANT.)

XXXII. — *A la même.*

Août ou septembre 1660. — « Il y a bien long-temps, m'amour, que je ne vous ay rien mandé; mais vous, qui n'avés rien à faire, vous devriez bien me mander quelque chose. Vous sçavez, ce me semble, comme je fus lundy attendre l'arrivée de la Reine au Louvre, et je ramenay avec Mme d'Épernon Mademoiselle du Luxembourg, et tout d'une façon que je creus que j'en serois bien malade; car après avoir eu fort chaud chez la Reine, je trouvay du vent en sortant et de méchans petits rideaux dans le carrosse de Mme d'Épernon où nous estions; néanmoins il ne m'en est rien arrivé, Dieu mercy, et qu'estant au Luxembourg je changeay de chemise dans la chambre de Mlle de Vandy; ce qui me mit en estat que le lendemain je fus le matin chés la Reine d'Angleterre, que je n'avois point veue depuis le rétablissement du Roy, son fils, et le soir je fus mener un de mes parens solliciter vers la place Royale, et hier je ne laissay pas d'aller dîner avec Mme de Longueville, pour une dame qui vouloit que ce fust moy qui la luy fisse voir, et il n'y eust pas de moyen, car elle attendoit Mme la Princesse directement après son dîner pour aller voir la Reine nouvelle. Nous sçaurons aujourd'huy comme elle l'a trouvée, car elle doit venir céans sur les six heures au retour des Carmélites où elle a couché, mais il faut achever de vous rendre compte de mes tours, car après avoir

dîné avec Mme de Longueville, je soupay avec Mademoiselle, et encore ce fut après avoir esté à la
place Royale faire quelques visites. Vous ne dou-
terés pas qu'après tout cela je n'aye besoin de me
reposer. Bonjour, ma chère m'amour, j'ay quelque
chose à vous faire voir qu'a fait Mademoiselle, oû
elle parle de vous, qui vous donnera sans doute du
plaisir et de l'estonnement. [1] » *(Autog.* Valant.)

XXXIII. — *A la même.*

1660. — « Mademoiselle me dit hier qu'elle prétendoit bien qu'à ceste heure qu'elle ne prend plus
d'eau, M. d'Andilly [2] luy envoyeroit des *brignons,*
qu'elle aime fort, et qu'il en envoyoit bien à d'autres qu'il n'aimoit pas tant qu'elle, c'est à dire à
quelque autre. Je ne sçay sy elle ne se trompe
point, car, ne vous déplaise, c'est la Reine. Je luy
dis : « Ce sera la marquise qui lui fera sçavoir que
vous ne prenez plus d'eau. » Elle me dit : « Cela
s'entend. » Et je vous advertis au reste qu'un de
ces jours vous la verrés, car elle n'attend pour cela
que d'avoir veu la Reine; ce qui pourra bien estre
aujourd'huy; mais elle voudroit que ce fût dans un
couvent, et pour cela elle pourra bien remettre à
dimanche, sy la Reine ne va pas aujourd'huy au
Val-de-Grace. Vous ay-je pas mandé que Mlle de
Vertus est à Saint-Maur avec Mme de Longueville?
Je suis toujours à guetter pour voir sy le cardinal
viendra chez Madame. »   *(Ibid., Ibid.)*

[1] Probablement l'histoire de la princesse de Paphlagonie.
[2] Robert Arnaud d'Andilly, conseiller d'État, 1589-1674.

XXXIV. — *A la même.*

1660. — « Mademoiselle a tellement goûté la
lettre qu'elle veut la garder, elle qui ne fait d'ordinaire que fort peu de cas de ce que les autres es-
crivent, et elle ne fit pas semblant seulement de
vouloir garder celle de Mlle de Scudéry; aussy n'y
avoit-il rien de pareil. Si je la puis retrouver, vous
la verrés; mais, m'amour, la vostre est aussy flatteuse pour moy qu'elle est belle, et comme vous
sçavez, c'est beaucoup dire. Je vous verray, m'a--
mour, ceste après-disnée. . . . .
. . . . . qui est à Mademoiselle. Segrais ¹, que
vous pouvez sçavoir estre un homme d'esprit, admira vostre lettre. M. le comte de Maure ne l'a pas
encore veue, car Mademoiselle voulut que Segrais
la gardast pour la montrer à son secrétaire qui est
un que Préfontaine ² y a mis. Mademoiselle, à
mon advis, voulut plus cela parce qu'elle l'aime que
pour le croire bien propre à juger de cela, quoyque
d'ailleurs il soit bien honneste homme. Je vous
diray quelque autre chose que je dis encore, et de
vous, et de moy, sur la Reine, y meslant la feue
Reine mère, sur le Roy, qui me sembla plaire à la
Reine sur la lettre que Madame a escrite à Mademoiselle. »   (*Autogr.* VALANT.)

¹ M. de Segrais, secrétaire de Mademoiselle, et l'un des beaux
esprits du temps.
² M. de Préfontaine, l'un des principaux officiers de Mademoiselle.

XXXV. — *A la même.*

1660. — « Comment vous portez-vous, m'amour, de vostre migraine d'hier? J'ay peur que la grande envie que j'eus de profiter du temps que j'avois pour vous entretenir ne vous ait fait mal. Mademoiselle est toute résolue de vous aller voir dès que le cardinal sera revenu au Luxembourg; mais jusques-là elle ne veut pas sortir. J'ay songé que vous pourriés peut-estre faire encore mieux que moy ce que je voudrois faire avec M. d'Aubigny, et j'iray vous dire aujourd'huy ou demain ce que c'est. Mais toujours, m'amour, il faudroit songer à le faire venir vous voir. Vous le devinerés en vous disant que c'est quelque chose qui regarde Mademoiselle, et ce seroit sans qu'elle le sache. Je vous dis cela affin que vous ne croyiez pas que c'est là-dessus qu'elle a envie de vous voir, car c'est seulement par la curiosité. »   (*Autog.* VALANT.)

XXXVI. — *A la même.*

1660. — « Que pourroit-on refuser à une telle façon de demander les choses? mais vous verrés bien qu'il falloit oster ce que j'ay osté, soit que vous vouliés seulement relire le billet[1]. Car durant ce temps-là vous sçavez qu'il peut tomber en d'autres mains que les vostres. Vous ne me pouvez pas faire

---

[1] Ce billet est évidemment relatif au jugement de Mme de Maure sur les *Maximes* de la Rochefoucauld, jugement qu'elle trouva trop sévère et qu'elle redemanda à Mme de Sablé.

plus de plaisir aussy bien que d'honneur que de me dire que ce que je vous ay mandé sur ces sentences est ce que vous avez toujours trouvé; et il faut bien que je ne sois pas capable de faire de ces sortes de choses-là, puisque je ne m'y suis pas desjà mise pour vous plaire. . . . .

. . . . . » (*Autogr.* VALANT.)

XXXVII. — *A la même.*

1660. — « Je m'en vas tout courant, m'amour, chez Mme Tambonneau pour une affaire fort pressée, et dès que je seray de retour, je vous envoyeray mes chevaux pour n'en avoir plus que quatre, en ayant un qu'il faut escorcher et un autre blessé; mais, m'amour, les deux vieux sont très-bien en estat d'aller. On dit que la Reine mère a dit que celle d'Angleterre estoit fort imprudente d'avoir commis M. le cardinal pour le mariage prétendu. Cela et d'autres choses me font voir que, quand la Reyne parla du cardinal sur le mariage, je ne me trompay pas à croire que c'estoit mauvais signe, et que, s'ils eussent encore espéré, ils n'auroient pas découvert tout haut les autheurs. » (*Ibid. Ibid.*)

XXXVIII. — *A la même.*

1660, — « Je ne doute point, m'amour, que vous ne soyez revenue, et pour moy vous voyez que je ne suis point partie. M. le comte de Maure a voulu que je l'attendisse, et M. Garnier est allé faire les affaires qui pressoient. Je vis hier Mme de Saint-Loup que vous sçavés sans doute qui a esté assés malade. J'ay aussy esté voir la reine d'Angleterre à Coulombe. L'on dit que le Roy son fils trouve fort mauvais que la Reyne sa mère ait proposé le mariage de la niepce. Il n'est pas en cela de l'advis de M. de Montausier, lequel a la fièvre tierce réglée. Mais vous devés sçavoir cela aussy bien que moy. Je m'en vas voir la mareschale de Villeroy sur le mariage de sa fille [1]. Il faut bien faire ces choses-là, et puis j'aime ceste maisonnée, ils me semblent bonnes gens. Je n'ay point encore veu Mme de Longueville, je l'ay cherchée une fois; l'on disoit qu'elle estoit retirée; et quand elle l'a sceu, elle m'a escrit une lettre fort aimable, mais rien ne me sçauroit faire changer d'opinion qu'elle se passe parfaitement de moi; et c'est bien à ma confusion, car elle se plaît, ce me semble, avec toutes celles qui sont dévotes. Elle est fort édifiée de Mme de Brienne, qui a souffert avec une grande patience une opération fort douloureuse qu'on luy a faite à l'œil[2]. »   (VALANT.)

XXXIX. — A la même.

Ce mardy soir [3], 1660. — « Vrayement, m'amour, vous estes bonne : vous vous enfuyés sans rien dire

---

[1] Mlle de Villeroy épousa, en 1660, M. de Lorraine, comte d'Armagnac.

[2] Ce passage est publié par M. Cousin depuis : *je n'ai point encore veu,* mais avec de singulières altérations : il débute ainsi dans l'imprimé : « Je suis allée voir Mme de Longueville : on m'a dit qu'elle étoit fort retirée, et quand elle l'a sçu elle m'a escrit une lettre fort aimable..... »

[3] M. Cousin a donné cette lettre depuis le commencement jusqu'à : *je vous iray voir, m'amour,etc.*

aux gens, et puis vous grondés de ce qu'on ne vou
mande rien. J'ay esté deux jours à songer toujours
à vous escrire sans en pouvoir trouver le temps, et
quand je vis hier Mlle de Chalais [1], je me voulus rai-
sonner de cela [2] et je trouvay que depuis ces deux
jours-là vous estiés à vostre [3] Auteuil rencongnée
sans rien dire, et [4] au reste ce qui est cause que je
ne vous ay pas mandé le gain de ce procès, c'est
que je voulois que ce fust en vous escrivant, et il
falloit vous dire bien les choses pour vous faire entendre combien c'est une grande victoire ; car rien
n'est pareil au mauvais procédé qu'a tenu Mademoiselle de Bouillon là-dedans. J'ay esté chez M. de
Maisons tout aussy tost que j'ay eu vostre lettre;
l'heure le permettoit, car il estoit tard, et n'ayant
trouvé personne j'ay escrit l'advis et qu'il venoit de
vous. J'ay esté fort aise que vous ayez esté de mon
opinion, ou, pour mieux dire, de m'estre trouvée de
la vostre sur ce que la Reine n'a point baisé Mademoiselle : cela est plaisant que, parce que M. le cardinal veut favoriser madame de Carignan, et la
Reine, Mme la Palatine, les affaires de M. le Prince
se fassent; car par là voilà les princes du sang es-
galés à Mademoiselle; et je ne sçaurois croire que
cela se soit fait par d'autre principe que par celuy
de ne vouloir pas faire ceste difference-là entre Mesdemoiselles et ces deux princesses qui estoient là présentes. Mme de Longueville sera bien aise de cela, c'est-

---

[1] Demoiselle de compagnie de la marquise de Sablé.
[2] Membre de phrase omis.
[3] Mot omis.
[4] Tout ce passage est omis jusqu'à *et qu'il venoit de vous.*

à-dire autant qu'elle peut l'estre de quelque chose en l'estat qu'elle est; car elle est, ce me semble, encore un peu sensible à ce qui regarde la grandeur; et le grand rang que Mesdemoiselles ont eu du temps de Monsieur luy faisoit de la peine aussy bien qu'à M. le Prince. Je vous iray voir, m'amour, le plus tost que je pouray. »

« *P. S.* Empeschez Mme de Longueville aujourd'hui de vous aller chercher. »   (VALANT.)

XL. — *A la même.*

1660. — « Pour ce qui est de ma lettre, m'amour, je n'avois garde de la faire partir que vous ne l'eussiez veue. Je doutois qu'il fallût mettre plusieurs raisons, n'y en ayant que deux que monsieur Pellisson luy dira toutes deux, l'une du plaisir qu'il y a tousjours à le voir, et l'autre que je n'escris pas assez bien pour avoir eu envie de luy escrire [1]. Mandez moy donc s'il vous plaît, m'amour, sy avec cela il faut mettre plusieurs. . . . . »   (*Ibidem.*)

XLI. — *A la même.*

1660. — « Je voudrois bien sçavoir, ma chère m'amour, qui vous a dit que j'avois dîné chez madame de Navailles; car je n'y vis personne qui vous le pust dire, ce me semble. Ce n'est pas pour l'af-

---

[1] Il s'agit évidemment de Fouquet, auquel elle se décida à écrire quelques jours après, sur les instances probablement de Pellisson.

faire que vous sçavez que je fais toutes ces diligences-
là, n'y voulant faire autre chose que ce que j'y ay
fait, qui est de la mettre entre les mains de Mon-
tégu ; mais c'est que la comtesse de Saint-Géran
m'ayant envoyé prier de me trouver à l'entrée du
conseil parce que le Roy y devoit estre, je trouvay
qu'il falloit trop attendre sans avoir dîné, et s'estant
trouvé que Mme de Navailles estoit preste à dîner,
j'allay dîner avec elle. Pour ce qui est de Bartet [1],
je le plains sans doute : il m'a toujours fait mille
civilités et mesme des offices quand il a pu, et pour
vous je n'ay pas douté que vous ne le plaignissiez à
cause de vostre bonté ordinaire et à cause de vos
amis, puisqu'on dit que c'est pour les affaires du
cardinal et par les intelligences qu'il a eues avec
M. d'Aubigny. Je suis toujours enrhumée. »

(VALANT.)

XLII. — A la même.

Janvier 1661. — « Ma chère m'amour, ce n'est
qu'après vous avoir mandé que je vous escrirois plus
amplement que je songeay que vous m'aviez mandé
que Mlle de Chalais me devoit voir, et comme elle a
bien plus d'une chose à dire j'aimay mieux la con-
vier de venir pour vous mander tout par elle; mais
devant que d'entrer en matière il vous faut dire que
je ne viens que d'avoir vostre lettre tout à l'heure
et que c'est encore par hazard que je l'ay eue, une

---

[1] On ne connaît que la mésaventure arrivée en 1655 à Bartet,
secrétaire du roi, si fort maltraité par le duc de Candale. Il
était fort dévoué à Mazarin.

des petites filles de séant avoit pris en gré de la
mettre dans le tiroir de ma table sans en rien dire
et n'y avoit pas songé depuis et sy je ne l'avois ouvert par hazard je n'auroy point sceu que vous
m'eussiez escrit jusques à ce que je vous eusse demandé pourquoy vous ne me répondiez point. Je
vous répondray donc seulement à Mlle de Bagnols [1],
car pour tout le reste que j'aurois à vous dire je le
remets encore quant je verray Mlle de Chalais; mais
pour cecy j'escriray dès demain à M. de Marillac [2],
car pour le voir je ne puis, mais je luy feray entendre, aussy bien par lettres que de vive voix, l'o-
bligation qu'ils vous ont de la considération que
vous faites d'eux. L'on fait grand bruit, m'amour,
d'une colation que Monsieur vostre frère a donnée
aux reines [3]. On dit qu'elle estoit admirable; mais
bon Dieu ! m'amour, la terrible chose pour M. de
Longueville de cest eschange qu'on dit que fait
Monsieur de Lorraine de la Lorraine à la Touraine
à condition qu'ils auront le rang de derniers princes du sang [4] ! Cela ne sera pas agréable non plus
à Monsieur le Prince, mais c'est bien pis pour M. de

---

[1] Probablement fille de M. du Gué-Bagnols, maître des comptes,
grand janséniste, mort en 1657.

[2] René de Marillac, seigneur d'Allainville, maître des requêtes,
petit-fils du chancelier.

[3] Jacques de Souvré, plusieurs fois ambassadeur, grand prieur
de Malte, 1600-1670. Le marquis de Courtenvaux, son frère aîné,
était mort en 1659.

[4] Le 6 février 1661, Charles IV, duc de Lorraine, céda ses États
au roi de France, à condition qu'à l'avenir tous les princes de
Lorraine seraient considérés comme princes du sang, et par conséquent aptes à recueillir, à leur rang, la couronne. — Je crois que
ce bruit, relatif à la Touraine, était demeuré jusqu'ici inconnu.

Longueville. J'en suis très-fâchée. Y a-t-il rien de pareil à ce M. de Lorraine que, pour se venger de son oncle ou de son frère qui ont voulu le mariage de Mlle de Nemours malgré luy, il face une telle chose [1]? Adieu, ma chère m'amour, j'ay fort envie de vous voir, moi, quant je songe pourtant que vous n'en avez pas. » (VALANT, *inédite*.)

XLIII. — *A la même.*

Janvier 1661. — « . . . . . . que la princesse a eu la rougeole. Il faut remettre à parler de Mademoiselle quant nous nous verrons. Il y auroit trop de choses à dire. Je n'y vas quasy plus. Je vous conteray tout cela : ce n'est pas qu'elle ne me fasse aussy bonne mine qu'à l'ordinaire; mais c'est qu'on se dégoûte de voir qu'on n'a pas de crédit avec eux pour les choses les plus raisonnables; mais en vérité pour Monsieur, il est sy aimable de sa civilité et de sa politesse que, sy l'on pouvoit le faire parler un peu plus de suite, je vous le mènerois assurément. Vous auriez beau dire, vous l'aimeriés sans doute. Pour les Maisons, m'amour, assurés-vous que je n'ay fait ny ne feray rien de contraire à vos intentions. Je vous ay bien plainte, m'amour, de sçavoir comme vous avez esté jusques au point comme vous dites que Mlle de Chalais vous ait veillée. La Reine a parlé de sorte sur la maladie de M. le cardinal que l'on ne peut pas juger ny qu'il soit fort bien, ny qu'elle s'en tourmente trop.

[1] Voir l'*Histoire de la réunion de la Lorraine à la France,* par M. le comte d'Haussonville, tome III, p. 127 et 199.

« Bonsoir, ma chère m'amour. »

En marge. « La comtesse de Vertus est mariée au chevalier de La Porte [1]. »   (VALANT, *inédite.*)

XLIV. — *A la même.*

Mars 1661. — « Le président [2], à ce que je voy, y prend goust d'y estre desjà retourné. Il vint icy l'autre jour pour me voir, mais l'on disoit que je n'y estois point. Je le fais quasy toujours dire ; mais je fus fâchée que cela se fût adressé à luy ; car j'eusse esté fort aise de recevoir les compliments qu'il me vouloit sans doute encore faire de vous, et d'avoir à le remercier. Je m'en vas voir M. de Marillac dont le fils a esté receu conseiller [3]. Je veux demander à Mlle d'Orléans la boîte qu'on luy a envoyée de Florence pour vous la faire voir [4]. Elle est fort belle.

« P. S. Je pensois vous envoyer cecy dès hier, mais je ne trouvay personne, et, quant je fus reve-nue, il estoit trop tard de beaucoup, car je revins

---

[1] Catherine Fouquet de la Varenne, fille du complaisant servi-teur de Henri IV, avait épousé Claude de Bretagne, comte de Vertus, descendant d'un frère bâtard de la reine Anne de Bretagne ; à soixante-treize ans, en effet, elle se remaria secrètement avec le chevalier de la Porte, fils naturel de M. de la Meilleraye, qui accepta pour payer 22,000 livres à une fille qu'il ne voulait pas épouser ; les enfants de Mme de Vertus intentèrent un procès pour la faire interdire : elle mourut en 1670.

[2] De Maisons ?

[3] Arrière-petit-fils du chancelier : il devjnt conseiller d'État en 1682.

[4] Marguerite-Louise d'Orléans, fille de Gaston et de Marguerite de Lorraine, mariée le 19 avril 1661 au grand-duc de Toscane, qu'elle n'aima jamais.

tard. Je m'en vas voir sy je pourray faire quelque chose avec Montegu pour l'affaire que vous sçavés. »   (VALANT, *inéd.*)

XLV. — *A la même.*

Mars 1661. — «Il me semble, m'amour [1], que M. de La Rochefoucault n'y est pas assez loué pour le luy envoyer, et du moins il y faudroit remettre quelque chose que j'ay oublié avant que [2] de dire : «Mais je trouve qu'il a fait à l'homme une âme trop laide. » Renvoyez-le-moy, s'il vous plaît [3], m'amour, pour voir sy je le pouray rendre aussy propre pour luy qu'il peut l'estre pour M. Esprit. Depuis que cecy fut escrit, M. le marquis d'Antin [4] estant icy avec M. le comte de Maure, je leur montray ce que vous et M. Esprit avez escrit; et en disant que j'avois bien de la peine à croire que vous vous fussiez mesprise, parce que cela ne vous arrivoit jamais, ils furent tous d'une mesme opinion et je dis au philosophe d'escrire la sienne [5]. . . . .
. . . . »   (*Ibidem.*)

---

[1] Mot omis. — Il s'agit ici du jugement très-sévère porté par Mme de Maure sur les *Maximes* du duc. A ce sujet, il écrivait à Mme de Sablé : « J'avois toujours cru que Mme la comtesse de Maure condamneroit l'intention des sentences, et qu'elle se déclareroit pour la vérité des vertus. »

[2] Mot omis.

[3] M. Cousin a publié tout ce passage.

[4] Louis de Pardailhan de Gondurin.

[5] *Deffence pour Mme la marquise de Sablé, par M. le marquis d'Antin, jadis M. l'abbé d'Antin.*

Il y a un plus grand méconte dans le méconte prétendu parce qu'il est assuré que la possibilité suffit pour le fondement de la

XLVI. — *A la même.*

Mars 1661. — « En vérité, ma chère m'amour, il y auroit de la témérité à estre d'un autre advis que du vostre, cognoissant le président [1] comme vous le cognoissez, et pour moy, je me rends tout à fait. Je ne sçay pas sy M. le comte de Maure en fera autant; car je revins hier de chez Mademoiselle où j'allay le voir, non pas par plaisir que j'y prenne après tout ce qu'elle m'a fait sur Mme de Langeron, mais parce qu'il le falloit. Je trouvay M. le comte de Maure sy empêché à desmêler mille affaires avec M. Menard que je n'aurois pu trouver le temps de le consulter qu'en le faisant veiller, et vous sçavez qu'en l'estat où il est, il ne le faut pas, mais dès qu'il sera esveillé, je vous manderay son advis. L'on [2] disoit hier chez Mademoiselle qu'on ne donnoit plus Brouage au grand maître [3], et l'on disoit aussy que le cardinal se portoit mieux; on croit que c'est du costé du roy que vient le changement de Brouage [4], et que quelqu'un luy fait apercevoir de l'énorme puissance qu'il donnoit à ceste

beauté, et principalement Mme la marquise ayant restreint ce qui pourroit mesme convenir aux beautez en général, à la beauté des productions de l'esprit, puisque les tragédies et les romans qui sont de ce nombre, et d'une manière assez illustre, et en tous les temps assez à la mode, n'ont pour l'ordinaire et peuvent mesme, selon Aristote, n'avoir que la possibilité et la vraysemblance pour fondement de leur beauté.

[1] Le président de Maisons évidemment.
[2] M. Cousin a donné ce passage jusqu'à la fin.
[3] Le duc de la Meilleraye, neveu de Mazarin.
[4] La copie imprimée a mis : *que vient ce changement.*

maison-là, et [1] l'on ne peut juger qui ce peut estre; ny vous ny moy, n'y sçaurions trouver à redire
que par l'esquité, estant de leurs amis comme nous
sommes, et j'ay encore des raisons en particulier
pour le grand maître, Mme de Langeron estant sa
cousine issue de germain, et l'abbé d'Effiat son oncle [2], qui est fort de nos amis; mais en vérité cela
passe tellement toute mesure qu'on ne sçauroit
s'empescher d'y trouver à redire, et le pauvre cardinal meurt [3] en donnant des marques d'une prodi-
gieuse vanité au lieu de songer à restaurer des provinces qui sont désolées, comme l'on sçait, et enfin
c'est de là qu'il a tiré en bien une mesure qu'on
dit qu'il [4]. . . . . » (VALANT.)

XLVII. — *A la même.*

1661. — « Je ne vous ay rien mandé, m'amour,
en vous envoyant montrer ce portrait, parce que
j'avois haste de m'habiller pour aller chez la Reine
où j'avois quelque affaire, non pas pour moy, mais
pour une de mes amies. Elle est belle comme le
jour, ceste Reine mère, et fort gracieuse, comme on
dit, quant on ne luy demande rien. La Reine d'Angleterre vient enfin et a esté sur la mer. . . . . »
(*Ibidem.*)

[1] Mot omis.
[2] Frère de Cinq-Mars.
[3] Le cardinal mourut le 9 mars 1661.
[4] Ces quatre derniers mots omis.

XLVIII. — *A la même.*

Avril 1661. — «Ce seroit bien aussy à vous, m'amour, à me mander sy vous avez trouvé les confitures de madame de Navailles aussy bonnes que je les ay trouvées. J'ay peur qu'on ne vous les ait pas données, car on me raporta que vous estiez en compagnie.

« Je [1] vis hier la nouvelle mariée : elle est telle que je souhaiterois de tout mon cœur que vous la vissiez; elle est faite pour vous plaire et pour se faire aimer avec tendresse de tous ceux qui en ont tant soit peu. Je m'imagine que Mme de Longueville entre autres vous en a parlé[2]; car elle luy plait tout à fait. Pour Monsieur, il est vray qu'il n'y a rien de plus aimable. Je ne le vis point hier; il n'estoit plus chez sa femme ny chez luy. La Reine d'Angleterre paroît aussi contente qu'elle a sujet de l'estre, surtout voulant demeurer en France; c'est le plus joly couple du monde que ce prince et cette princesse. »   (Valant.)

XLIX. — *A la même.*

Aout 1661. — «Sy j'avois eu, m'amour, la moindre envie de ce tableau, je n'aurois eu garde de faire aucune difficulté de le prendre, sachant comme

---

[1] M. Cousin a donné ce passage jusqu'à : « *rien de plus aimable.* »

Le mariage d'Henriette d'Angleterre avec Monsieur fut célébré le 31 mars 1661.

[2] En parle.

vous estes sur ces choses-là et que vous prenez encore plus de plaisir à me donner qu'aux autres. Mais dans la vérité, m'amour, il me seroit le plus mal employé du monde; il faudroit qu'il fût dans le fond d'un cabinet n'ayant nul lieu à le mettre; car dans mon lit il y en a trop d'autres, et, au lieu de le prendre, je vous prie de demander pour moy à la chère daufine [1] une bource de ce point-là qui est le mieux fait que j'ay jamais veu, et en bource celà doit estre admirable. Contentez-vous donc, m'amour, que j'aye une bource et parlons de M. le comte comte de Maure. Vous [2] sçavez comme il est sur la doctrine, mais pour les personnes je vous dois dire dans la vérité que, bien loin de luy avoir veu un moment de joye, il a eu bien de la compassion, estimant beaucoup leur vertu; mais enfin pour la doctrine vous sçavez qu'il ne sçauroit [3] cacher cela, et moy je les admire de part et d'aultre de s'eschauffer sy fort sur une chose sy obscure. Cette pauvre mère Marie-Angélique, ce sera un miracle sy elle se sauve avec tant d'aage [4] et tout le reste ; mais enfin ce sera une sainte et voicy bien de quoy adjouster à sa couronne. Pour ce qui est de Mme Pilou, c'est à des personnes comme elle à faire le bruit que vous me mandez qu'elle fait [5]; mais, la pauvre

[1] Marguerite Barentin, veuve du marquis de Courtanvaux, remariée à Urbain de Laval, marquis de Boisdauphin, en 1649, morte en 1704.

[2] M. Cousin a publié ce passage jusqu'à : « *à sa couronne.* »

[3] Dans le texte imprimé il y a : « Vous sçavez que *je ne sçaurois.* »

[4] Elle mourut le 6 août 1661.

[5] Anne Baudesson, femme d'un procureur au Châtelet : Talle-

femme! elle radote de l'aller faire devant vous, ce bruit-là. Ces choses-là ne laissent pas de déplaire encore qu'elles viennent de gens qu'on n'estime point. Mandez-moy, m'amour, comment vous vous portez de votre médecine. »　　　　(VALANT.)

L. — *A la même.*

Août 1661. — « Il n'y a rien de plus beau, ma chère m'amour, que la bource que vous m'avez envoyée, et je l'aime doublement de m'estre donnée par vous et de venir de la chère daufine. Je vous en rends, m'amour, mille très-humbles grâces. Sçavez-vous que je songe à l'aller voir? J'y ay toujours songé depuis qu'elle est là, mais cela s'est réchauffé de ce que vous me distes qu'elle avoit fait tant de feste de moy à vostre médecin. Mandez-moy, m'amour, s'il vous plaît, combien il y a d'icy. Je vous envoye encore deux plats, ayant sceu qu'on ne vous en avoit envoyé que deux; mes gens avoient creu qu'il falloit en garder plus qu'il ne nous en faut. J'oubliai l'autre jour de vous mander qu'il estoit vrai ce que Mme de Longueville vous avoit mandé qu'elle estoit enrumée. »　　　　(*Ibidem, inédite.*)

mant lui consacre une de ses plus réjouissantes historiettes : « Quand je passe par les rues, racontait-elle souvent, je vois les laquais qui disent : Bon Dieu! la laide femme! — je me retourne. — Vois-tu, mon enfant, je suis aussy belle que j'estois à quinze ans, quoique j'en aye plus de soixante et douze. Il n'y a que moi en France qui se puisse vanter de cela ! »

LI. — A *Madame de Montausier* [1].

Septembre 1661. — « Vrayment, ma chère sœur, il faut bien que je sois des premières à vous escrire dans une occasion où il seroit difficile de retenir sa joye. On estoit si peu accoutumée à voir les charges données suivant le mérite qu'encore que j'aye toujours fait de grandes exclamations qu'on pust penser à d'autres, ayant une Mme de Montausier devant les yeux, je ne laisse pas de regarder cecy comme un événement qui a quelque chose d'extraordinaire ; et de la façon que j'ay toujours parlé là-dessus, je m'attens bien qu'on viendra se réjouir à l'hostel de Troyes, aussi bien qu'à l'hostel de Rambouillet. Il faut au reste que je vous dise que Mlle de Montausier [2] a tant d'esprit que l'autre jour que je l'entendis parler entre madame votre mère et moy, je songeay toujours que je n'avais jamais rien veu de tel à son âge. Je ne vous dis rien de M. le comte de Maure, il veut vous faire ses compliments luy-mesme ; mais vous voulez bien que je fasse les miens icy à monsieur vostre mary, non seulement de la joye qu'il a de vous voir traittée de la cour comme vous méritez de l'estre, mais encore sur ce que son mal a si

---

[1] Julie d'Angennes, fille du marquis de Rambouillet, et l'héroïne de la fameuse « Guirlande à Julie, » avait épousé, le 15 juillet 1645, le marquis, depuis duc de Montausier, qui la recherchait depuis longtemps sans pouvoir triompher de son aversion pour le mariage : elle fut nommée, en 1661, gouvernante des Enfants de France, au moment où elle relevait d'une grande maladie.

[2] Mariée, en 1664, au comte de Crussol, fils du duc d'Uzès.

peu duré. Adieu, ma chère sœur, conservez-vous
bien dans le retour de vostre santé, afin qu'elle
revienne bientôt aussi bonne que je vous la souhaite. Mme de Choisy a eu bonne raison de vous dire
que les pesches et les melons, avec le verre d'eau,
ont rendu la mienne fort bonne; mais j'ay si peur
que cela ne dure guère que je n'ose encore m'en
vanter[1]. »   (CONRART, *copie*.)

LII. — *A Mme de Sablé.*

Octobre 1661. — « J'ay, m'amour, beaucoup
d'impatience que vous ayés receu la réponse de
M. le Tellier, ne pouvant croire qu'une lettre si bien
faite ne le touche assés pour luy faire faire auprès
du Roy des efforts qu'il n'a point encore faits[2]. Je
vous envoye la réponse qu'il a faite à la mienne.
Mme de Crequy[3] me dit hier que son mary avoit as-
surance que Mme de Mesmes seroit gouvernante[4].
La pauvre femme, cela l'aura fait mourir avec plus
de regret, car j'avois bien recognu que de pareilles
choses luy auroient esté très-agréables. Mme de

---

1 Mme de Montausier répondit le 20 septembre, et lui dit entre
autres choses : « J'ayme mieux ma fille depuis que vous m'avez
mandé que vous l'aviez trouvée à vostre gré. » Dans un post-
scriptum elle ajoute que, pendant qu'elle écrivait cette lettre, elle
recevait de Mme de Maure un nouveau billet, qui ne nous est pas
parvenu.

2 Pour la question de tribune dans la chapelle de Port-Royal.

3 Catherine de Rougé du Plessis-Bellière, mariée en 1661 à
François, marquis de Crequy, créé maréchal de France en 1668 ;
elle mourut le 5 avril 1705.

4 Marie des Fossés, veuve du marquis de Lansac, remariée à
Henry de Mesmes, président au parlement, morte le 21 août 1661.

Crequy me témoigna d'estre fort satisfaite de la lettre que vous luy avez escrite. C'est une fort jolie femme, douce comme un mouton et très-raisonnable. . . . .

. . . . » (VALANT, *autog. inéd.*)

LIII. — *A Mme de Montausier.*

3 novembre 1661. — « Parce que j'ay la réputation d'estre une écriveuse, encore que je n'écrive plus volontiers comme autrefois, vous ne trouveriez pas bon que je remisse à M. le comte de Maure les complimens que l'on vous doit sur la naissance de Monseigneur le Dauphin [1]. Je vous diray donc, ma chère sœur, qu'il me semble que je m'y intéresse encore un peu plus par vostre intérest que par celuy d'une bonne Françoise ; quoiqu'il soit vray que je fais fort bien mon devoir là-dessus, sans pourtant prétendre aller aussi avant que M. le comte de Maure. Je ne sçay si vous sçavez que nous lui disions autrefois, Mme la marquise de Sablé et moy, en de certaines occasions : Vous voilà-t-il pas avec vostre gauloiserie? — Mais dans la vérité cette gauloiserie luy a donné une joye extraordinaire. Cependant il a esté frondeur et nous n'avons point esté frondeuses. Cela rappelle que l'on ne peut faire sa destinée. Mais parce que vous n'avez point tant de loisir qu'autrefois à lire des sornettes, je veux finir tout court, en vous assurant, ma chère sœur, que Madame

---

[1] Le Dauphin était né le 1er novembre.

vostre mère n'aura pas plus de joye que moy quand vous reviendrez à Paris [1]. » (CONRART, *copie.*)

LIV. — A Mme *de Sablé.*

1662. — « Voilà la lettre de la Reine de Suède pour Mme la marquise. Je m'en vas voir Mme de Longueville que je n'ay point veue depuis le changement sy terrible. Je fus hier au Val de Grâce après avoir esté chez M. Lecogneux [2] et M. de Bailleuil [3], et le soir je fus au Luxembourg voir le pauvre prince François [4]; ainsy vous voyez que je fis bien des choses. J'avois à parler à la Reine de quelque chose que je vous diray qui ne me regardoit point. J'y trouvay encore Mme de Chevreuze toujours en grande faveur. Elle est fâchée de l'affaire de Lorraine, plaignant les princes qui font une sy grande perte [5], ou du moins qui sont exposés à une vie sy dure pour essayer de se deffendre de la faire, et je trouvay le prince François dans des sentimens sy généreux que, s'il fait ce qu'il dit, ils se deffendront jusques au bout. Mlle de Scudéry recommande qu'on ne prenne point de copie de la lettré. »

(VALANT, *autog. inéd.*)

[1] Mme de Montausier était avec la cour à Fontainebleau.
[2] Président au parlement de Paris.
[3] Président au parlement de Paris.
[4] François, frère du duc Charles IV de Lorraine, d'abord cardinal, puis duc de Lorraine, lors d'une des cessions de son remuant frère.
[5] Allusion à la reprise de la Lorraine par le duc Charles IV.

LV. — *A la même.*

Novembre 1662. — « Il n'y a point eu de lettre perdue, m'amour. J'ay eu celle où vous me mandiez que M. Valens estoit aux champs; c'est que je croyois qu'il *fût* revenu. Je vous rends mille grâces, ma chère m'amour, de tout ce que vous dites sur l'eau. On sçait bien que vous voudriez toujours donner. Je me porte un peu mieux, Dieu mercy, ma chère m'amour, mais ce n'est pas encore bien. Voilà Mme de Montausier mieux que sy c'estoit un fils, puisqu'on les quitte à sept ans [1].

« Bonsoir, m'amour. » (VALANT, *aut. inéd.*)

LVI. — *A la même.*

Novembre 1662. — « Vos remerciemens, m'amour, valent bien mieux que tout ce que je puis jamais faire pour vous. Ne sçavez-vous pas bien que je vous dois tout et que je me paye par vos mains quant je vous sers [2]? Vous m'avez fait rire de l'angoisse où vous avez esté de ceste lettre que vos gens ne m'ont pas envoyée. On sçait très-bien qu'en ces matières-là vous en faites toujours plustost trop que trop peu. J'ay bien envie de voir la lettre que vous me promettez. Le président ne peut pas parler mieux qu'il fait, comme vous l'aurez veu par ce que

[1] Il s'agit d'Anne-Élisabeth, née le 18 novembre 1662, et morte le 30 décembre suivant.
[2] Il s'agit, sans doute, de l'affaire de la tribune de Port-Royal pour laquelle Mme de Maure s'employait, comme on a vu.

vous a dit M^llo de Chalais. Je vous demande de vos
nouvelles, ma chère m'amour; les miennes sont
que j'ay pris médecine aujourd'huy, et qu'ainsy je
n'ose sortir demain, faisant un vent aussy froid
qu'il fait, et M. le comte de Maure est comme à l'ordinaire de toutes ses maladies, c'est-à-dire qu'il a
bien de la peine à revenir. »   (VALANT, *aut. inéd.*)

LVII. — *A la même.*

Fin de 1662. — « J'oubliay hier, ma chère m'a-
mour, à vous recommander de ne pas faire le moindre semblant à M. de Maisons de ce que je vous ay
dit que j'ay fait avec Mme de Chevreuse, ny que je
songe en façon du monde à ceste affaire-là. Je seray
bien aise, la chose ne réussissant pas, qu'il ne croye
point que j'y aye davantage songé, et dans la vérité je croy [1] plustost qu'elle ne réussira pas que
de réussir, soit que la dame [2] n'en parle pas comme
il faut, soit par l'humeur où est présentement la
Reine sur ces choses-là ; mais pourveu que la dame
parle, je seroy satisfaite parce que mon but est autant que la Reine sache bien nettement le sentiment
que j'ay là-dessus que de l'obtenir [3]; il seroit superflu de vous recommander de n'en point parler à
d'autres, ne croyant pas seulement que l'envie vous
en puisse prendre. — Avez-vous dormy? J'ay sur le

---

[1] M. Cousin a donné cette lettre depuis *je croy* (mais en changeant cette première phrase : « *je crois que l'affaire ne réussira
pas, soit que,* » etc.), jusqu'à : « *M. de Sourdis.* »

[2] Mme *de Chevreuse* dans la copie imprimée.

[3] Réussir.

cœur de vous en avoir empeschée hier, mais vous
voulustes que je demeurasse. Je vous suplie de me
mander la réponce de Mme de Laval, tout aussy tost
que vous l'aurez eue [1]. Je manquay hier à vous dire,
sur ce que vous croyez que Mme de Montausier avoit
contribué à ceste pension de Mme de Puisieus, que
personne n'y a rien fait, du moins qu'il ait paru,
que Mme de Brienne qui a négotié cela avec la
Reine mère d'un bout à l'autre; mais je croy que
Mme de Puisieus ne s'est résolue de parler au Roy
que parce qu'elle avoit fait négotier avec Colbert
par l'advocat Gaumont qui est fort bien avec luy.
J'ay quelque lumière de cela; mais je vous prie de
n'en point parler, car Mme de Puisieus le cache fort
et je ne veux pas luy faire de déplaisir. Ainsy la
dame ayant eu Colbert favorable et s'estant résolue
de parler elle-mesme, il ne faut pas s'estonner
qu'elle l'ait obtenu; son fils trouve très-mauvais
qu'elle l'ait fait, du moins de la sorte. Il dit qu'elle
a demandé l'aumosne. L'on a fort ry de ce que j'ay
dit que toutes les pensions des dames avoient commencé par « la pauvre femme » (*sy ce n'est de madame de Motteville*) [2] et la plus part de celles des
hommes par « le pauvre homme. » Mais pour Mme de
la Trémouille mesme qui en a une de dix mil frans,
M. et Mme de Brienne, qui ont fait que la Reine
mère en a parlé au Roy, se sont tués de dire : « La
pauvre femme ! son mary ne luy donne rien. » Ceste
pauvre Reine mère a moins que jamais de grandeur
d'âme : il est certain qu'il n'y a nulle prise avec

---

[1] Passage omis depuis : « *de l'obtenir.* »
[2] Ce membre de phrase omis.

elle que par la pitié, pas mesmes par la recognoissance, de sorte que moy, qui ne veut nullement
qu'on die : « La pauvre femme ! » mais, comme je
l'ay bien signifié à Mme de Chevreuse, qu'on le
prenne par le mérite de mes proches et mon zèle
d'autrefois, je suis comme vous voyez bien fondée
à croire que l'on ne fera rien. M. de Sourdis m'a
mandé que le bruit court que M. de Léon [1] a escrit
une fort terrible lettre à son père, disant qu'il ne
croyoit pas qu'il voulust prendre ses restes ; cela seroit trop vilain ; je ne le sçaurois croire, et puis où
auroit-il pris que cela pouroit arrester son père, luy
qui vouloit espouser Sagonne [2] après le vacarme de
Termes? comme la dispence venoit, elle mourut. On
dit que celle pour Mlle de Maniquan est venue
aussy [3]; mais on dit que les enfans prétendent de la
rendre vaine. Je trouverois cela plus foible encore
à ce bon homme, en estant venu sy avant, de n'a-
chever pas que d'avoir voulu se marier. Car n'ayant
pas esté retenu par son aage, il ne le doit pas estre
par la crainte de ses enfans.

« *P. S.* Renvoyez-moy cecy, s'il vous plaist. »

(VALANT, *autog. inéd.*)

---

[1] Henri de Laval, beau-frère de Mme de Sablé, évêque de Saint-
Paul-de-Léon. — Le reste de cette lettre n'avait pas été publiée.

[2] Mlle de Sagonne, fille d'honneur de la reine, était fille de
Georges Babou de la Bourdaisière, comte de Sagonne ; elle fut la
maîtresse de M. de Termes, avec lequel on la trouva dans la plus
compromettante intimité : elle fut chassée de la cour immédiatement.

[3] Gabrielle de Longueval, fille du sieur de Manicamp, fille d'honneur de la reine ; elle devint, en 1663, la troisième femme du maréchal d'Estrées, alors âgé de quatre-vingts ans. — Le maréchal
avait eu trois enfants de Mlle de Béthune : le marquis de Cœuvres,
le maréchal et le cardinal ; et deux de Mlle Habert de Montmor, le
marquis d'Estrées et la princesse de Lillebonne.

LVIII. [?] — *A la même.*

1662. — « Vous avés bien raison, m'amour, de
la regretter, car dans les temps je luy ay veu la plus
grande inclination pour vous, et quant elle s'est
plainte, elle se plaignoit tendrement ; c'est en vérité
un grand dommage. La pauvre femme, sans avoir
une amitié bien vive, elle ne laissoit pas d'estre
très-aimable. Je luy ay recognu une recognoissance
pour la mémoire du cardinal de Richelieu et une
fidélité pour Mme d'Éguillon ¹ qui faisoit voir qu'elle
avoit un très-bon cœur. L'on croit qu'elle avoit un
abcès, mais elle n'a point esté ouverte, parce qu'elle
l'avoit deffendu. La pauvre personne ²..... Mme Pilou
dit qu'elle luy avoit dit qu'elle avoit quarante-qua-
tre ans, mais pour moy, je croyois que ce n'estoit
que quarante ou quarante et un. J'attends M. le
lieutenant civil ; il m'a mandé qu'il viendroit à
trois heures ; je croy que c'est pour me dire la réponce qu'il a eue de M. le Tellier, à qui il me dit
hier qu'il a escrit sur ce que Mme de Guéménée luy
avoit dit, et pour elle, et pour vous ³. Il me montra
l'ordre dans lequel il y a expressément de boucher
toutes les ouvertures quelles qu'elles puissent estre,
et vous et Mlle d'Atrie y estes nommées ; je luy dis que
sy la responce, que l'on luy feroit sur la lettre qu'il
avoit escrite, n'estoit pas bonne pour vous, qu'il ne

---

¹ La duchesse d'Aiguillon, nièce de Richelieu.

² Passage illisible.

³ Il est facile de comprendre qu'il s'agit évidemment d'une tribune communiquant des appartements de Mme de Maure et de Sablé
dans la chapelle de Port-Royal.

falloit pas qu'il se rebutast; qu'il falloit qu'il résis-
tast surtout pour nostre tribune, n'y ayant raison
quelconque de faire une telle chose et y en ayant
beaucoup pour ne le faire pas, estant du mérite et
de la qualité que vous estes, et estant sy infirme.
Il prit très-bien tout cela, et je jugeois bien qu'il
n'auroit pas esté capable de faire de telles choses
contre vous, s'il n'y avoit esté contraint par un ordre exprès. Bonjour, ma chère m'amour, je pensois vous aller voir, mais quant le lieutenant civil
sera sorty d'icy, il faut que j'aille chez Mme de Navailles qui m'est venu[e] chercher et que j'ay peur
qui s'en retourne. »   (VALANT, *autog. inéd.*)

LIX. — *A la même.*

« Vostre sentence, m'amour, est admirable et de
ce tour court que j'aime aux sentences, et pour celle
de M. Esprit, encore qu'il me semble qu'il y a de la
témérité de croire qu'il puisse faillir, je ne sçaurois concevoir que, quant les passions font tant que
de parler esquitablement et raisonnablement, elles
puissent offencer, sy ce n'est Dieu qui voit les
cœurs et qui voit par conséquent le principe de
toutes les actions.

« Je ne trouve pas non plus qu'il soit vray que la
charité ait le privilége de dire tout ce qui luy plaît;
et j'eus une grande joye de ce que vous y aviez fait
mettre le « quasy » que j'y ay trouvé; il faudroit,
ce me semble, pour rendre cela véritable que l'on
vît le cœur aussy bien sur ce point-là que sur l'au-

tre, car alors sans doute comme on verroit que
c'est la charité toute seule qui parle, toutes les personnes raisonnables recevroient bien les choses
mesmes qui seroient les plus contraires à leurs sentimens; mais parce que le cœur ne se voit pas, nous
voyons tous les jours que quant la répréhension est
rude, elle blesse, encore qu'elle parte de la charité,
et quant mesmes elle est douce, elle ne laisse pas
quelquefois de blesser, parce qu'il faut estre mer-
veilleusement raisonnable pour n'estre pas blessée
de tout ce qui donne de la confusion.

« Je vous engage, ma chère m'amour, par la
fidélité que nous avons l'une pour l'autre, de ne
faire voir cecy qu'à Mlle de Chalais, car pour M. Esprit, il n'y faut pas seulement songer. Je vous demande cela, m'amour, au pied de la lettre, c'est-à-
dire qu'il ne sache jamais que je vous aye montré
d'y trouver rien à redire. Je luy dis seulement
quelque chose qui signifioit qu'il y falloit le « quasy »
que vous y avez mis; mais vous, m'amour, vous
m'aprendrez, s'il vous plaît, sy je ne me suis point
trompée dans le reste. Le marquis de Sourdis vient
de m'envoyer la dernière lettre que vous luy avez
escrite; il ne s'en faut jamais vanter à M. le comte
de Maure, c'est-à-dire que je vous l'aye dit, mais [1]
nous nous sommes pensé arracher les yeux, le [2]
marquis de Sourdis et moy luy disant [3] que dans
le livre [4] où saint Augustin parle de la grâce ex-

---

[1] M. Cousin a publié cette lettre depuis ce mot jusqu'à la fin.
[2] M. Cousin a mis *M.* au lieu de *le*.
[3] Dans la copie imprimée : *je lui dis*, au lieu de *lui disant*.
[4] *Dans le livre* au lieu de *dans les lieux*.

pressément, il parle sy nettement de la manière la plus dure à la raison humaine, que quant il m'auroit fait voir tous ses passages contraires qu'il prétend d'avoir trouvés, cela ne serviroit qu'à me faire voir [1] que saint Augustin se seroit contrarié, parce que cela ne me feroit pas croire qu'il fallût plustost donner créance à ce qu'il en auroit dit par cy par là qu'à ce qu'il a dit dans le *Traité de la grâce;* et comme je ne veux point entrer plus avant dans tout cela, estant toujours revenue, après tout ce que j'ay veu et entendu, à ce que j'ay creu d'abord, qui est qu'on n'y verra bien [2] clair que dans l'autre vie, et que dans celle-cy je ne veux point chercher d'autre finesse que de vouloir croire ce que l'Église croit, je luy ay baisé [3] les mains de ses escris, n'en ayant voulu voir pas un, parce que je voyois que ce n'estoit que pour me pétrir la cervelle de son opinion, et quelquefois luy et le comte de Maure estoient au désespoir de ce que je ne voulois les escouter. »

(VALANT, *inéd.*)

LX. — *A la méme.*

« Ce que vous escrivez, m'amour, à M. de Sourdis que vostre raison est pour lui et vostre foy contre, et ce que M. le comte de Maure m'a dit aussy de la dispute que vous eustes ensemble avant-hier, me fait juger que c'est que vous tenez pour subjet de foy ce que dit saint Augustin dans le *Traité de la*

---

[1] *Prouver* au lieu de *faire voir.*
[2] Mot omis.
[3] *Je lui baise* la main.

Grâce [1], et par là je voy que nous ne serions vous et moy d'un mesme sentiment que pour ne pouvoir convenir qu'on se peut servir de saint Augustin pour l'opinion contraire, puisque ce qu'il auroit dit ailleurs ne pourroit pas destruire ce qu'il a dit en ee lieu-là et feroit seulement voir qu'il s'est contrarié; et moy, m'amour, bien loin que je croye que c'estoit [2] un article de foy, je serois très-fâchée qu'il le fallût croire, estant une opinion sy dure, qui, selon mon sens, est sy contraire à la bonté de Dieu, que je trouve que cela porteroit plustost à l'athéisme qu'à toute autre chose; ainsy donc [3] je me tiens très-volontiers à la bulle qui, sans condamner saint Augustin, condamne pourtant les opinions que j'y ay trouvées, de sorte que, sans avoir jamais peu rien entendre au raisonnement dont on se sert pour la grâce suffisante, je m'y tiens pourtant, puisque c'est se tenir à la bulle et que je ne veux nullement chercher autre chose là-dessus [4]. Je ne sçay à qui il peut estre utile de croire qu'il faille nécessairement qu'il y ait des damnés et que Dieu ne nous a pas donné la grâce qui est nécessaire pour accomplir ce qu'il a commandé; mais je sçay [5] bien que ceste créance-là me seroit fort dangereuse. Je sçay bien encore que quand les plus sçavants hom-

---

[1] M. Cousin a publié cette lettre depuis le commencement jusqu'à *la grâce* : il a omis ensuite jusqu'à : *et moy, m'amour :* et a repris depuis là jusqu'à : *M. de Sourdis m'a chargée,* etc.

[2] Au lieu de *ce soit.*

    Mot omis.

[4] *Là-dessous.*

    Crois.

mes seroient assemblés en un lieu, où il me seroit
très-facile de me trouver, je ne les voudrois entendre que pour voir qui parleroit le mieux; car, pour
la doctrine, je suis persuadée que les plus simples
en sçavent autant que les plus sçavans; et j'ay toujours esté espouvantée quant j'ay veu une sy terrible
chaleur de part et d'autre sur une matière sy obscure, non pas pour ce qui est de la dispute, car
j'entends bien la chaleur que peut donner le désir
de vaincre, mais pour voir [1] des gens se prendre en
haine parce qu'ils sont d'opinion contraire là-dessus; et j'ay eu la joye de vous voir toujours prendre
comme moy ces chaleurs-là; mais, m'amour [2], que
cette grande matière ne vous empêche pas de me
répondre sur la sentence, car je vais à vous sur ces
choses-là comme à mon vray maître. M. de Sourdis
m'a chargée de vous mander qu'il craindroit d'attendre trop longtemps à voir ce que vous luy avez
promis, s'il l'alloit voir chez vous, à cause de la difficulté qu'il y a de trouver des heures pour vous
voir, et qu'il vous supplie de me l'envoyer dès àu-
jourd'hui, parce qu'il viendra ici ce soir, qui est un
temps qu'il sçait bien qui est interdit chez vous; je
luy montray hier la sentence de M. Esprit, et, sans
que je luy eusse rien dit, il s'escria dès le premier
point : « Cela n'est pas vray et au reste. . . . . .
. . . . »

(*Le reste manque.*)

(VALANT, *autog.*)

[1] *Bien* dans la copie de M. Cousin.
[2] Mot omis.

LXI.

« Sy j'estois assurée que M. de Léon vînt, ma chère m'amour, je l'attendrois; mais je croy qu'il sera allé à Fontainebleau : il faudra, s'il lui plaît, à son retour, qu'il vous mande quand il voudra revenir affin que je l'attende; il me trouvera toute telle que vous voulez que je soye. J'ay veu M. le prince de Conty dînant avec Mme de Longueville. L'on est venu à parler de vous, il a demandé sy vous entriez souvent à Port Royal. Après avoir un peu escouté cela, je luy ay dit d'une mine bien douce : « On ne se peut accoutumer à voir M. le prince ne sçavoir plus ce que fait Mme la marquise de Sablé. » Il a paru d'abord un peu embarrassé, et puis il a repris ses esprits et a dit d'un air riant : « Il est vrai qu'il y a de quoi s'estonner; après avoir esté sy long-temps sans la voir, je n'aurois jamais la hardiesse d'y retourner, sy ma sœur ne m'y remène. » J'ay dit : « Cela ne sera pas, ce me semble, bien malaisé à obtenir. » Mme de Longueville a dit ce qu'il falloit et de l'air que vous vouliez, n'y ayant paru seule-ment eschauffée. M. le comte de Maure y estoit aussy. Enfin j'ay eu le plaisir de luy dire ce petit mot-là. »   (VALANT, *autog.*)

LXII. — *A la même.*

« Voilà, m'amour, ceste lettre que vous voulez montrer à M. Valant; il faut que vous sachiez que c'est dans ma teste que je l'ay retrouvée. Il y a je

ne sçay combien que Mlle d'Aumale et Mlle de Sully
me pressent extraordinairement de la *luy* faire voir,
et n'en ayant plus de copie, je me mis à la retrouver
dans ma teste. Elle vous doit, m'amour, toute la
réputation qu'elle a; car c'est le bruit que vous en
avez fait qui est cause qu'on me l'a ainsy demandée.
Au reste vous rirez, voyant que M. Conrart a loué
aussy l'endroit de l'enlèvement; il doit l'estimer,
m'amour, puisque c'est tout de bon que vous l'esti-
mez; mais jusques-là j'avois creu que c'estoit seulement parce que le reste estoit si plat que, par comparaison, cela a paru quelque chose. Je creus que
les lettres divertiroient ce pauvre M. Conrart, que
vous verrez qui est toujours malade. Je songe toujours à luy donner tous les petits divertissements
que je puis. »   (VALANT, *autog. inéd.*)

LXIII. — *A la même.*

« Ne sçavez-vous pas, m'amour, ce qu'a produit
l'interrogatoire de Graves? Il a dit qu'il avoit reçu
cinq cens mil francs, mais qu'il ne pouvoit dire qu'au
Roy ce qu'il en avoit fait, et l'on dit qu'il les a
donnés à la Reine mère, à Madame et à Monsieur,
et que depuis cela la Reine mère paroît toute altérée.
Pour moy, je ne trouve rien de plus pauvre que d'a-
voir voulu recevoir deus cens mil frans de cest homme,
en manière de présent; car c'est bien ainsy, puisqu'elle
ne l'a pas dit au Roy, et je trouve espouvantable
que, les ayant pris, elle se soit laissée porter à estre
contre luy, du moins sans les rendre; il a fallu
qu'elle consentît à sa perte; car j'aurois voulu luy

rendre son argent, disant : « Je me suis repentie d'avoir pris cela sans le sceu du Roy. Je n'en veux plus. » Mais vrayement, sy elle avoit esté la vraye cause de sa perte, comme vous sçavez qu'on l'a tant dit, ce seroit bien encore autre chose; mais, selon qu'on peut démêler tout cela, on trouve qu'elle a résisté au Roy quelque temps, et puis qu'elle s'est rendue, cela s'apelle quant elle a esté gaignée par Mme de Chevreuse. »   (VALANT, *autog. inéd.*)

LXIV. — *A la même.*

« J'ay esté à la porte et m'en suis revenue, voyant des carrosses de grandes gens, parce que je n'avois que très-peu de temps, ayant un rendez-vous chez Mme de Mesme; et je voulois principalement sçavoir sy vous n'aviez point encore escrit à Mme de la Meilleraye sur ceste affaire de Mme de Longueville. Il ne faut pas s'estonner, sy elle nous escrivit avec tant d'ardeur pour nous empêcher de rien faire espérer. La sœur de l'abbé Testu est des plus violentes contre ceste coadjutrice. Je vous suplie, sy vous n'avez point encore escrit, de m'envoyer une lettre devant que del'envoyer à la maréchale affin que j'escrive les mesmes choses que vous. »

(VALANT, *id., ib.*)

LXV. — *A la même.*

« Je vous rends mille grâces, m'amour, de vostre beau et bon présent. M. le comte de Maure sera fort

aise de trouver cela à son retour. Il est allé à Roissy [1]
voir son neveu; il ne faut pas dire qu'il y soit, car,
après ce qui luy est arrivé, on se peut deffier de
tout; c'est-à-dire qu'on ne trouveroit peut-estre
encore pas bon qu'il fût sy près de Paris. Vous avez
eu raison, m'amour, de croire que M. Goubret estoit mort. Ce sont ses enfants, m'amour; l'un est
conseiller du parlement, l'autre du grand conseil. Je
vis enfin [2] hier Mme de Longueville toujours la plus
aimable qu'il est possible, mais sy froide en elle-
mesme qu'on voit [3] bien qu'elle ne sçauroit avoir
de chaleur pour les autres et que le peu qu'elle en
montre n'est que pure [4] bonté; elle me parla toujours de vous et me témoigna qu'elle auroit fort
voulu estre logée en ce quartier, à cause de vous et
de moy, et des Carmélites [5]. Voici du monde qui
m'empêche de vous en dire davantage. »

(VALANT, *autog.*)

LXVI. — *A la même.*

« Il me semble que non-seulement pour les princes,
mais aussy pour les roys, il ne faudroit chercher
que les hommes vertueux et capables, c'est-à-dire
les qualités de l'âme et de l'esprit et non pas la naissance; car il se trouve sy peu de gens de condition
dans le monde qu'il les faut chercher et prendre

[1] Château voisin de Senlis, appartenant à M. de Mesmes.
[2] Mot omis.
[3] *Croit.*
[4] *Par* bonté.
[5] M. Cousin a publié ce billet depuis : *je vis enfin.*

tels que je dis dans toutes les conditions sans se borner entre les gentilshommes. Je m'estonne que ces dames qui ont autant de vertu et d'esprit qu'elles ont de qualité s'arrestent à ces choses-là qui sont si peu de conséquence au prix de la vertu. Je conviens bien que, si les mesmes qualités se trouvoient avec la condition, il faudroit la préférer, mais la condition d'ordinaire se trouve avec l'ignorance; enfin je ne sçay personne plus fidelle ny plus ferme que cette personne, et vous sçavez qu'il sçait parfaitement le latin et le françois. Il sçait aussi l'italien. Il a esté à M. d'Aumont et après sa mort à madame sa femme, mais il est sorti de Port-Royal avec quelque mécontentement; enfin il ne s'est jamais meslé des choses qui se sont agitées et il n'en parle point du tout. Tant y a, il ne les faut pas tromper : il n'est point de la condition qu'ils demandent. Il a pourtant esté exempt des gardes, mais il me semble que vos princesses ne doivent pas compter sur ces choses-là, et que leur esprit les met au-dessus de cela. »

(VALANT, *autog. inéd.*)

LXVII. — A *la même.*

« Je suis fort aise, m'amour, que M. le comte de Maure vous ait plus amplement informée de ceste affaire de ceste Mme de Neufvy [1], mais seulement pour vous et non pas pour Mme de Schomberg; car le mesme travers qui luy a fait faire ce qu'elle a

---

[1] Une branche de la famille Amelot possédait au XVIIe siècle la seigneurie de Neufvy.

fait jusques à cette heure la fera sans doute aller
jusques au bout, quoy que l'on luy pust dire, mais
il y a plaisir que les personnes pour qui l'on est ce
que nous sommes pour vous soyent informées de
telles choses. Pour M. d'Avaux, vous n'avez que faire
de vous rompre la teste de le luy dire, car il l'entendra
par les deux rapporteurs, y en ayant un pour M. le
comte de Maure et un pour eux. Mais vous voyez sy
c'est une cause digne de la protection d'un homme
d'honneur, surtout ceste femme selon toutes les
aparences, ceste femme ayant esté participante de la
mort de nostre pauvre compagne et ayant esté
aussy celle de Mme de Schomberg, sa pitié, ce me
semble est doublement criminelle. Enfin, Dieu en
ordonnera. Mademoiselle vit hier la Reine et elle
en fut très-satisfaite. Ce fut aux Capucines. La Reine
dans le discours l'embrassa deux fois, Mademoiselle
luy baisant la main, et sur les excuses qu'elle luy
voulut faire de ce qui s'estoit passé, la Reine luy
dit : « Nous avons esté promptes toutes deux; il n'y
faut plus penser. » Et ensuite beaucoup de paroles
d'amitié, et au reste, vous avez beau dire, on ne
sçauroit empêcher Mademoiselle.....

« Pour ce qui est de ceste visite qu'elle [1] vous veut
faire, vous voyez bien que tout ce qu'on peut faire
c'est de n'en parler jamais la première : qui est ce
que j'ay toujours observé. On n'ira pas luy faire entendre que vous ne la voulez pas. Elle en reparla
encore hier la première, disant que ce seroit la première chose qu'elle feroit après avoir esté à Saint-

---

[1] Mme de la Fayette.

Maur; mais on trouvera moyen qu'elle n'y soit
guère; on la mènera à l'église, chez Mme de Guéménée, et mesmes chez Mlle d'Atrie pour peu qu'elle
en ait d'envie. Je ne doute pas que Mlle d'Atrie ne
se cache, et j'en seray bien d'advis comme vous pouvez croire; mais dites un peu comment donc vous
avez deviné qu'on n'avoit pas d'envie que vous allas-
siez à Saint-Maur? Pour moy je n'y ai seulement pas
pensé, quoy qu'elle m'eust témoigné de le désirer;
mais je sçay bien que ce n'est que par pure civilité
et qu'elle ne sçauroit avoir de plaisir avec moy, et
je ne sçaurois croire qu'elle en ait avec vous. »

(VALANT, *autog.*)

LXVIII. — *A la même.*

« Comment vous portez-vous, m'amour? Vous qui
n'avez pas tant d'affaires que moy, vous devriez bien
me mander de vos nouvelles. J'ay fait mille choses
ces jours passés, jusques à avoir esté chez Mme de
Carignan où je n'avois jamais esté, et cela se passa
d'une plaisante façon ; quoy que tout le monde die
qu'elle est fort civile, ce n'est point sur les siéges
qu'elle ne le fut pas [1]; c'est qu'elle jouoit et que,
quoy que ce fût petit jeu, elle en estoit sy occupée
qu'elle ne put jamais me dire autre chose à Mme Tambonneau et à moy, à tous nos complimens, sinon
que « nous ne l'incommodions point. » J'ay veu
M. d'Aubigny, ne vous en mettez plus en peine; je
l'ay rencontré chez Mme Tambonneau d'où je viens,
et nous avons fort parlé de toutes choses. Mais ne

[1] Allusion à son aventure avec Mme de Bouillon.

luy faites point de semblant que je vous en aye rien
mandé, de peur qu'il ne crust que j'irois conter cela
à d'autres. Je vous iray rendre compte des sentimens. . . . .
. . . . » (VALANT, *autog. inéd.*)

LXIX. — A *la même.*

« Tout à ceste heure, m'amour, et sans aucun
retardement, Mme la marquise [1] nous envoyera, s'il
luy plaît, sa sentence de la mode [2]. On se conten-
tera pour ceste heure de celle-là pourveu qu'elle
mande aussy en mesme temps comme elle se porte.

« Mandez-nous si mademoiselle du Bosc peust
aller vous communiquer une affaire et sy cela ne
vous incommodera poinct. » (VALANT, *id., ib.*)

LXX. — A *la même.*

« Il y a deux jours, m'amour, que je cherche le
temps de vous escrire sans avoir peu le trouver.
J'eus hier des affaires, et aujourd'huy j'ai eu Mme de
Caen [3] à dîner, et après nous avons esté toutes deux
chez le pauvre M. Conrart y mener M. Renaudot.
Le pauvre homme ! j'ai bien peur que nous ne le
gardions plus guère. J'en ay le cœur trancy. Il faut
au reste dire encore un mot de la lettre de Mme de

---

[1] On comprendra aisément que, malgré cette tournure, ce billet
est bien toujours adressé à la marquise.

[2] Il s'agit ici probablement d'une des deux maximes de Mme de
Sablé, numérotées 2 ou 45.

[3] Éléonore de Rohan-Montbazon, abbesse de Caen. — Voyez sa
Correspondance inédite que j'ai publiée, 1 vol. in-18, Aubry, 1862.

Montausier que vous trouvez sy aimable. Il y a des endroits véritablement où il y a de la bonté; mais il y en a d'autres fort piquans avec ses leçons que je trouve fort ridicules, et tout ce que je trouve de bon à ma lettre est que je me moque d'elle en termes honnestes. Comment vous portez-vous, m'amour? pour moy, j'ay esté un peu enrumée ces jours passés; mais quant je me garde d'abord, mes rhumes se passent aisément, c'est-à-dire à ceste heure, car autrefois il n'en estoit pas ainsy. »

(VALANT, *autog. inéd.*)

LXXI. — *A la même.*

« Je vous plains bien, m'amour, de vostre mal d'yeux qui vous donne toutes les sujétions que vous me mandez. Pour moy, m'amour, je serois assez bien sans les maux de cœur; car pour le rhume je ne l'écoute guère, n'estant point enchifernée, et ne toussant pas beaucoup. Je ne me souviens plus sur quel sujet je vous ay parlé d'une rudesse, et à propos de rudesse, quand voulez-vous voir une personne bien opposée à cela, qui est Mme de Langeron? Elle n'attend que vos ordres; elle me manda hier au soir que le Roy avoit dit à Monsieur que les difficultés estoient levées, sans pourtant qu'on donne d'Altesse Royale. On se règle sur la manière dont on l'a traité dans le mariage du comte de Soissons. »

(VALANT, *id., ib.*)

LXXII. — *A la même.*

« Vous voylà donc revenue d'Auteuil, m'amour, dont je serois plus aise si je pouvois vous aller voir;

mais il faut que j'aille dîner à Luxembourg pour
une affaire, et que je coure l'après-dîner pour une
autre. Il se fit hier un grand raccommodement entre Mme de Longueville et Mme de Montausier, laquelle en fut jusqu'à pleurer. Je crois que vous
êtes cause de cette bonne œuvre-là, Mme de Longueville ayant dit à M. le comte de Maure que vous
lui aviez dit qu'elle devoit être en scrupule d'être
avec Mme de Montausier comme elle y étoit. Vous
avez très-bien fait de les remettre ensemble, et
vous y avez eu meilleure main que moi qui ai fait
ce que j'ai pu, il y a déjà un bon couple d'années. »

(VALANT, *autog.*)

LXXIII. — *A la même.*

« Vrayment, m'amour, il [1] n'a de ces incrédulités-
là que pour ce qui touche les autres; car il estoit
bien loin d'en avoir quant il vouloit à toute force
que ceste dame le fît chevalier [2]; et elle en pressa
la Reine mère au dernier point. Je pense qu'il n'y
aura que luy qui trouve qu'il y avoit plus de pro-
babilité pour cela que pour ce que j'ay prétendu, et
assurez-vous que ceste dame n'en reparlera jamais
et que ce qu'elle en a dit à Haqueville [3] sortant de
séans ne fust que par la honte qu'elle eut de luy [4].

---

[1] M. de Laigues. — M. Cousin a publié cette lettre jusqu'au
dernier paragraphe : *vrayment voicy*, etc.

[2] Mme de Chevreuse.

[3] L'ami de Mme de Sévigné, très-mêlé à toutes les causéries de
la société précieuse.

[4] Ces deux mots omis.

Je croy qu'elle se repentit de l'avoir amené, quant elle vit comme il entendoit bien les raisons qu'elle n'avoit point dites [1]; elle creut qu'il l'aideroit à sortir plus aisément de ceste affaire-là que sy elle eût esté seule et il m'a dit qu'elle l'avoit amené exprès; mais quant elle vit que je me rescriois comme je fis sur des choses où elle ne trouvoit point de réplique, parce qu'elle ne vouloit point *dire d'avoir dit ce qu'elle n'avoit point dit* [2], je croy qu'elle se repentit très-fort de l'avoir amené, et pour le satisfaire elle luy dit ce que vous avés veu qu'il m'a escrit. Assurez-vous qu'elle n'a fait que sonder la disposition de la Reyne et luy dire doucement : « Mais c'est peu de chose et une chose aisée; » encore Dieu veuille qu'elle ait dit jusque-là. Enfin tant par la façon dont elle me parla que par ce que j'ay pu tirer de Haqueville, quoy qu'il die tout le mieux qu'il peut, mais vous sçavez que je suis découvrante quant je suis en quelque soubson, assurez-vous que bien loin d'avoir pressé la Reine, elle n'a pas seulement raisonné, et l'accueil ayant esté froid dans ceste affaire-là comme il a esté, je croy que sans Haqueville et Mme de Caen elle s'en fût retournée à Dampierre sans en avoir parlé, disant toujours qu'elle n'avoit pas trouvé le temps. Haqueville m'a dit qu'en sortant de séans, elle luy avoit dit que jamais elle ne s'estoit trouvée plus empêchée, comme voulant dire que mes raisons l'avoient pressée [3]. Je croy bien aussy qu'elle aura dit ce qu'elle me dit sur la di-

[1] Toute cette phrase est omise dans le texte imprimé.
[2] Membre de phrase entièrement omis.
[3] Phrase omise depuis *comme voulant*, etc.

gnité que j'avois désiré qui fût gardée ; mais enfin
ce qu'on appelle prendre tous les biais pour faire
réussir une affaire, elle s'en est bien gardée. Laigues, sy je ne me trompe, veut qu'elle garde sa faveur pour luy, car en quelque sorte pour elle c'est
pour luy, vrayement voicy bien qui mérite bien
mieux d'estre redemandé que ce que vous avez redemandé. Quant viendra-t-elle donc, ceste chère
Daufine? Vous ne mandez pas sy vous voulés que
j'envoye mon carrosse. »

(VALANT, autog.)

LXXIV. — A la même.

« Ce n'est pas, m'amour, sur ce qu'il vous a dit
que j'ay jugé de sa froideur, car il vous a très-bien
dit, c'est sur le procédé qu'il a tenu avec moy ; mais
il n'avoit garde de manquer à vous dire tout ce
qu'il vous a dit sachant comme vous estes pour moy.
Enfin il y a eu comparaison dans ceste affaire-là de
l'autre à luy comme du jour à la nuit. Brûlez cecy,
s'il vous plaît, tout à l'heure, et pour l'autre ren-
voyez-la moy, s'il vous plaist ; à quelque heure que
ce soit, m'amour, j'y veux aller. Vous me faites rire
de ce que vous n'avez garde de manquer de trouver que c'est une sy grande chose ; mais pour les
religieuses il seroit mieux que ce ne fût pas si
tant désiré. »

(VALANT, autog. inéd.)

LXXV. — *A la même.*

_ Ce vendredy soir [1]. — « Pour Mme de Montausier, m'amour, c'est que je ne croy pas qu'elle ait jamais fait à personne rien de pareil à ce qu'elle me fait, et ainsy, m'amour, l'on ne sçauroit prendre d'exemple sur la façon dont elle reçoit d'ordinaire les reproches que l'on luy fait; et pour ce qui est de vous, elle vous craint et c'est ce que je dis à Mlle de Chalais qu'elle n'auroit pas osé songer à vous faire rien d'aprochant de ce qu'elle me fit; la pauvre femme, elle m'a mis à tel point que je crains d'aller voir Mme de Navailles. Ne voulant pas rompre avec elle, je ne puis aller au Louvre sans la voir. Vous escrivez, m'amour, d'une telle sorte que je n'ay sceu entendre ce que vous m'avez voulu dire de M. de Montausier, sinon que je voy bien que c'est quelque chose d'obligeant. Je ne sçay si je vous ay mandé ce que M. Le Tellier *a dit à M. de Sourdis de cette lettre*, et comme je luy répondis gravement sans vouloir faire durer le discours. Il vaut toujours mieux qu'il l'ait pris comme il a fait, mais quant il l'auroit pris autrement j'y étois toute disposée n'ayant pu avaler d'avoir receu un tel traitement sans montrer aux gens à qui ils se sont joués; et pour la Reine je n'ay jamais sceu me mettre en peine du bruit qu'on faisoit, ayant si bien veu qu'elle n'estoit point aigrie de ce que je luy avois dit et que ce ne pouvoit estre autre chose sinon que

---

[1] M. Cousin a cité seulement cinq lignes de cette lettre.

la conscience luy reprochast. . . . . . . de M. de
la Rochefoucaut, comme je vous l'ay tant mandé;
et en effet dès qu'on luy a eu bien dit que j'estois
contente d'elle, elle l'a esté de moy. Mme de' Saint-
Loup[1] a fort bien ait dans tout cela; et enfin cela
ne m'a jamais mis dans aucune peine qu'à l'égard
du monde, qui a toujours envie de trouver qu'on a
tort, et je n'aimerois pas qu'on creust que, ny par
des paroles, ny par le ton de la voix, il y eust eu
quelque chose contre le respect. Je vous verray, ma
chère m'amour, quant le temps sera changé; car
voilà une terrible brouillasse, et quant aussy j'auray
fait ceste visite au Louvre, car il faut se deffaire de
cela. Envoyez-moy un peu comme on dit quelque
mot de suit [e] pour faire voir à Mme de Navailles sur
le compliment qu'elle vous a fait faire par moy.
Mlle de Scudéry a veu le pauvre M. Conrart et cela
s'est très-bien passé, comme vous le croirez bien,
sans que je vous le dise. Ce pauvre homme, j'y envoye sans cesse, mais d'y aller par le mauvais temps,
on le craint en même temps qu'on le désire. »

.(VALANT, *autog.*)

LXXVI. — *A la même.*

« *Jésus!* m'amour, j'avois entendu que vous vouliés que j'escrivisse ainsy pour Mme de Laval[2] et que

[1] Diane Chasteigner de la Rocheposay, femme de M. Le Page,
sieur de Saint-Loup : elle était reçue chez la reine et figurait
dans les meilleurs salons du temps malgré ses galanteries publiques
avec les ducs de Candale et d'Antin. Mme de Sablé la voyait beaucoup.

[2] Marguerite Barentin, née en 1627, veuve de Charles de Souvré,

vous ne vouliez pas qu'elle allât aujourd'hui. Je
suis tout habillée et tout exprès pour cela. Qu'elle
vienne, ceste chère Daufine [1], je suis très-bien en estat de sortir. Je ne demande pas mieux. Je trouverois très-mauvais qu'elle allast sans moy. J'ay mesme
mandé ce matin à l'Abaye aus Bois que ce seroit
pour aujourd'huy. Si vous voulez j'envoyeray mon
carrosse tout-à-l'heure, et il vaut mieux aller tost
que tard, à cause du froid qui est plus grand sur
le soir ; je vous répons que sy vous n'envoyez ceste
Daufine, je sortiray *aillieurs* pour vous faire dépit. »

(VALANT, *autog. inédite.*)

LXXVII. — *A la même.*

« Je ne vous ay rien dit, m'amour, depuis quelques jours, parce que je n'ay sceu de quel costé me
tourner ; et il me semble que ce seroit à vous, qui
estes délivrée de la plus part des choses qui m'occu-
pent, à me dire quelque chose plus souvent que
vous ne faites. Je vis hier la Reine [2] : cela se passa
si bien que cela s'apelle proprement avoir mis la
main à la conscience. Elle fut fort embarrassée, lorsque je luy voulus faire une justification sur M. de
la Rochefoucaut, faisant entendre qu'elle ne s'intéressoit nullement si je l'avois nommée à bonne
ou à mauvaise intention ; et il estoit visible qu'elle

marquis de Courtenvaux, remariée à Urbain de Laval, marquis de
Boisdauphin, fils aîné de Mme de Sablé, mort le 6 décembre 1661.
Elle vécut jusqu'en 1704.

[1] Allusion à son titre de marquise de Boisdauphin.

[2] Publiée par M. Cousin depuis *je vis* jusqu'à *la tracasserie
qu'elle avoit faite.*

avoit de la honte de la tracasserie qu'elle avoit faite avec luy, ceste justification luy faisant sans doute juger que je le sçavois. Je vous iray conter tout cela au premier jour, mais plût à Dieu que je fusse demeurée brouillée avec elle et que nostre M. Conrart pût guérir! Je ne ferois guère de comparaison de l'un avec l'autre. Le pauvre homme! quelle perte[1]! Je vous envoye des vers qu'il a envoyés à Mme de Caen aux estrennes en luy envoyant un cachet de cristal avec ses chiffres. Pour ce qui est, m'amour, de Mme de Montausier, l'on m'a dit d'aujourd'hui seulement qu'elle a la fièvre; mais ce n'est pas cela qui l'a empêchée de faire réponce à ma dernière lettre; car il y a neuf ou dix jours qu'elle l'a reçue, et il n'y en a pas quatre que Mme de Vilars la vit sans avoir d'autre mal que la fatigue qu'elle avoit eue à la cérémonie, où on dit qu'elle alla ne se portant desjà pas bien. J'enverray sçavoir de ses nouvelles, mais. . . . . . »

(VALANT, *autog. inéd.*)

---

[1] Courart guérit et ne mourut que le 27 septembre 1675.

ÉTUDE

SUR

LA VIE DE M^ELLE DE VANDY.

ÉTUDE

SUR

LA VIE DE M^{ELLE} DE VANDY.

———

Nous ne terminerons pas cette étude sur madame de Maure sans consacrer quelques pages à l'une de ses plus intimes amies, en même temps que sa parente, Mlle de Vandy, qui tint aussi une place assez considérable parmi les femmes distinguées de ce temps. Comme pour la comtesse, il faut chercher dans vingt ouvrages les traits principaux qui composent sa vie.

Catherine d'Aspremont appartenait à l'une des familles les plus nobles de la Lorraine, qui aurait même été la plus noble du monde, si l'on devait accepter la généalogie que ses membres n'hésitaient à faire remonter jusques à Aétius, le vainqueur d'Attila. Son grand-père était René d'Aspremont, seigneur de Vandy, marié à Louise de Joyeuse, nièce du

comte de Grandpré ; son père était un triste personnage d'après la courte historiette que lui dédie
Tallemant des Réaux [1], Jean d'Aspremont, baron de
Vandy, qui fut pourvu du gouvernement de Toul et
épousa, en 1617, Innocente de Marillac, fille du
conseiller au parlement et nièce du maréchal : il fut
tué au siége de Brissac, en 1638, laissant un fils et
deux filles [2].

Mme de Maure prit chez elle Catherine de Vandy
d'assez bonne heure : elle était, ce semble, dans
tout l'éclat de sa beauté vers l'an 1646, époque où fut

[1] Parmi les anecdotes que recueille Tallemant à son sujet,
celle-ci peut seule être transcrite ici : « Une fois qu'il couroit la
poste, en passant par Lyon, on l'obligea à aller parler à feu
M. d'Alincourt, père de M. de Villeroy, qui exerçoit cette petite
tyrannie sur les courriers. Il y fut. M. le gouverneur, sans autrement le saluer, lui dit : Mon amy, que disoit-on à Paris quand vous
en estes party ? — Monsieur, on disoit vespres. — Je demande ce
qu'il y avoit de nouveau ? — Des pois verts, monsieur. — Alors se
doubtant que ce n'estoit pas ce qu'il pensoit, il luy osta son chapeau et luy dit : — Monsieur, comment vous appelez-vous ? — Cela
n'est pas réglé, reprend Vandy, tantost mon amy, tantost monsieur. — Et il s'en va. On dit après à M. d'Alincourt qui c'estoit ;
il envoya après, mais en vain, Vandy le laissa là pour ce qu'il
estoit. »

[2] C'est ce qui résulte des recherches que j'ai pu faire faire sur
les registres de l'état civil de la ville de Paris. M. Paulin Paris, dans
les commentaires de son excellente édition de Tallemant, commet
une erreur très-grave à ce sujet : il donne Catherine d'Aspremont
pour sœur à Jean d'Aspremont, au lieu de la lui attribuer pour
fille (tome VI, p. 398). Le fils du baron de Vandy devint gentilhomme de Mademoiselle, et fut, ce semble, un assez vaillant soldat ;
sa fille aînée épousa François d'Anglure, marquis de Si, prince
d'Amblise, fils de Claude d'Anglure Bourlemont et d'Angélique
Adjacetti d'Acquaviva d'Aragon : leur fils prit le titre de duc d'Atri,
et fut lieutenant-général en Champagne : il mourut sans laisser
de postérité. Catherine naquit vers 1620, la dernière des enfants
de M. de Vandy, dont les titres exacts étaient alors : marquis de
Vandy et comte de Marceville.

composée une complainte burlesque, conservée par
Maurepas [1], et où on lit ce couplet :

> Ne vous plus voir, si ce n'est en peinture,
> Ne vous parler, sinon en écriture,
> Gente Vandy, saurai bien me garder,
> Puisqu'à votre huis il se faut poignarder
> Et par amour vous immoler sa vie.

Mlle de Vandy était petite, mais jolie, instruite,
savante même, sans trop de prétention ; elle parlait
l'italien et l'espagnol, les deux langues à la mode
dans ce temps-là, et avait lu beaucoup de romans,
ce qui faisait aussi partie de l'éducation des femmes
« honnêtes » de cette époque. D'une conduite irré-
prochable, elle aima mieux ne pas se marier,
n'ayant aucune fortune, plutôt que de se mésallier : à cet égard les contemporains sont unanimes.
Dans des contre-vérités de l'année 1659 [2], on lit :

> La Suze est justement prude comme la Vandy,
> Pour luy parler d'amour il faudroit estre hardy ;

et un couplet de la même époque prouve que la
fière jeune femme n'aimait pas la plaisanterie souvent gaillarde que les belles dames du temps écou-
taient cependant d'ordinaire sans trop de peine :

> Brusque Vandy, vous estes un peu fière,
> De vous fâcher pour un madrigalet
> Qui n'a rien dit de votre corcelet,
> De vostre esprit, vos beautés, vos lumières,
> Et qui n'a pas passé vostre jarretière.

Du reste on ne peut parler de cette première partie de la vie de Mlle de Vandy qu'en donnant place

---

[1] Tome II, p. 295.

[2] Recueil de chansons notées, à la Bibliothèque de l'Arsenal,
n° 217. — Cependant Bussy ose lui consacrer un des couplets de
son regrettable *Alléluia*.

ici à ce qu'en dit Mademoiselle dans son *Histoire
de la princesse de Paphlagonie,* où la princesse n'est
autre que Catherine d'Aspremont elle-même, en
l'honneur de laquelle Mlle de Montpensier composa
cet ouvrage, quand elle la prit avec elle, après sa
brouille avec ses *maréchales* de camp, les comtesses
de Fiesque et de ~~Fervacques~~ [1]. Fontenac

« La princesse de Paphlagonie étoit née avec
beaucoup d'esprit et de beauté; elle étoit fort aimée
de sa mère, et elle l'avoit été encore davantage de
son père, de qui elle tenoit la vivacité d'esprit et
l'agrément qu'elle avoit en toutes choses; ce qui
redoubloit sa tendresse pour elle par cette ressemblance. » M. d'Aspremont mourut assez jeune, et sa
veuve, craignant à ce qu'il paraît que le prince de
Condé ne remarquât sa fille et ne se fît remarquer
d'elle, se sépara d'elle, et pria Mme de Maure de
la prendre chez elle. Quand elle y arriva, « on
admira cette jeune merveille et tout le monde en
étoit charmé, » mais elle ne se départit pas de sa réserve excessive. Sa royale historienne raconte à
ce propos cette anecdote, qui corrobore l'assertion
du couplet cité tout à l'heure : « Un jour un cavalier,
en lui racontant une histoire, nomma l'amour; à
l'instant il lui vint un vermillon aux joues beaucoup plus éclatant que celui qu'elle y avoit d'ordinaire, ce qui fit remarquer à la compagnie que le
chevalier avoit dit quelque chose qui avoit blessé
sa pudeur; il s'arrêta tout court, et elle remédia à
cela de la manière du monde la plus ingénue et la

---

[1] Segrais donne la clé de ce petit roman dans ses *Mémoires-
anecdotes.*

plus nouvelle; elle reprit le discours en lui disant :—
Hé bien ! l'autre, qu'a-t-il fait?— ne voulant pas nommer l'amour, pour lui faire entendre sans pronon-
cer une chose qui lui déplaisoit, de sorte que depuis on ne parle plus que de *l'autre,* et l'amour fut
banni des conversations de la princesse, aussi bien
que de son cœur [1]. »

Quand le grand Condé revint à Paris, nous sa-
vons qu'il fréquenta volontiers le salon de Mme de
Sablé, et il paraît qu'il y revit avec un vif plaisir
Mlle de Vandy, dont il aimait fort la conversation.
« Comme ce prince étoit fort jeune et fort enjoué,
un soir il vint chez la princesse Parthénie (Mme de
Sablé) habillé en femme, car de ce temps-là on
s'habilloit en masque aussi bien qu'en celui-ci. Sous
cet habit trompeur, il embrassa la princesse de Paphlagonie, en se jouant avec elle comme auroit pu
faire quelque autre princesse, puis il se démasqua;
elle en demeura transie à un tel point qu'elle en
pensa mourir, et Cyrus eut toutes les peines du
monde d'obtenir le pardon d'une liberté en laquelle il n'avoit point cru manquer au respect qu'il
devoit : elle lui reprocha que c'étoit des jeux qu'il
apprenoit chez la reine Gelatille (la comtesse de

---

[1] Bien longtemps encore après, Mlle de Scudéry plaisantait à ce
sujet et écrivait à Bussy-Rabutin : « Cet endroit de votre lettre
me plut fort, lui mande-t-elle, le 11 juin 1673; le mot d'amour ne
me choqua point. Si Mlle de Vandy savoit cela, je serois très-
grondée, mais enfin, je ne veux pas montrer plus de délicatesse
que je n'en ai. » Et Bussy de répondre le 24 juin : « Il n'en faut
rien dire à Mlle de Vandy, car cela fait plaisir de faire du mystère.
Nous ne lui cachons pas encore grand'chose, mais enfin il se passe
quelque chose entre nous qu'elle ne sait pas. »

Fiesque). » Mais cependant Mlle de Vandy n'aimait
pas exagérément la retraite, et il paraît qu'elle se
plaignait fort quand Mme de Maure, pendant que
son mari guerroyait avec le prince de Condé, ve-
nait passer quelque temps à Port-Royal de Paris
auprès de Mme de Sablé : « La princesse de Paphlagonie étoit au désespoir, n'y ayant jamais eu une
vertu si libertine que la sienne : la clôture lui
étoit insupportable, aussi bien que le silence; jamais personne n'aima tant à parler qu'elle, aussi
s'en acquittoit-elle admirablement bien. » Mlle de
Vandy cependant n'avait aucune répugnance pour
la dévotion, et il paraît même qu'elle regrettait
que la comtesse ne fût pas plus avancée dans cette
voie.

C'est en 1655 que Mlle de Montpensier vit pour la
première fois Mlle de Vandy, que lui amena à Saint-
Fargeau Mme de Maure en revenant de Bourbon-
Lancy [1]; elle plut beaucoup à Mademoiselle, et dès

---

[1] Pendant ce séjour aux eaux, Mlle de Vandy avait été naturellement mêlée à la grande affaire des préséances envers Mme de
Bouillon. Elle a écrit à ce propos à Mme de Longueville ce petit
billet conservé par Valant, et qui me semble tout à fait galamment
tourné : « Quand V. A. ne seroit que de Bourbon, qu'elle n'auroit
pas un teint de perles, l'esprit et la douceur d'un ange, les altesses
qu'elle nous a laissées ne seroient pas capables de nous consoler
de votre absence. En vérité, madame, je ne crois pas qu'il y ait
encore au monde deux princesses aussi enfumées et aussi fières
que celles-là; et je voudrois que V. A. eût pu voir par un trou ce
qui se passa dans leur palais le jour que j'y fus. Rien n'a jamais
été si ridicule que l'arrivée et les réceptions de cette comtesse qui
y vint, et je ne la saurois comparer qu'à celle de la comtesse
Trifaldi, quand elle fut saluer don Quixote. Voilà une grande folie,
pour être écrite à V. A., et dans un lieu aussi saint que celui où
elle est; mais huit jours après que l'on a vu une telle chose, on

ce moment entretint une correspondance avec elle.
L'année suivante Mademoiselle s'informa avec beaucoup de détail du caractère de Mlle de Vandy auprès de Mlle d'Aumale d'Haucourt qui l'estimait
particulièrement, et s'en expliqua longuement :
elle nous dit dans ses *Mémoires*, à cette date, à propos de personnes qu'elle avait chez elle, et dont ses
intimes lui disaient qu'elle tirerait peu d'amuse-
ment : « Vous avez raison si cela se passe ainsi,
mais elles sont si amies de Vandy, que je ne puis
croire qu'elle eût souhaité qu'elles vinssent ici, si
elle ne les eût connues d'humeur à en bien user
avec moi. » Peu de jours après Mme de Maure passa
en retournant aux eaux de Bourbon-Lancy, mais
sans avoir le temps de s'arrêter, et comme Mlle de
Vandy n'avait aucune raison de santé d'aller passer
cette saison avec la comtesse, Mme de Fiesque pro-
posa qu'on la gardât, ajoutant que Mme de Maure la
prendrait en revenant [1]. «Mlle de Vandy demeura
donc à Saint-Fargeau, dit Mademoiselle, je causai
avec elle ; mais je fus quelques jours sans lui conter
tous mes griefs contre ces dames. » Elle comprit le

n'a pu l'esprit bien sain. Et je ne rentre dans le bon sens que
pour assurer V. A. que personne ne sauroit être sans plus de respect et plus de passion que moi, etc. »

[1] C'est à cette séparation évidemment que se rapportent les
détails fournis dans la *Princesse de Paphlagonie*. « Les adieux de
la reine sa tante et d'elle furent au dernier tendre. Pour moi je
m'imagine que sa tante lui dit : — Ah petite! ah mignonne! le
moyen de vous quitter? Mais au moins on vous écrira. Il faudra
songer pour se mettre l'esprit en repos, que nous sommes enrhu-
mées toutes deux, que vous êtes là-haut dans votre lit et moi dans
le mien. — Et je m'imagine encore que la princesse lui répondit :
— En effet, il faut bien croire cela, Madame, car autrement on
seroit au désespoir. »

rôle que lui réservait sa nouvelle amie, et s'empressa d'y répondre. L'intérieur du château en effet
devait être assez plaisant à ce moment pour un
spectateur curieux : Mmes de Fiesque et de Frontenac
prétendaient y diriger souverainement tout et s'en
ouvraient très-naïvement à Mlle de Vandy, ce qui
faisait dire à Mme de Maure, fort plaisamment,
ajoute Mademoiselle : « Les comtesses sont bonnes
de croire que Mlle de Vandy soit partie de Paris
tout exprès pour venir dire des injures à la petite-
fille de Henry le Grand, dans sa maison ! Quand on
vient voir une demoiselle de ses amies avec qui on
voudroit passer quelque temps, on auroit quelque
complaisance pour elle ; à plus forte raison, pour
une aussi grande princesse que Mademoiselle, on
est obligé d'en avoir. »

Ces intrigues se prolongèrent, sans empêcher les
hôtes de Saint-Fargeau de mener joyeuse existence ;
une troupe de comédiens y séjourna trois semaines
et donna aux nombreux voisins de fréquentes occasions de se réunir chez la princesse. Mais Mmes de
Fiesque et de Frontenac semblaient triompher :
quand Mlles d'Aumale d'Haucourt arrivèrent à leur
tour, elles ne firent attention qu'aux deux maré--
chales-de-camp. « Comme je vis que cela continuoit
deux ou trois jours, j'en fus assez surprise. Je le
dis à Vandy, qui me répondit fort amiablement,
que je ne voyois pas tout ; mais avec une mine honteuse de leur conduite envers elle. » Les après-
dînées se passaient à Saint-Fargeau au goût de ceux
qui y étaient réunis : comme Mademoiselle restait
ce temps à travailler chez elle, chacun faisait ce

qui lui plaisait : ayant remarqué qu'on délaissait
complétement Mlle de Vandy, elle dit : « De ce coup,
je parlerai; la première fois je n'osai rien dire. Je
commence à connoître que la mauvaise compagnie
gâte les gens, et qu'elles ont autant d'ingratitude
pour vous que les autres en ont pour moi. Deux
jours après je m'en allai chez la comtesse de Fiesque, où je trouvai ces demoiselles avec elle et
M. et Mme de Frontenac. Je leur demandai où étoit
Mlle de Vandy; elles se regardèrent et me dirent
qu'elles n'en savoient rien. Je m'adressai à Mlle d'Aumale et je lui dis : — Quoi! vous abandonnez ainsi
vos anciennes amies pour de nouvelles! cela ne
m'encourage pas trop à faire amitié avec vous, moi
qui crains tant les précieuses. — Sur cela elle ne
me répondit rien, mais le soir elle prit Vandy et
m'appela, et me dit beaucoup de choses, dont je fus
aussi peu satisfaite que de son procédé. Vandy étoit
honteuse de la faute de l'autre, l'aînée prenant plus
de soins de m'entretenir et me paroissant une meilleure fille; car l'autre se moquoit sans cesse de tout
le monde, et souvent de moi, à ce que je crois. A
table, Mme de Frontenac et elle se mettoient l'une
auprès de l'autre, et rioient sans cesse. Il m'est
arrivé de leur avoir demandé quelquefois de quoi;
leurs ris redoubloient. Ce procédé n'étoit pas fort
respectueux et continua pendant leur séjour à
Saint-Fargeau. »

Une telle conduite devait faire de plus en plus préférer Mlle de Vandy par Mademoiselle : aussi, quand
elle quitta la campagne, la princesse fut-elle enchan-
tée qu'elle ne pût trouver place dans le carrosse qui

devait reconduire sa nouvelle amie à Langeron et à
Bourbon-Lancy, et l'emmena-t-elle avec empresse-
ment à Forges : « Ainsi la nécessité ou plutôt le
destin voulut que Mlle de Vandy vînt à Forges; dont
je fus bien aise et dont je crois que celles qui me
suivoient et celles qui s'en alloient furent fort fà-
chées. » C'est précisément à ces querelles intes-
tines que fait allusion le roman de la princesse de
Paphlagonie, dans lequel Mlle de Montpensier ex-
hale toute la mauvaise humeur que lui avaient
causée ces intrigues intérieures. L'auteur y raconte
complaisamment les luttes de la reine Gelasine
contre la princesse de Paphlagonie, la protection de
plus en plus efficace que dut lui prêter la reine des
Amazones (Mademoiselle elle-même), l'intervention
de la princesse Aminte (Mme de Montausier), celle
de la déesse d'Athènes (la marquise de Rambouillet). A la fin elle est enlevée par Diane et prend
place au milieu des vierges dans les Champs Ély-
séens. Au lieu d'être enlevée par Diane, Mlle de Vandy
demeura définitivement attachée à Mademoiselle,
qui ne pouvait plus se passer d'elle; l'entourage
de la princesse dissimulait mal son dépit, et, pendant l'hiver de 1657, la comtesse de Fiesque s'en
expliqua avec sa rivale dans une lettre telle « que
tout ce qu'il y a de plus célèbres pendant les siècles
passés, n'eussent pas écrit autrement. »

Tallemant n'a parlé dans ses historiettes que du
père de Mlle de Vandy, père assez original, digne
même de tenir compagnie à la comtesse de Fiesque;
mais elle avait heureusement un frère, qui dès
ce moment figure dans l'entourage intime de Ma-

demoiselle, et qui fut probablement introduit à
Saint-Fargeau par sa sœur : c'était un vaillant soldat, qui, en 1657, commandait les troupes en quartier d'hiver dans la généralité de Champagne [1],
mais qui était plus à Paris qu'à sa garnison. En ce
moment il courut à Paris un mot assez piquant
contre Mlle de Vandy à propos de sa pauvreté et
des dons qu'elle recevait de sa nouvelle protec-
trice : « nécessité n'a pas de loi, » disait-on, et
Mmes de Fiesque et de Frontenac avaient bien sûre-
ment inventé cette médiocre plaisanterie qu'elles
firent attribuer à l'abbé de Bélesbat. Vandy prit
la chose très vivement, voulant se venger des mauvais plaisants : « S'il est d'épée, criait-il, je me bat-
trai contre lui; s'il n'en est pas, je lui donnerai
sur les oreilles. » L'abbé eut grand peur et fit intervenir sa sœur, Mme de Choisy, laquelle, grâce à
Mme de Maure, appaisa l'affaire au moyen d'un
désaveu plutôt accepté que cru.

Mlle de Vandy, à dater de ce moment, prit la place
principale dans le cœur de Mademoiselle : elle figure
à chaque page dans ses *Mémoires* et tout ce qui
l'approchait ne manquait pas de rendre de respectueux devoirs à la favorite. Elle avait du reste une
douce existence chez elle et paraît avoir amplement
joui d'une tranquillité que l'hôtel de la com-

---

[1] En 1650, il commandait au Catelet et montra un rare courage
à défendre cette place. « Cette action, par les maximes terribles de
la guerre, reçut de grandes louanges des hommes, dit Mme de
Motteville dans ses *Mémoires;* je ne sais si elle fut approuvée des
anges. Mais enfin, malgré sa belle résistance, il fut pris par ceux
de sa garnison; ils le lièrent, et ensuite cette révolte se donnèrent
aux ennemis. »

tesse de Maure ne lui offrait pas toujours. « On ne
put point nombrer les troupes qui étoient sous les
armes, lisons-nous dans l'*Histoire de la princesse de
Paphlagonie,* ni la quantité de chars qui vinrent au-
devant d'elle. On m'a promis de me faire voir un
livre où sont tous les vers que l'on fit pour elle,
et les devises qui étoient partout. Un de ses servi-
teurs les recueillit et les augmenta de quelques
épigrammes, ayant un talent particulier pour cela.
Un des beaux esprits du temps et qui est à l'Académie les a traduits [1]. Rien n'étoit égal à sa pros-
périté. Elle dormoit quinze heures, et ne donnoit
ses audiences qu'aux flambeaux; sa chambre et
un grand nombre d'autres, que l'on passoit pour y
arriver, étoient éclairées de mille lustres plus beaux,
à ce que je crois, que ceux que nous voyons maintenant. Elle ne vivoit que de consommés, ne man-
geoit que des ortolans et d'autres viandes de cette
délicatesse, et beaucoup de confitures, car elle les
aimoit fort. Elle étoit toujours couchée sur un lit
de repos, d'où elle ne levoit la tête, qui étoit sur
mille petits oreillers, pour personne ; elle ne sortoit point ; dès qu'on l'impatientoit elle faisoit
sortir tout le monde et envoyoit quérir qui lui plaisoit. »

Mlle de Vandy à la cour conserva la même sévérité
de mœurs : nous en trouvons le témoignage dans
deux ouvrages contemporains. Nous lisons d'abord
dans les *Airs de vaudeville de cour,* publiés à Paris,
chez le libraire de Sercy (t. 11, p. 4) :

----

[1] Probablement M. de la Ménardière.

A Saint-Farjeau !
Qu'il fait beau.
Ce château vaut Paris,
Prix pour prix !
Et vous le dis,
Adorable Vandis,
Vos doux appas
Causeront le trépas
Au pauvre Biscaras [1] !

M. de M.

La Ménardière [2], car c'était évidemment l'auteur qu'il faut retrouver derrière ces initiales, proclame cette excessive vertu dans une longue pièce de vers « en vieil langage, » insérée dans le volume de pièces qu'il publia en 1656. Elle est assez peu connue et assez curieuse pour trouver place ici.

Aventure du présent... L.....

De vous plus voir si ce n'est en peinture,
Ou vous parler sinon par escriture,
Gente Vandy, bien sçauray me garder,
Puisqu'à vostre huis il se faut poignarder,
Et par amour vous immoler sa vie,
Que de quitter je n'eus oncques envie,
Et si d'humeur je ne change bien fort
Ne quitteray que le jour de ma mort.

[1] Biscaras était officier des gendarmes du cardinal de Mazarin, et eut en 1659 une affaire qui fit assez de bruit pour que Mademoiselle y consacrât deux pages de ses Mémoires : à l'instigation de l'abbé Fouquet, il insulta le prince de Marcillac, et la querelle fut assez vive pour que le roi fît mettre les deux adversaires pendant quelques jours à la Bastille. L'affaire fut arrangée au préjudice de Biscaras, qui fut déclaré à peine gentilhomme. Il était allié de Marcillac par les La Châtaigneraye.

[2] Jules Pilet de la Ménardière, médecin de Monsieur, puis lecteur de la chambre du roi, reçu à l'Académie française en 1655, mort le 4 juin 1663.

Donc pour complaire à votre humeur cruelle
Beau jouvencel affamé de ruelle,
Mais par sus tous de la vostre affamé,
Pour vos yeux pers s'est le flanc entamé !
Et le preud'homme eût poussé davantage [1]
Sans qu'il a craint de blesser votre image
Sous cet endroit empreinte dans son cœur,
La lune estant en sa grande vigueur.

L'aveugle archier qui le cœur toujours guette
Fait qu'en cettuy commandez à baguette,
Puis que pour lui le faux glouton moqueur
N'ait de tout point fléchi votre rigueur,
Votre rigueur confite d'espérance
En sucre pris de trompeuse apparence,
,Dont bonnes gens savez leurrer trop mieux
Par beau semblant, par devis gracieux,
Cachant au fond par grand papelardie,
Esprit félon, âme fière et hardie
Que les méchiefs ne troublent nullement.
Non un méchief, ains cil de maint amant
Ayant pour vous martel dans la caboche
Flèches au cœur et poignard dans la poche.

Par Cupido si cauteleux esprit
Onc en amour jouvenceaux ne surprist ;
Dame Circé, la noble enchanteresse,
Aux doux accueils, à la douceur traîtresse,
Dans son chastel ne faisoit tant de maux,
Quand amans siens changeoit en animaux,
Et qu'on voyoit à l'entour de la Dame
Galans pourceaux chanter en belle gamme,
Et faire ouïr au fort de leurs tourmens
Mélodieux et plaintifs grognemens.

---

[1] C'est probablement du même fait que parle l'histoire de la *Princesse de Paphlagonie* : « La reine Gélatille avoit un chancelier qui étoit une aussi bonne tête qu'elle. Comme elle faisoit sa cour chez les princesses, tous ses courtisans suivoient son exemple, et le chancelier devint amoureux de la princesse de Paphlagonie, à un tel point qu'il se rendit le jouet de tout le monde, tant il parut ridicule. Un jour on le trouva devant la porte de la princesse poignardé, mais de telle manière qu'il n'étoit pas tout-à-fait mort ; il tenoit dans sa main une espèce de manifeste pour justifier l'homicide de soi-même par sa cause. La reine de Misnie eut soin de le faire emporter chez lui et donna charge qu'on tâchât de e guérir. »

Voire Scylla de gros chiens entourée
(Car de ce fait l'histoire est avérée
Et maint poëte en carmes a chanté
Que Scylla fut et que chiens ont esté.
Mesme l'on dit que vieux chiens sont encore,
Et que la nymphe est, comme elle fut,
Dans un estroit près de Sicilia
Où de Paris mainte poste il y a),
Adonc Scylla de gros chiens entourée,
Chiens dont la belle est moult enamourée,
Onc ne méfit à si gentils amans
En doux abois sa mercy réclamans.
Ains, dit Maro, que ne sont onc faschés
De les ouïr, de n'en estre approchés :
Elle pour qui Glaucus, dieu bien famé,
Eut dans les eaux le cœur tant enflamé.

Bien est-il vray que syrènes perfides
Ont, comme vous, moult causé d'homicides,
Que leurs beaux dits et trompeuses chansons
Prenoient galans avec leurs hameçons,
Et qu'iceux pris par l'amorce avalée
On les cuisoit en eau non dessalée ;
Pourtant affiert auteur de grand renom
Que déplaisir on ne leur fit sinon
De les noyer, mais en eau si très-nette
Qu'oncque depuis n'usèrent savonnette.

Syrènes donc, et vous tant seulement
Aurez de maux affollé maint amant,
Elles par chants et doucereux langage,
Vous par rigueur et par hautain courage,
Courage fier et malin à tel point,
Que de leur sang ne se contente point ;
Ains leur enjoint courses, lointains voyages,
Partout travaux et longs pèlerinages,
Non vers Roma, vers Madrid ou Turin,
Mais au parvis Monsieur Saint-Mathurin.
Dans le parvis, car pour entrer au temple
Jà n'est ce lieu puis longtemps assez ample,
Et trop s'en fault, tant il est fréquenté
Par pèlerins de haute qualité !
Rois, archiducs, gros barons, fouz illustres,
Coiffés de dais, ceinturés de ballustres,

Qui despiéçà, meus de dévotion
Pour ce montrer ont grande affection.
Voire avec eux leurs espouses dévotes
Portent céans sonnettes et marottes,
Sous cappes d'or les cachant finement,
Sous brocart et riche accoutrement,
Si que les gens qui n'ont bonnes lunettes
N'y peuvent voir marottes, ni sonnettes,
Et toutefois illec marottes sont
Et clair-semés gros seigneurs qui n'en ont.
Au Saint-Moutier où la foulle est moins grande
Loyaux amans vont porter leur offrande ;
Et du bon sens que d'eux avez chassé
Devant le saint par acte bien passé
Publiquement laissent marques insignes,
Puis on les voit comme oysons et gris cygnes,

   Espais et durs (car en toute saison
De folles gens il est grande foison)
Se mettre aux champs en piteux carriage,
Bien peu s'en faut atteints de male rage,
Restant d'amour fait par douce rigueur
Et dur mestier de peine et de langueur,
Tournant enfin vers la Place Royale,
Pour devant vers leur dame déloyale
Prouvant leur feu par lunatique effort,
Faire semblant de se donner la mort.
Car de mourir seroit trop dure chose,
Et n'en voulez que teinture de rose.
Ce vous suffit et leur sang répandu
Vous satisfait. Pourtant bien entendu
Que si vouliez qu'ils s'occisent sur l'heure
Ils s'occiroient devant votre demeure ;
Et point n'iroient sortant de vos prisons
Droit s'envoler aux Petites-Maisons,
Royal mànoir où votre humeur plus douce
Loyaux amans après leurs preuves pousse.

   En cet hôtel de gens a grand'planté,
Et si les fous de toute qualité
Là s'hébergeoient autant que s'en décœuvre,
Manoir si grand en rien n'y feroit œuvre.
Aussi céans n'a que fous furieux
Et par tout sont insensés sérieux.

Mais, ô Vandy, quelle est votre nature
D'aimer le sang versé sans forfaiture !
Car, ce m'aist Dieu, ce ne fut onc péché
D'avoir au cœur le dard d'amour fiché.
Bien y pensez. Car en galanterie
Introduisant carnage et boucherie
Partout verrez ruisseaux de sang couler
A grand randon et flots rouges rouler,
Luisans poignards effrayer assemblées,
Pères en pleurs, mères échevelées,
Si qu'en tous lieux par vos males façons
Pleuvront sur vous plaintes et maudissons.

Car désormais près des Bourbons charmantes,
Comme Junon, Flores et Bradamantes
Par grand méchief qu'on ne peut éviter,
Sang on verra bas et patins gaster.
Dorénavant auprès des Longuevilles [1],
Près des Vigeans [2], Beuvrons [3] et Boutevilles [4]
On ne verra que poignards et couteaux
Trancher galans par pièces et morceaux.

Près des Rohans [5], Rochepozay [6], d'Espesses [7],
On n'entendra que meurtres et détresses.
Astres Lorrains et soleils de Nevers
S'empourpreront d'homicides divers.
Près Rambouillet [8], Saint-Simon [9], Lesdiguières,
De fine lacque issiront des rivières.

---

1 Geneviève de Bourbon-Condé, duchesse de Longueville, 1619-1679.

2 Marthe Poussar du Vigean, née en 1622 ; on connaît l'amour qu'elle inspira au grand Condé. Elle mourut religieuse à Port-Royal.

3 Fille du marquis d'Harcourt-Beuvron et de mademoiselle Le Tellier de Tourneville, mariée en 1659 au marquis d'Arpajon. Boisrobert célèbre son incomparable beauté.

4 La duchesse de Châtillon, née Montmorency-Boutteville, 1627-1695.

5 Anne de Rohan, fille du duc de Montbazon, seconde femme du duc de Luynes, 1640-1684.

6 Jean Chasteigner, marquis de la Rochepozay, eut six filles fort connues dans le beau monde du temps : l'une devint madame Sabatier, une autre madame de Saint-Loup. (Voir Tallemant.)

7 En 1652, mademoiselle d'Espeisse épousa le riche partisan Garnier.

8 La belle Julie d'Angenne, depuis duchesse de Montausier.

9 Marie de Saint-Simon, fille du sire de Courtomer, mariée en 1653 au marquis de Langey, qui provoqua ce procès qui a rendu célèbre son nom.

Près des Lavals [1], des Sullis [2] et des Pons [3]
Besoin sera de barques et pastrons.
Chez les Clissons [4], les Tournons [5], les d'Estrades [6]
Plus ne verront que morts et que malades ;
Et ruer jus par ces âmes d'acier,
Cœurs ne pensant qu'à s'en solacier.
Chez les Bregys [7], Isignys [8] et Comminges [9]
D'agonisant confus et drus meslinges,
Sommant tout haut Aumalles et Haucourts [10],
A dures faulz verront faucher leurs jours.
Et Saint-Maigrin la pucelle mutine [11],
Qui se défend trop mieux que Graveline
(Car conquérant Graveline prise ont [12],
Qui Saint-Megrin possible ne prendront),
Verra couler sang de si haut lignage,

1 Madeleine de Laval, petite-fille de madame de Sablé, mariée en 1662 au marquis d'Aloigny, maréchal de France.

2 Marguerite de Béthune, fille du second duc de Sully, dame du palais de la reine, mariée en 1659 au comte de Guiche, puis au duc de Lude.

3 Suzanne de Pons, fille d'honneur de la reine, fille du marquis de la Caze, morte en 1668 ; son excessive galanterie était célèbre.

4 Constance de Bretagne, fille du comte de Vertus.

5 Mademoiselle de Villeroy, veuve du comte de Tournon, remariée en 1646 au vidame d'Amiens, de la maison de Luynes.

6 Marie de Lallier, femme du comte d'Estrades, depuis maréchal de France.

7 Charlotte de Chazan, femme du comte de Bregy, dame d'honneur de la reine.

8 Fille du partisan Garnier, mariée à M. de Brec, seigneur d'Isigny, puis au comte de Brancas.

9 Sibille d'Amalby, mariée en 1643 au comte de Comminges, très-maltraitée par Bussy dans son *Pays des Braqueries*.

10 Daniel d'Aumale, seigneur de Haucourt, premier chambellan de M. le Prince, avait deux filles qui figuraient souvent à la cour de Mademoiselle : Suzanne, dite mademoiselle d'Aumale, épousa le maréchal de Schomberg. Marie, dite mademoiselle d'Haucourt, ne paraît pas s'être mariée. Suzanne entretenait avec madame de Sablé une correspondance dont M. Cousin a publié plusieurs lettres et qui témoigne d'un esprit cultivé. Elles étaient liées toutes deux avec les beaux esprits du temps et faisaient partie de tous les cercles en renom.

11 Marie de Quelen (fille de Barthélemi de Quelen, comte de Broutay, lieutenant général, et de Marie Stuer de Caussade, en considération de laquelle il fut créé, par son alliance avec la maison de Bourbon, duc de la Vauguyon, pair, etc.), dite mademoiselle de Saint-Mégrin, morte le 6 août 1686. « Illustre, dit Moréri, par sa haute vertu et sa grande piété. »

12 Graveline fut repris sur les Espagnols en 1658.

Que de Jupin moins noble est le parage.
Bref carneval, saison d'ébattemens,
Sera traduit en noirs enterremens :
Enterremens que tout chacun déteste ;
Aussi mourir est chose moult funeste
Et sans mourir (abus à déplorer)
On ne voit plus nulles gens enterrer.

Doncques autant que maximes si rudes
Encontre vous amans barbons et prudes
(Prudes pourtant qui pour n'ignorer rien,
Et mal fuir en cognoissant le bien,
D'amour ont pris les fleurs incarnadines
Et maintenant en preschent les épines)
Gente Vandy, si telles gens craignez
Chassez poignards des lieux où vous régnez.
Si forcenez, desquels estes l'amie
Maugré vos dents poignards ne quittent mie,
Souffrez enfin que par coup glorieux
Fassent la nique aux galans des temps vieux.
Et mesmement que mort noble et hardie
Héros les fasse en belle tragédie ;
Enfin, Vandy, plus seront grands leurs coups,
Tant plus grand los et fame en aurez-vous :
Voire on dira, si leur mort est complète,
Que d'amans tels moult belle est la défaite :
Qu'entre la mort et l'amour son germain,
Tout conte fait, il n'y a que la main,
Et qu'amant preux coupant sa propre trame,
Ici rien ne perd puisqu'il vit en sa dame.
Ce m'est avis qu'ainsi faire devez
Et puisqu'on dit que prou d'esprit avez
Considérer devez que les foux vostres
En maints bons lieux assassinent les autres.
Si tel conseil vous semble trop cruel,
Ordonnez-leur d'aller chez Cornuel :
Chez Cornuel la dame ouverte et fine
Où gens fâcheux passent par l'étamine,
Tant et si bien qu'après que criblés sont
Se trouve en eux cervelle, s'ils en ont.
Si pas n'en ont, on leur fait bien comprendre
Que fats céans oncq ne se doivent rendre.
Et six yeux fins par s'entre-regarder
Semblent leur dire : Allez vous poignarder.

C'est à ce moment que Mademoiselle composa, pour sa galerie, le portrait de Mlle de Vandy; le voici tel que Conrart l'a conservé dans ses papiers, corrigé par Mme de Maure:

« L'on peut faire vostre portrait tout de vostre haut, sans qu'il tienne beaucoup de place, Dieu ne vous ayant pas faite si grande que vous voudriez bien estre; mais dès qu'il commencera à vous ressembler, on verra bien que ce n'est que par l'espace qu'il peut estre petit. Vous estes donc plutost petite que grande, et vostre taille est de celles qu'on appelle jolies. Vos cheveux sont blonds, vos yeux bleus, fort brillants et fort beaux; vostre bouche n'est ni petite ni grande, et elle n'est point désagréable. On oublie ordinairement le nez dans la description de la beauté; mais pour moy qui ayme qu'on l'ait bien fait, je n'ay garde d'oublier de dire que le vostre est de cette sorte-là. Enfin, à tout prendre, vous estes bien faite, et vous avez aussi bonne mine qu'on la peut avoir sans estre grande [1].

[1] Voici comment débutait Mademoiselle : « Vous voulez donc que je fasse votre portrait, par une fausse humilité qui ne vous permet pas de dire du bien de vous. Mais on verra bien que vous estes telle que je vais le dire; or, comme en vous disant tout, je vous dirois peut-être des choses mal agréables, quelqu'un jugera que c'est plutôt par une secrète vanité que vous ne l'avez pas voulu entreprendre. Quoi qu'il en soit, puisque vous avez voulu que ce fût moi, vous aurez contentement, et vous vous allez voir fort bien dépeinte. Pour faire votre portrait tout de votre haut, c'est ce qui tiendra le moins de temps et de place, car Dieu vous a faite des plus petites, toutefois bien proportionnée. Quoique vous souhaitiez d'être grasse, je vous dirai en amie que la maigreur vous sied bien. Vos cheveux sont blonds, et par conséquent vos yeux bleus et beaux. Votre bouche grande, mais point désagréable. Enfin, à tout prendre, vous êtes bien faite, et vous avez aussi bonne mine que peut avoir une petite personne. »

« Pour de l'esprit, personne n'en a davantage que vous. Aussi, estes-vous d'une race dont tout ce que j'ay connu en a infiniment, et j'ay ouy dire la mesme chose de tout ce que je n'ay pas connu. On ne sçauroit l'avoir plus agréable, plus vif ni plus brillant que vous l'avez; vous l'avez même fort plaisant, pour peu que vous soyez en bonne humeur; et quoique vous ayez toujours esté médiocrement galante, vous ne laissez pas de l'avoir galant [1].

« Les premières années de vostre vie, que vous avez passées à la campagne, ont été employées en lecture de tout ce qu'il y a jamais eu de romans en notre langue et en la langue italienne, que vous possédez comme si elle vous étoit naturelle ; de sorte qu'avec la plus grande mémoire du monde et cette grande vivacité que vous avez, il ne faut pas s'étonner si dès lors votre esprit a beaucoup paru [2].

---

[1] Version de Mademoiselle : « Pour de l'esprit, vous en avez naturellement, et cela ne me surprend pas ; vous êtes d'une race dont tout ce que je connois en a infiniment, et j'ai ouï dire la même chose de tout ce que je n'ai pas connu. »

[2] « Comme vous l'avez fort vif et que ces sortes d'esprits demeurent rarement sans agir, j'ai su que les premières années de votre vie, que vous avez passées aux champs, ont esté employées à la lecture de tout ce qu'il y a jamais eu de romans en notre langue, en italien et espagnol ; car il est bon que l'on sache que vous possédez ces deux langues. Cette lecture pour l'ordinaire porte à aimer la galanterie ; les jeunes personnes y sont assez souvent conduites par ce chemin-là, et la province n'y nuit pas ; mais cette galanterie n'est pas d'un bon tour, non plus que les lumières que ces livres donnent, si tout cela n'est corrigé par quelques années de Paris ou de la cour, ou de tous les deux ensemble ; et quelquefois ne devient-on pas plus habile par là ; mais quand tout cela prend ce bon tour que j'ai dit être nécessaire, cette lecture n'est pas absolument inutile. »

Cette lecture de romans porte d'ordinaire à la galanterie, et les jeunes personnes surtout; mais j'ay toujours esté persuadé que ceux qui y sont arrivés par ce chemin-là y seroient arrivés par un autre, et votre exemple fait voir que cela n'est dangereux que pour celles qui y ont de la disposition.

« Vous avez esté à la cour en arrivant à Paris, et vous y estes descendue chez la personne du monde la plus propre à corriger ce que la province pouvoit avoir gasté, et qui sait le mieux tout ce qu'il faut pour rendre les gens tout à fait aymables. Mais d'entreprendre le portrait de Mme la comtesse de Maure avec le vôtre, ce seroit une grande hardiesse, et cela est au-dessus de mes forces. Je ne sais si vous avez apporté chez elle ce tact que vous avez à écrire, ou si vous l'y avez acquis; mais il n'y a rien de plus agréable que vos lettres; on y remarque même beaucoup l'air de celles de Voiture; et après avoir tant lu de romans, on voit bien que vous en feriez aisément vous-mesme [1].

« Je vous ay veue plusieurs fois vous servir fort heureusement de ceux que vous aviez lus pour entretenir les dames de campagne qui venoient pour voir Mademoiselle à Saint-Fargeau; ne sachant d'abord que leur dire, vous donniez dans *Cyrus*, dans *Clélie*, dans *Polexandre* et ce qui s'ensuit, leur demandant lesquels leur sembloient les plus beaux

---

[1] « Vous avez esté à la cour en arrivant à Paris; et vous y estes descendue chez la personne du monde la plus propre à faire les gens pour les faire fort aymables. Mais d'entreprendre le portrait de Mme la comtesse de Maure avec le vôtre, ce seroit une grande hardiesse et cela est au-dessus de mes forces. »

des anciens ou des modernes, si on ne se souvenoit pas du plaisir qu'on a eu à lire l'*Astrée*, quoique c'eust esté à douze ans qu'on l'avoit lu pour la première fois ; et si mesme les *Bergeries de Juliette* ne donnoient pas quelquefois d'agréables souvenirs ; mais que *Cyrus* et *Clélie* n'estoient pas seulement propres pour le divertissement , qu'ils l'estoient encore pour l'entretien, puisqu'on y peut apprendre la belle façon de vivre aussi bien que celle de parler ; et de la façon dont vous vous en démesliez, j'avoue, moy, qui n'ay pas tant d'estime que vous pour les romans, qu'il y a des occasions où ils peuvent estre fort utiles [1].

« Vous avez sans doute beaucoup d'affabilité et de civilité quand vous croyez qu'on en aura pour vous ; autrement vous estes fière au dernier point et quelque peu glorieuse. Or, quand vous vous souvenez que vous estes née princesse en Allemagne, vous oubliez que les chimères des autres vous donnent sujet de raillerie, et vous seriez assez propre à leur en donner à votre tour [2].

---

[1] « Revenons à vous et à vos romans. Ils ne vous ont pas nui puisque je ne vous ai vue vous servir de cette science que pour entretenir les dames de campagne qui venoient voir Mademoiselle à Saint-Fargeau ; ne sachant souvent que leur dire, vous leur teniez tels propos, croyant qu'ils leur devoient estre agréables. »

[2] « Ainsi cela sert à l'affabilité et à la civilité que vous avez naturellement pour ceux que vous croyez qui en auroient pour vous. Vous estes autrement fière au dernier point et quelquefois glorieuse, et j'ai découvert que cette fierté et cette gloire vous sont naturelles, et que ce sont des maladies de race ; car votre maison est venue d'Allemagne : quand vous vous souvenez que vous y êtes princesse, vous oubliez que les chimères des autres vous donnent sujet de raillerie, et vous seriez toute prête à en donner aux autres. »

« Vous faites profession de la dernière pruderie, e
ceux qui endurent le plus difficilement qu'on fasse
cette profession, l'endurent en vous, parce qu'on
voit bien que la vostre n'est pas fausse. Toutefois,
si vous aviez trouvé un galant qui eust eu toutes
les qualités que plusieurs ont séparément, je ne
sais ce qui en fust arrivé. Mais il n'est pas aisé de
satisfaire au goût de chez Mme la comtesse de Maure,
les sentimens les plus relevés estant ceux qu'il faut
avoir chez elle [1].

« On ne peut pas dire que vous ayez autant de
vertu chrétienne que de morale, quoy que vous ne
manquiez pas pourtant de piété. Je vous ay toujours
vue porter une grande envie à ceux qui ont une
véritable dévotion, et n'estimer qu'eux de vraiment
heureux. Vous avez beaucoup de pitié pour les pauvres, et vous voudriez pouvoir secourir tous les
misérables. Quoy que vous soyez aussi libérale que
l'on puisse l'estre, l'on reconnoît aux mouvements
que l'on vous voit dans les occasions de charité,
que c'est encore plutost la bonté que la libéralité
qui vous fait agir. Il y a véritablement quelque

---

[1] « Votre vertu irrépréhensible, et cette haute prudence que
vous professez intérieurement et extérieurement (cette explication est bonne en ce temps, sans en dire davantage, car en vous
disant des vérités favorables, il ne faut pas blâmer les autres), cette
haute vertu donc est assurément comme il faut ; et s'il y manque
quelque chose, c'est que l'humilité n'y est pas dominante. Avec
tout cela si vous aviez trouvé un galant qui eût seul toutes les
qualités que beaucoup de gens ont séparément, je ne sais pas ce
qui en fût arrivé ; mais comme c'est une chose impossible à trouver que des gens qui fussent propres à satisfaire au goût de Mme la
comtesse de Maure, c'est pourquoi vous êtes prude, car l'on ne
fait point de bassesse chez elle de quelque nature que ce soit. »

chose dans vostre naturel qui fait un assez grand
obstacle à votre dévotion, c'est que vous avez beaucoup de peine à pardonner; et c'est seulement envers vos ennemis qu'on ne s'aperçoit pas de votre
charité. Mais si vous estes infiniment sensible au
mal que l'on vous fait, vous ne l'estes pas moins
au bien, car personne n'a jamais esté plus reconnoissante que vous, ni plus officieuse, ni meilleure
amie; surtout vous avez la fidélité à un degré que
je n'ay veu qu'en fort peu de personnes. En récompense aussi vous prenez aisément feu quand vous
croyez que l'on vous a fait quelque manquement
d'amitié, car vous estes fort opposée à ceux qui
tiennent pour maxime qu'il faut quasi dissimuler
et vivre avec ceux qui ne nous ayment pas comme
avec ceux qui nous ayment. Si cela n'est pas si honneste que ce que vous faites, il est au moins plus
commode [1].

« Il me semble que voilà votre portrait achevé,
hormis ce qui regarde Mademoiselle; mais, à cause
d'elle, il faut encore y donner un coup de pinceau [2].

« L'on n'auroit pas préveu, quand vous estiez
chez la comtesse de Maure, qu'on vous pust jamais
accuser de paresse; car auprès d'elle vous estiez

---

[1] « Vous n'avez nulle dévotion, et cela vient de ce qu'ayant
le cœur bon, vous estes peu souffrante et que vous avez de la peine
à pardonner; vous avez autant de délicatesse sur la haine que sur
l'amitié; et la conduite uniforme de votre vie vous empêchant
d'avoir des remords, vous croyez que vivant moralement bien c'est
assez; et vous n'êtes pas seule que cette pensée éloigne de la dévotion; cela est plus philosophe que chrétien. »

[2] Passage qui n'existe pas dans la version de Mademoiselle.

fort diligente. Mais Mademoiselle dit que vous estes
fort paresseuse, et que vous voudriez toujours estre
assise, pourveu que ce fust en bonne compagnie. Il
n'y a pourtant personne qui ne s'estonne que vous
puissiez fournir à tout ce que vous faites auprès
d'elle. Ce qui fait cette différence-là, c'est peut-être
que vous n'aymez pas plusieurs choses qu'elle ayme;
car vous n'aymez ni à danser, ni à vous promener,
ni à faire aucun ouvrage. Pour ce qui est de mon-
ter à cheval, vous aymez cela à peu près comme
celle avec qui vous avez esté nourrie, qui n'a pas
la réputation d'estre une grande cavalière [1]. Véritablement, si c'est estre paresseuse que de haïr
les affaires et tous les soins domestiques, je suis
d'accord de ce que dit Mademoiselle, car personne
n'a jamais haï cela plus que vous; et mesme pour
les petits soins qui ne sont pas essentiels pour l'a-
mitié, mais qui servent pourtant à la conserver, vous
vous en exemptez assez volontiers. Après tout, ce
n'est pas vous mal connoître de dire que vous n'ay-

---

[1] « Vous estes fort paresseuse; vous n'aimez ni à vous promener, ni à travailler, mais beaucoup à dormir et à être assise en
bonne compagnie, car la mauvaise vous lasse encore plus que la
promenade. Je connois même de telles gens qui vous feroient mon-
ter à cheval, ce que vous haïssez fort, pour éviter l'honneur de
leur entretien. Vous seriez toujours volontiers dans une chaise, si
ce n'est qu'estant toujours avec des personnes qui en donnent à
fort peu de monde, à cela seul vous préférez l'honneur à la commodité. J'entends l'honneur de la compagnie; car pour l'honneur
personnel, il va devant tout, et quand on vous reproche toutes
ces choses, vous vous excusez sur la foiblesse de votre tempérament, quoique vous ayez plus de force de corps qu'à vous n'appartient; mais l'esprit étant le principal ressort qui agit en vous,
ceux qui vous connoîtront ne vous accuseront jamais d'avoir rien
de foible. »

mez qu'à estre en bonne compagnie. Vous n'aymez
mesme, ce me semble, plus guère à lire. Il est
vray qu'au lieu où vous estes, il seroit difficile que
vous en trouvassiez le loisir. Vous ne vous souciez
ni de belle maison, ni de beaux meubles; vous
sortez des lieux les plus magnifiques, sans y avoir
presque rien remarqué. En un mot, de tous les plaisirs vous n'estes touchée que de celuy de la conversation; et de toutes les passions, que de l'ambition,
car pour la hayne, encore que j'aye assez marqué
que vous n'en estes pas exempte, comme vous estes au fond fort bonne, et que vous craignez vrayment Dieu, ce que vous avez là-dessus ne va pas
jusqu'à la passion. Vous devez estre si assurée de
celle que j'ay pour vous, que quand ce portrait ne
vous ressembleroit pas autant qu'il faut, je crois
qu'il ne laisseroit pas de vous estre agréable, venant de ma main [1]. »

[1] Toute cette fin est différente dans la version de Mademoiselle.
« Vous êtes généreuse et vigoureuse pour vos amies : dès qu'il
s'agit de leur faire plaisir et de les servir, vous courez à ce qui
s'appelle par monts et par vaux. Vous êtes sensible aux offices
qu'on vous rend, et, pour des choses de rien, vous en avez beaucoup de reconnoissance. Je vous assure que rien n'est plus difficile
que de faire le portrait des autres, car de se guinder à la moyenne
région, ou de grimper, comme vous dites, sur des flammes pyra-
midales, quoique je sois assez alerte, et que j'aie assez de disposition, cela me seroit difficile ; et je crains toujours les choses dont on
ne voit point le retour, et où l'on ne regarde que le commencement,
car j'ai ouï dire que les retours valent bien matinées. Mais comme
je n'ai rien dit dans votre portrait qui puisse être interprété ni
contre vous, ni contre moi, je me mets l'esprit en repos. Je vous
donne le bonjour, et je vous supplie de me continuer l'honneur de
vos bonnes grâces; je dois avec justice y avoir quelque part, par
celle que je sais que vous avez dans les miennes. »

Mademoiselle de Scudéry ne jugeait pas moins favorablement

Quoique habitante du Luxembourg, Mlle de Vandy demeura toujours en très-intime rapport avec Mme de Maure; ce fut par elle qu'elle parvint à décider Mme de Sablé à recevoir Mademoiselle dans sa retraite de Port-Royal; elle écrivit à la marquise ce billet pour lui raconter l'effet de cette visite : « Votre lettre qui a paru ici, Madame, comme elle est, la plus belle du monde, pourroit empêcher les plus hardies de vous écrire. Ce n'est pourtant pas cela qui m'a fait garder le silence, mais le peu de santé que j'ai eu depuis quelques jours et la quantité d'affaires. Tout cela est cause que je n'ai pas eu l'honneur de vous dire plus tôt que Mademoiselle n'est pas moins charmée de vous que vous l'êtes d'elle, et que toute votre retraite ne sauroit vous mettre en sûreté contre elle, puisqu'elle est résolue d'aller vous voir souvent, et qu'elle est fort aimable, surtout quand les personnes lui plaisent

---

Mlle de Vandy : voici ce qu'elle en dit sous le nom de Télagine dans le *Cyrus :* « Elle étoit de taille médiocre, mais bien faite : elle avoit les yeux grands et bleus et d'un éclat doux et languissant qui plaisoit infiniment. Elle avoit le teint uni et vif, le visage en ovale, et les cheveux d'un châtain si clair et si beau qu'on eût pu les dire blonds sans leur faire grâce. Elle n'avoit pas seulement beaucoup de beauté, beaucoup de douceur et beaucoup d'esprit, elle avoit encore la mémoire remplie de tout ce qu'on avoit écrit d'agréable dans toute la Grèce : et depuis Hésiode jusqu'à Sapho qui vivoit alors, rien n'avoit échappé à sa curiosité de tout ce que les muses avoient produit d'excellent. Aussi cette grande lecture avoit-elle donné à Télagine une facilité de bien écrire et d'écrire galamment, qu'on mettoit avec raison entre les bonnes qualités qui la rendoient aymable. Sa conversation étoit douce, flatteuse et complaisante; mais ce qui étoit encore fort admirable en Télagine, c'est qu'elle avoit l'âme tendue infiniment à l'amitié, et toutes les inclinations si nobles et si portées à la véritable vertu, qu'elle étoit incapable de faire jamais rien qui la pût tant soit peu éloigner. »

autant que vous lui plaisez. Ainsi, Madame, comme
la retraite n'est pas un bon remède contre elle,
puisqu'elle peut l'interrompre quand il lui plaît, je
pense qu'il faudra vous servir aussi de l'oraison
pour vous mettre à couvert de ses charmes. Pour
la belle princesse de Toscane elle emporte si loin
les siens, que je vous vois en sûreté de ce côté-là.
Elle m'a témoigné n'être pas de même du vôtre, et
emporte un regret extrême de ne pouvoir plus revoir jamais une personne qui lui a paru si aimable,
et il me faudroit bien plus de temps que je n'en ai
pour vous dire tout ce qu'elles m'ont dit toutes deux
sur votre société. Toute leur compagnie étoit ravie
de vous; il n'y a pas eu jusqu'à Bernaton qui a dit
que vous étiez une dame de grande élévation. Voici
une terrible lettre pour être envoyée à une personne dont le mérite donne dans la vue à tout le
monde, mais vous êtes si bonne que vous me par-
donnerez tous ces défauts et que vous songerez seulement aux sentimens que celle qui l'a écrite a pour
vous, qui sont en vérité, Madame, les plus tendres et
les plus respectueux du monde. Je suis au désespoir
de partir sans avoir l'honneur d'aller vous le dire
moi-même. Notre voyage ne durera que huit jours,
et la première chose que je ferai en arrivant, ce
sera d'aller vous assurer de la continuation de mon
très-humble respect et de la passion avec laquelle
je serai toute ma vie votre très-obéissante servante.»

Mlle de Vandy entreprit bientôt après un plus
grand voyage : elle accompagna Mademoiselle dans
le fameux voyage des Pyrénées et quitta Paris au
mois de mai 1659; elle écrivit à cette occasion à

Mme de Maure deux longues lettres qui méritent
d'être recueillies ici et pour leur intérêt anecdotique et pour leur valeur littéraire [1].

Saint-Jean-de-Luz, 4e juin 1660. — « Enfin, Madame, le roy fut marié hier en Espagne. Mademoiselle voulut aller voir cette cérémonie-là. Elle partit
d'icy à cinq heures du matin, ayant seulement avec
elle Mme de Navailles, Mme de Pontac et moy. S. A. R.
étoit dans un carrosse sans armes, n'ayant autour
d'elle personne à cheval, ni pas un valet de pied,
elle estoit seulement suivie du carrosse de M. Guil-
loire, dans lequel il estoit et avec luy quelques-uns
des domestiques de Mademoiselle. Avec ce grand
équipage elle arriva à Andaye, où l'abbé Lesnet et
Caillet l'attendoient. M. l'évêque de Fréjus et

---

[1] Pendant le séjour de la cour à Bordeaux, au mois de septembre,
Mlle de Vandy écrivait ce billet à Mme de Montausier :

« C'est une entreprise si hardie pour une personne comme moi
que celle de vous écrire, Madame, que je sens bien que je ne m'y
serois jamais résolue, si je n'avois qu'à vous remercier du billet
que Mme la comtesse de Maure m'a envoyé. Bien que j'y aie trouvé
les plus obligeantes choses du monde à mon égard, je me serois
contentée de la prier de vous en rendre de très-humbles grâces.
Mais je ne me saurois empêcher de vous parler de Mlle votre petite-
fille. En vérité, l'entrée qu'elle a faite à la cour est tout à fait
digne de la nourriture que vous lui avez donnée : et l'on peut dire
sans vous flatter qu'elle y a apporté tout ce que le reste des jeunes
personnes y viennent chercher, ayant l'esprit tout fait et la grâce
admirable. Par-dessus cela elle danse comme Madame sa mère. Elle
fit hier son coup d'essai au bal chez Mademoiselle, où elle étoit une
des plus agréables. Tout ce que je vois à craindre pour vous, c'est
qu'elle soit trop galante, à cause des mauvais exemples qu'elle a
dans sa maison. Je me trouve bien plus hardie que je ne pensois.
A mesure, Madame, que j'écris, votre bonté me rassure. J'espère
que vous me ferez l'honneur de me la conserver, puisque je serai
toute ma vie avec tout le respect qui est dû à votre mérite, et avec
la plus grande passion du monde, etc. »

M. Lesnet, qui la devoient conduire, s'y trouvoient
aussy. Après avoir attendu quelque temps sur le
bord de la mer, il vint un fort joly vaisseau doublé
de damas bleu, dans lequel toute la troupe entra,
et M. de Fréjus alla devant, nous fûmes en deux
heures à Fontarabie. Mademoiselle alla tout droit à
la grande église que l'on trouva ornée des plus
belles tapisseries d'Espagne et remplie de quelques
Espagnols et de la plus grande quantité de monde
de François, hommes et femmes. Notre troupe se
mesla parmy tout cela, assez près du grand autel
et vis-à-vis d'une manière de chapelle de drap d'or
que l'on avoit faite pour mettre le roy d'Espagne et
l'Infante. Nous n'avions pas attendu un quart
d'heure que nous les vismes venir tous deux accom-
pagnés de six femmes et de plusieurs grands d'Espagne. Les aumosniers commencèrent aussitôt une
petite messe à la fin de laquelle le roy s'estant
levé et l'Infante aussi, D. Luis de Haro ayant leu la
procuration du roy qu'il avoit pour espouser l'Infante, l'évesque de Pampelonne la maria. Avant
que de donner son consentement elle fit la révé-
rence au roy son père, et luy, en luy donnant la
permission de dire ouy, fut si attendry que les lar-
mes luy vinrent aux yeux. Pour l'Infante, bien
qu'elle parût un peu attendrie, elle ne pleura point
et elle acheva la cérémonie comme elle avoit commencé, avec un air modeste, mais fort content.
Aussitost qu'elle fut reyne, le roy son père luy
donna la droite; elle fit beaucoup de résistance
avant que de la prendre, et quoique nous ne fussions pas assez proches pour entendre ce qu'elle

luy disoit, on voyoit bien que c'estoit des paroles de
respect et de tendresse; et tout le monde fut persuadé dès lors, par la manière dont on l'avoit vu
agir et par l'air de son visage, qu'elle avoit beaucoup d'esprit. En effet, elle a la physionomie toute
spirituelle. Pour la beauté, elle ressemble tout à
fait à la Reyne, et elle a, aussy bien qu'elle, cet
air de grande santé. Elle n'est pas si grande, mais
en eschange elle a un teint admirable. Mademoiselle
ne se contenta pas d'avoir veu ces Majestés à l'é-
glise, elle voulut les voir disner. Le Roy disna dans
une salle et la Reyne dans l'autre. S. A. R. fut
d'abord dans celle du Roy, qu'elle trouva déjà à
table, mais avec une telle gravité, qu'il est plutost
comme une statue que comme un homme. Tous ses
grands sont autour de la salle, couverts et plaqués
contre les murailles. Cette Majesté est servie à ge-
noux et avec le plus grand respect du monde. Mademoiselle, après avoir veu tout cela, entra chez la
Reyne; elle se mit fort proche d'elle; et cette jeune
Majesté qui n'a pas la gravité morte du Roy son
père, mais au contraire un air doux, civil et spirituel, elle regarda fort cette belle inconnue, qu'elle
avoit déjà fort remarquée à l'église; car dès que
Mademoiselle entra, on connut bien à sa mine qui
elle estoit; or, les Espagnols nous ayant demandé si
en effet ce n'estoit pas Mademoiselle, et nous
n'ayant pas jugé nécessaire d'en faire une finesse,
nous le leur avouâmes. Ils disoient tous : — Qu'elle
est belle! qu'elle a bonne mine! nous avons esté
bien proche de l'avoir pour notre reine! — Et cela
d'un air, comme s'ils avoient regret que cela n'eust

pas esté. Mais pour revenir à leur Infante elle acheva
de dîner mesme avec quelque sorte de précipitation dès qu'elle eut veu Mademoiselle; et, sortant
de table en passant auprès d'elle, elle dit d'un air
le plus aimable du monde : — J'ay bien envie d'embrasser cette inconnue ! — Et en effet elle l'embrassa.
S. A. R. voulut luy baiser la main, ce qu'elle ne
voulut jamais souffrir. Elle passa, et estant entrée
dans sa chambre, elle envoya prier Mademoiselle d'y
venir. Mademoiselle y fut; elle la reçut fort civilement, luy parlant de la proximité quy est entre
elles, ensuite de la Reyne, de M. le cardinal. S. A. R.
luy répondit sur tout; puis, luy parlant du Roy,
elle baissa les yeux fort modestement et on se remit à parler de la Reyne, disant qu'elle avoit envie
d'avoir l'honneur de la voir. Mademoiselle ayant
encore recommencé à parler du Roy, elle refit la
même chose. Enfin S. A. R. prit congé. La Reyne
l'embrassa encore, et nous ayant fait approcher
toutes trois, elle nous donna sa main à baiser, nous
faisant des sourires les plus gracieux du monde.
Après que nous fûmes sortis, elle manda à Mme de
Navailles qu'elle n'avoit point seu qu'elle dût estre
à elle, et qu'elle luy auroit fait plus d'amitié. Je ne
doute pas qu'elle soit sa dame d'honneur et luy ay
fait vos complimens. J'oubliois de vous dire que
l'Infante ne parle point françois, ni Mademoiselle espagnol, de sorte qu'il leur fallut un trucheman : ce
fut le baron de Vatteville. Nous trouvasmes Mar-
chin du plus avant dans cette cour-là. Au reste je
vous y souhaitay fort; mais quand je me souviens
que nous nous étions levés avant cinq heures, je

vis bien que quand mesme vous auriez esté icy, je
ne devois pas présumer de vous mener là. M. Lesnet fit merveille en toute cette aventure, et en
effet il brille fort en cette cour-là, aussi bien qu'en
celle-cy.

« Cette lettre est pour M. le comte aussi bien que
pour vous, Madame, et pour achever de vous effrayer des fatigues du jour d'hier, vous saurez que
le bal attendoit Mademoiselle. En effet en arrivant
elle n'eut que le loisir de s'habiller pour y aller. Je
ne vous diray point ce qui s'y passa, car ayant
trouvé Mme de Pontac de bonne volonté pour suivre
S. A. R. après qu'elle fut parée, je luy donnay ma
bénédiction ainsi qu'à Mademoiselle et je me cou-
chay. Voilà Mlle de Valois qui m'attrape en médisant
d'elle. Elle me le pardonne et me commande de
vous faire bien des amitiés de sa part. Je ne puis
me tenir de le dire devant elle : c'est un ange aussi
bien en beauté qu'en bonté, et Mme de Saujon en
dévotion. Je quitte cette plume pour la luy donner.
Adieu, Madame, je suis, comme je dis, absolument
à vous. Je n'ay pu encore parler à M. de Lyonne.
La Reyne est allée au lieu de la conférence voir le
Roy et l'Infante. Le Roy la doit voir sans se faire
connaître. »

8 juin 1660, à Saint Jean de Luz. — « Vous estes
bien malheureuse et moy aussy, Madame, de ce
que je n'écris pas si bien que Mlle de Scudéry. Si
cela estoit, j'aurois de quoy vous faire la plus belle
relation qui se puisse voir, ayant veu, ce me semble,
depuis que je n'ay eu l'honneur de vous écrire,
la plus grande chose du monde, puisque je me suis

trouvée quand les rois ont juré la paix. Cela fut
avant-hier, au lieu de la Conférence. M. Garnier vous
l'aura assez dépeint pour faire que vous m'enten-
diez bien quand je vous diray que lorsqu'on arriva
en ce lieu là, les deux rois entrèrent par leur costé
dans cette grande salle où sont tenues toutes les
conférences. Monsieur, M. le cardinal et D. Louis
de Haro y estoient avec eux. Ils furent enfer-
més ensemble pour le moins une heure. Après on
vint quérir Mademoiselle, ses sœurs, M. le prince
de Conty, Mme de Carignan, Mme la Palatine, Mme de
Bade, et on les fit entrer. Nous autres, nous les
suivismes, c'est-à-dire Mmes d'Uzez, la maréchale de
Gramont, de Navailles, de Saujon, les filles de la
reyne, une fille de Madame et moy. Nous vismes
entrer alors, du costé d'Espagne, tous les gens
nommés pour entrer, et du costé de la France la
mesme chose : c'estoient les officiers de la couronne
et de la maison du roy.

« En mesme temps l'abbé de Coalin apporta une
croix et le livre des Évangiles. M. de Brienne leust
le traité de paix pour la France, nommant M. le
cardinal avant D. Louis de Haro. Aussitost le secrétaire d'Estat d'Espagne leust la mesme chose de son
costé, nommant aussi D. Louis de Haro avant M. le
cardinal. Après, les roys s'embrassèrent, et la
reyne mère embrassa le roy son frère, qui receust
cela avec une gravité admirable et sans se baisser ;
les reynes s'embrassèrent aussy, et la reyne mère
présenta Mademoiselle et toutes les dames à la
reyne. M. le cardinal présenta au roy d'Espagne
tous les seigneurs françois, et D. Louis de Haro

tous les seigneurs d'Espagne au roy. Monsieur les
présenta à la reyne mère, à qui ils baisèrent tous
la main. Les roys sortirent ensuite tous deux par
leurs portes, se reculant sans se tourner le dos,
et ne faisant pas un pas de plus l'un que l'autre.
Ils furent tous dans un cabinet signer la paix. Les
reynes ni les deux cours ne bougèrent de la salle.
J'oubliois de vous dire que la cour des femmes de
la nouvelle reyne n'estoit pas si belle que la nostre,
n'estant composée que de six personnes, très-vieilles
femmes, habillées de blanc et de noir, et trois
jeunes filles habillées de couleur, mais les moins
belles qui se puissent voir. Les roys rentrèrent
bientost dans le mesme ordre, et après que
l'on eust esté ensemble un quart d'heure et que
le roy et la reyne se furent fait bien des amitiés, la compagnie se sépara, le roy d'Espagne
remmenant encore la reyne sa fille. Il ne la donna
que le lendemain que la reyne la fist quérir.
Mademoiselle n'y fust point. La reyne mère luy
ordonna de demeurer icy pour recevoir la reyne :
ce qui fust fait.

« Mais pour revenir à ce que nous vismes à la conférence, je vous assure, Madame, que tant que tout
cela dura, je ne fis que penser au malheur que
nous avons eu de ne pouvoir rien faire de l'affaire
de Mlle d'Atrie, et que cela fust cause que je ne
fus pas gaye comme je l'aurois esté de voir jurer la
paix, si vous y aviez trouvé la satisfaction que
vous demandiez, et que vous auriez eue sans doute,
si vous estiez aussi heureuse que vous l'estes peu.
Je n'ay pu vous envoyer cette lettre aussitost qu'elle

a esté écrite, de sorte que j'ay bien d'autres choses
à vous dire à cette heure [1].

« Enfin la cérémonie de mariage du roy fust faite
hier. Ne vous attendez pas, Madame, que je vous
die tout ce que j'y ai veu , car je ne saurois donner
l'ordre qu'il faudroit pour écrire une si grande
chose. Vous saurez seulement, par moy, que les
reynes, qui estoient chascune sous un haut dais,
estoient les plus belles du monde. La mariée estoit
à droite avec le roy. Il estoit habillé à son ordinaire. Pour elle, elle avoit ce grand manteau
royal , dont on entend parler toute sa vie, et
que l'on voit quelquefois dans les tableaux, avec la
couronne d'or sur la teste. Mesdemoiselles et Mme la
princesse de Carignan, portoient sa queue. Monsieur présenta un cierge au roy pour aller à l'offrande, et Mademoiselle un de la même sorte à la
reyne. La messe fust fort longue, et, à la fin , on
mit le roy et la reyne sous une toilette : on me dit
que cela se nommoit le poisle. Toute la cour estoit
ce jour-là, comme vous pouvez penser, à l'église,
et tout le monde habillé magnifiquement. Sans
mentir, cela avoit bien une autre pompe que ce que
nous avions veu à Fontarabie. On sortit dans le mesme
ordre où l'on estoit entré , le roy et la reyne mariée
les premiers ; la robe de la reyne estoit portée par
les princesses que j'ay déjà nommées, Saint-Mesme
portant la queue de Mlle d'Alençon , le marquis du
Chastelet celle de Mlle de Valois, et La Feuillade

---

[1] En éffet cette lettre ne put pas être envoyée le jour où elle
fut commencée, 8 juin, puisque le mariage ne fut célébré que le 9.

celle de Mme de Carignan. La reyne mère marchoit
après, Mme la comtesse de Flex portant sa queue.
Mademoiselle la suivoit, et M. Mancini portoit sa
queue. Enfin, ce n'a point esté M. de Roquelaure
qui l'a portée : ces ducs à brevet ont fait difficulté
de porter les queues de Mesdemoiselles, et Mademoiselle n'a point voulu avoir ce que ses sœurs n'avoient
point, en sorte que M. le cardinal lui a donné son
neveu.

« Mais, puisque j'en suis sur les queues, il faut
bien parler de celle de Mme la Palatine. On fust
tout estonné hier au matin que l'on la vit arriver
chez la reyne mère avec une grande queue.
Mme d'Uzez dit à la reyne mère que cela ne luy appartenoit pas ; elle répondit qu'aux noces de la
reyne d'Angleterre toutes les princesses de Lorraine
en avoient. Mme d'Uzez dit encore que cela ne leur
appartenoit pas. Et la reyne ayant obstiné que si,
Mme d'Uzez dit qu'elle ne se trouveroit point à la
cérémonie, et s'en alla à l'église sans attendre.
Un peu après Mademoiselle vint chez la reyne. On
lui dit ce qui venoit d'arriver. S. A. R. trouva qu'il
y alloit de son intérest que Mme la Palatine eût une
queue comme elle et comme Mesdemoiselles ses
sœurs. M. le prince de Conty et Mme de Carignan,
qui se trouvoient là, dirent aussi que cela intéressoit
toute la maison royale, et que Mademoiselle en estant
l'aisnée, en devoit maintenir tous les intérests.
Mademoiselle parla donc à la reyne, qui, d'abord,
dit ce qu'elle avoit répondu à Mme d'Uzez, que les
princesses de Lorraine avoient des queues aux noces de la reyne d'Angleterre. Mme de Carignan dit

que c'estoit comme parentes, et Mademoiselle ajouta qu'il falloit savoir de M. de Rhodes comme tout s'estoit passé. Il vint, et dit qu'en effet ces princesses avoient eu des queues, mais qu'on avoit trouvé depuis que cela leur appartenoit si peu, que l'on avoit défendu qu'il fust écrit sur le cérémonial. Là-dessus le Roy et M. le cardinal arrivèrent, et il fut conclu que Mme la Palatine n'auroit point de queue ; de sorte qu'elle sortit de chez la reyne toute parée de diamants, et pleurant de ce qu'elle n'avoit pas eu ce qu'elle prétendoit. J'oubliois qu'on avoit dit aussi qu'elle ne pouvoit estre sur le banc des princesses du sang', non plus qu'elle ne pouvoit avoir de queue.

« Il faut que je vous reparle encore de la cérémonie pour vous dire que Mademoiselle y parut avec une mine et un air admirables, et qu'elle n'a jamais esté plus belle qu'elle n'estoit là. Mesdemoiselles ses sœurs estoient aussy comme deux anges aux costés de cette jeune reyne. Enfin j'ay regret que vous n'ayez point veu cela, et d'autant plus que vous l'auriez pu voir en ne vous levant qu'à neuf heures.

« Tout cecy est pour M. le comte et pour vous, Madame ; je vous supplie d'en mander aussi ce que vous jugerez à propos à Mme la marquise, car pour ma lettre, elle est trop mal faite et trop barbouillée pour aller jusques à elle. Elle dit qu'elle sera très-aise de vous revoir ; il n'y a que moy qui en seray faschée.

« Nos princesses avoient à la cérémonie des robes de ferrandines et des mantes de crespe volant, et

11.

toutes trois estoient parées de perles. Mais il faut
bien quitter tout cela pour vous parler de la dame
d'atours de notre nouvelle Reyne. Plusieurs personnes croient qu'elle n'entrera point en charge,
parce qu'elle mourra de joye quand elle saura qu'on
l'a choisie pour cela. Vous ne vous estonnerez pas
de ce que je vous dis, quand vous saurez que c'est
Mme la comtesse de Béthune [1]. Après cet événe-
ment-là, vous et Mme de Montausier, vous ne devez
jamais prétendre à rien. Je vous supplie de lui dire
de ma part. M. le cardinal ne se contente pas de
donner cette charge pour rien. On dit qu'il fait encore M. de Béthune ambassadeur à Rome. J'ai
quasy envie de vous supplier de leur faire compliment pour moy. M. le cardinal et D. Luis achè-
vent le reste des affaires. M. le cardinal fut encore
hier à la conférence. On dit que nous partirons
lundy [2], de sorte que je vous dis adieu, Madame, et
à M. le comte aussy jusques à Bordeaux. Mesdemoiselles partent après demain, laissant tout le monde
content d'elles.

« Cette lettre, qui a été escrite à plusieurs reprises,
a été achevée le 13. Je vous rends mille grâces très-
humbles, Madame, de ce que vous avez fait pour
nous vers M. le Prince. »

Il est difficile de suivre avec détail la trace de
Mlle de Vandy après son retour en France : les

[1] Anne-Marie de Beauvillier, fille du comte de Saint-Aignan,
et de Jacqueline de la Grange-Martigny, 1608-1688. Elle avait
épousé en 1629 Hippolyte de Béthune, comte de Selles, chevalier
d'honneur de la Reine, dont sa femme était dame d'atours, et des
ordres du roi.

[2] La cour quitta Saint-Jean-de-Luz le 15 juin.

mémoires n'en parlent pas et les chroniqueurs sont
également muets sur son compte. Pas plus que
Mme de Maure, elle n'a eu les honneurs d'un article
dans la grande *Biographie universelle* où se ren-
contrent cependant des noms parfaitement incon-
nus. Les derniers renseignements que j'ai pu recueillir me sont fournis par la correspondance de
Bussy-Rabutin, qui alors ne songeait plus à en parler
irrespectueusement. Nous savons qu'elle demeura
toute sa vie auprès de Mademoiselle, qui ne cessa de
professer pour elle la plus sincère affection : elle
continua aussi à être recherchée dans les cercles les
plus honnêtes de Paris et fut particulièrement liée
avec Mlle de Scudéry.

« Mlle de Vandy est guérie, écrit Mlle de Scudéry
à Bussy, de Paris le 12 août 1672; nous sommes
éternellement ensemble, elle, Mlle de Portes et moi.
Je vous assure que je me trouve délicieusement avec
ces deux béates. Il n'y a point de coquettes à la cour
de si bonne compagnie qu'elle. » Une autre lettre
de la même, du 14 septembre, nous apprend que
Mlle de Vandy « est fort des amies du roi de Pologne. » Le 27 février 1673, elle écrit encore au
même correspondant : « Vous avez raison de dire
que je devois avoir des amis, car je suis assurément
une très-bonne femme. Cependant je vous avoue
sincèrement que de la manière dont je conçois l'a-
mitié, je n'ai que d'agréables apparences d'amis;
et je me trouve des sentimens tellement au-delà de
ceux qu'on a pour moi que, quand je me mets à regarder de près aux choses, à la réserve de mes
deux amies Mlles de Vandy et de Portes, je laisserois

là le métier d'amie comme fort inutile. Il est vrai
que ces deux amies réparent un peu dans mon esprit l'opinion que j'avois que ceux qui cherchent la
véritable amitié étoient aussi fous que ceux qui cherchent la pierre philosophale. » Mlle de Vandy méritait assurément ce sentiment, car voici comment
Mlle de Scudéry là dépeignait dans une précédente
lettre du 26 septembre 1670 : « Pour Mlle de Vandy,
je lui ai lu l'endroit de votre lettre où vous me
mandez la manière dont vous feriez galanterie si
vous étiez une dame ; elle a extrêmement ri, enfin
elle m'a priée de vous le mander et qu'elle étoit toujours votre servante. Si vous connoissiez combien
elle a l'humeur égale, le cœur bien fait et l'esprit
agréable, vous vous mettriez en quatre pour être
son ami particulier. »

Mlle de Vandy mourut à Paris, en 1685, étant
devenue, comme le constate son acte mortuaire,
l'une des dames de la reine.

MAXIMES

DE Mme LA COMTESSE DE SABLÉ.

MAXIMES

DE MME LA COMTESSE DE SABLÉ.

———

Mme la comtesse de Maure aimait fort les sentences, quoique, comme nous l'avons dit, elle reconnût
elle-même son impuissance à savoir en tourner;
mais elle s'en occupait beaucoup et il est permis de
croire qu'elle n'est pas demeurée complétement
étrangère à celles de la marquise de Sablé; elle lui
en parlait souvent dans ses lettres et comprenait à
merveille, ce me semble, la forme que devaient re-
vêtir ces petits jeux d'esprit : « Vostre sentence est
admirable, lui mande-t-elle un jour; rien de faux,
rien d'obscur, et de ce tour court que j'aime aux
sentences. » Les billets conservés par Valant renferment de nombreux passages relatifs aux sentences
et aux *sentencieux;* la comtesse cependant voulait
paraître incompétente pour ces débats : « Je vois
que vous autres sentencieux, vous ne faites aucune
difficulté de vous censurer; mais il ne m'appartient
pas de faire là-dessus ce que vous faites. » Mme de
Maure semble particulièrement craindre de faire

connaître son avis : nous avons vu comme elle fut
inquiète de son jugement sur les *Maximes* de M. de
la Rochefoucauld, et comme elle demanda avec instance à son amie de lui rendre sa lettre; elle n'eut
pas moins de prudence à l'égard de l'académicien Jacques Esprit qui tenait le rôle principal en
fait de maximes chez Mme de Sablé, et dont, à cet
égard, le duc de la Rochefoucauld fut le disciple.
« Je vous prie, écrit une autre fois Mme de Maure à
la marquise, par la fidélité que nous avons l'une
pour l'autre, de ne faire voir cecy qu'à Mlle de Chalais; car pour M. Esprit, il n'y faut même pas songer. Je vous demande cela au pied de la lettre,
c'est-à-dire qu'il ne sache jamais que je vous aie
montré d'y trouver rien à redire. » Une autre fois
elle se permet une observation qui devait passer
probablement sous les yeux du susceptible académicien : aussi de quel ton elle l'essaye ! « Pour la sentence de M. Esprit, encore qu'il me semble qu'il y a
de la témérité de croire qu'il puisse faillir, je ne
saurois concevoir que, etc. » La comtesse paraît cependant avoir eu un sens exquis dans l'appréciation
des maximes en général, mais surtout pour celles
de Jacques Esprit, vraies dans la généralité assurément, mais cependant trop absolues, ce qui faisait
encore dire à Mme de Maure qu'il faudrait ajouter
un *quasi* à toutes ses sentences.

Je crois qu'il est permis d'après ces témoignages
de croire, comme je le disais en commençant, que
Mme de Maure n'est pas, grâce à ses conseils, demeurée complétement étrangère aux maximes de
la marquise de Sablé. Il m'a semblé dès lors qu'il

serait assez curieux de publier ici ce très-court recueil, assez rare aujourd'hui, et qui n'est pas à dédaigner pour les amateurs de sentences. Elles n'ont été d'ailleurs éditées que deux fois: la première en 1678, sous ce titre : *Maximes de madame la marquise de Sablé et Pensées diverses de M. L. D.*, en un mince volume, tout petit in-octavo, chez Sébastien Mabre-Cramoisy; la seconde fois à la suite des *Maximes de la Rochefoucauld*, dans l'édition d'Amsterdam, en 1712.

Le volume dont je viens de transcrire le titre se compose d'une introduction très-élogieuse des *Maximes* de la marquise; d'un avertissement pour les *Pensées diverses*, et d'une table très-détaillée de celles-ci. «Les *Pensées diverses* qui suivent ne sont pas de la mesme personne qui a composé les *Maximes* qu'on vient de lire, mais comme elles sont d'un de ses amis particuliers, et que c'est elle en quelque façon qui les a fait naistre, il a semblé qu'il estoit à propos de les mettre icy. » Cet ami, naturellement très-heureux de joindre ses assez faibles œuvres à celles de Mme de Sablé, était l'abbé d'Ailly, précepteur des enfants de Mme de Longueville, ecclésiastique bel esprit, qui faisait sa cour à la marquise parce qu'il connaissait son influence sur la duchesse. Il publia ce recueil deux mois après la mort de Mme de Sablé [1], en y joignant une introduction qui est un véritable panégyrique : j'en citerai seulement un court passage : « L'illustre personne qui a composé les maximes qu'on donne au public, avoit

---

[1] Mme de Sablé est morte le 16 janvier 1678, et le privilége royal de ce volume est daté du 18 mars.

des qualités si grandes et si extraordinaires qu'il est bien difficile de les exprimer par des paroles, quoy-qu'on les sente bien, et qu'on en soit vivement tous-ché pour peu qu'on ait eu l'honneur de la connoî-tre. Elle a convaincu les honnestes gens de son siècle qu'un mérite essentiel et estimé n'est pas de la nature de ces choses qui flattent en vain les es-pérances des hommes. Elle a esté également hono-rée des grands et des particuliers, et elle avoit établi une espèce d'empire sur les uns et sur les au-tres par une supériorité naturelle à laquelle tout le monde se soumettoit aisément. »

MAXIMES.

———

I.

Comme rien n'est plus foible et moins raisonnable, que de soumettre son jugement à celuy d'autruy, sans nulle application du sien ; rien n'est plus grand et plus sensé que de le soumettre aveuglément à Dieu, en croyant sur sa parole tout ce qu'il dit.

II.

Le vray mérite ne dépend point du temps, ni de la mode. Ceux qui n'ont point d'autre avantage que l'air de la cour, le perdent quand ils s'en éloignent ; mais le bon sens, le sçavoir et la sagesse rendent habile et aimable en tout temps et en tous lieux.

III.

Au lieu d'estre attentifs à connoistre les autres, nous ne pensons qu'à nous faire connoistre nous-mêmes. Il vaudroit mieux escouter pour acquérir de nouvelles lumières, que de parler trop pour montrer celles que l'on a acquises.

IV.

Il est quelquefois bien utile de feindre que l'on est trompé; car lorsque l'on fait voir à un homme artificieux qu'on reconnoist ses artifices, on luy donne sujet de les augmenter.

V.

On juge si superficiellement des choses, que l'agrément des actions et des paroles communes, dites et faites d'un bon air, avec quelque connoissance des choses qui se passent dans le monde, réussissent souvent mieux que la plus grande habileté.

VI.

Estre trop mécontent de soy, est une foiblesse; estre trop content de soy, est une sottise.

VII.

Les esprits médiocres, mais mal faits, surtout les demi-sçavants, sont les plus sujets à l'opiniâtreté. Il n'y a que les âmes fortes qui sçachent se dédire et abandonner un mauvais parti.

VIII.

La plus grande sagesse de l'homme consiste à connoistre sa folie.

IX.

L'honnesteté et la sincérité dans les actions égarent les meschans et leur font perdre la voye par laquelle ils pensent arriver à leurs fins, parce que les meschans croyent d'ordinaire qu'on ne fait rien sans artifice.

X.

C'est une occupation bien pénible aux fourbes d'avoir toujours à couvrir le défaut de leur sincérité et à réparer le manquement de leur parole.

XI.

Ceux qui usent toujours d'artifice devroient au moins se servir de leur jugement pour connoistre qu'on ne peut guère cacher longtemps une conduite artificieuse parmi des hommes habiles, et toujours appliqués à la découvrir, quoiqu'ils feignent d'estre trompés, pour dissimuler la connoissance qu'ils en ont.

XII.

Souvent les bienfaits nous font des ennemis, et l'ingrat ne l'est presque jamais à demi : car il ne se contente pas de n'avoir point la reconnoissance qu'il doit; il voudroit mesme n'avoir pas son bienfaiteur pour témoin de son ingratitude.

XIII.

Rien ne nous peut tant instruire du déréglement général de l'homme, que la parfaite connoissance de nos déréglemens particuliers. Si nous voulons faire réflexion sur nos sentimens, nous reconnoîtrons dans notre âme le principe de tous les vices

que nous reprochons aux autres : si ce n'est par
nos actions, ce sera au moins par nos mouvemens.
Car il n'y a point de malice que l'amour-propre ne
présente à l'esprit pour s'en servir aux occasions; et
il y a peu de gens assez vertueux pour n'estre point
tentés.

XIV.

Les richesses n'apprennent pas à ne se point pas-
sionner pour la richesse. La possession de beaucoup
de biens ne donne pas le repos qu'il y a de n'en
point désirer.

XV.

Il n'y a que les petits esprits qui ne peuvent souffrir qu'on leur reproche leur ignorance, parce que,
comme ils sont ordinairement fort aveuglés en toutes choses, fort sots et fort ignorants, ils ne dou-
tent jamais de rien et sont persuadés qu'ils voyent
clairement ce qu'ils ne voyent qu'au travers de l'obscurité de leur esprit.

XVI.

Il n'y a pas plus de raison de trop s'accuser de
ses défauts que de s'en trop excuser. Ceux qui s'ac-
cusent par excès, le font souvent pour ne pouvoir
souffrir qu'on les accuse, ou par vanité de faire
croire qu'ils sçavent confesser leurs défauts.

XVII.

C'est une force d'esprit d'avouer sincèrement nos
défauts et nos perfections; et c'est une foiblesse de

ne pas demeurer d'accord du bien ou du mal qui
est en nous.

XVIII.

On aime tellement toutes les choses nouvelles et
extraordinaires, qu'on a même quelque plaisir secret par la vue des plus tristes et des plus terribles
événemens, à cause de leur nouveauté, et de la malignité naturelle qui est en nous.

XIX.

On peut bien se connoître soy-mesme, mais on ne
s'examine point assez pour cela; et l'on se soucie
davantage de paroistre tel qu'on doit estre, que
d'estre en effet ce qu'on doit.

XX.

Si l'on avoit autant de soin d'estre ce qu'on doit
estre que de tromper les autres en déguisant ce
que l'on est, on pourroit se montrer tel qu'on est,
sans avoir la peine de se déguiser.

XXI.

Il n'y a personne qui ne puisse recevoir de grands
secours et de grands avantages des sciences; mais
il y a aussi peu de personnes qui ne reçoivent un
grand préjudice des lumières et des connoissances
qu'ils ont acquises par les sciences, s'ils ne s'en servent comme si elles leur étoient propres et naturelles.

XXII.

Il y a une certaine médiocrité difficile à trouver

avec ceux qui sont au-dessus de nous, pour prendre la liberté qui sert à leurs plaisirs et à leurs divertissemens, sans blesser l'honneur et le respect qu'on leur doit.

XXIII.

On a souvent plus d'envie de passer pour officieux que de réussir dans les offices ; et souvent on aime mieux pouvoir dire à ses amis qu'on a bien fait pour eux que de bien faire en effet.

XXIV.

Les bons succès dépendent quelquefois du défaut de jugement, parce que le jugement empesche souvent d'entreprendre plusieurs choses que l'inconsidération fait réussir.

XXV.

On loue quelquefois les choses passées pour blâmer les présentes ; et pour mépriser ce qui est, on estime ce qui n'est plus.

XXVI.

Il y a un certain empire dans la manière de parler et dans les actions, qui se fait faire place partout, et qui gagne par avance la considération et le respect. Il sert en toutes choses, et mesme pour obtenir ce qu'on demande.

XXVII.

Cet empire qui sert en toutes choses n'est qu'une autorité bienséante qui vient de la supériorité de l'esprit.

XXVIII.

L'amour-propre se trompe mesme par l'amour-propre, en se faisant voir.

XXIX.

Tout le monde est si occupé de ses passions et de ses intérêts, que l'on en veut toujours parler sans jamais entrer dans la passion et dans l'intérest de ceux à qui on en parle, encore qu'ils ayent les mesmes besoins qu'on les écoute et qu'on les assiste.

XXX.

Les liens de la vertu doivent estre plus étroits que ceux du sang; l'homme de bien estant plus proche de l'homme de bien par la ressemblance des mœurs, que le fils ne l'est de son père par la ressemblance du visage.

XXXI.

Une des choses qui fait que l'on trouve si peu de gens agréables, et qui paroissent raisonnables dans la conversation, c'est qu'il n'y en a quasi point qui ne pensent plutost à ce qu'ils veulent dire qu'à répondre précisément à ce qu'on leur dit. Les plus complaisans se contentent de montrer une mine attentive, en mesme temps qu'on voit dans leurs yeux et dans leur esprit un égarement et une précipitation de retourner à ce qu'ils veulent dire : au lieu qu'on devroit juger que c'est un mauvais moyen de plaire que de chercher à se satisfaire si fort; et que bien écouter et bien répondre, est une plus grande perfection que de parler bien et beaucoup sans écouter et sans répondre aux choses qu'on nous dit.

XXXII.

La bonne fortune fait quasi toujours quelque changement dans le procédé, dans l'air et dans la manière de converser et d'agir. C'est une grande foiblesse de vouloir se parer de ce qui n'est point à soy. Si l'on estimoit la vertu plus que toutes autres choses, aucune faveur ni aucun employ ne changeroit jamais le cœur ni le visage des hommes.

XXXIII.

Il faut s'accoutumer aux sottises d'autruy, et ne se point choquer des niaiseries qui se disent en notre présence.

XXXIV.

La grandeur de l'entendement embrasse tout. Il y a autant d'esprit à souffrir les défauts des autres qu'à connoître leurs bonnes qualités.

XXXV.

Savoir bien découvrir l'intérieur d'autruy et cacher le sien, est une grande marque de supériorité d'esprit.

XXXVI.

Le trop parler est un si grand défaut, qu'en matières d'affaires et de conversation, si ce qui est bon est court, il en est doublement bon; et l'on gagne

par la brièveté ce qu'on perd souvent par l'excès
des paroles.

XXXVII.

On se rend quasi toujours maistre de ceux que
l'on connoît bien, parce que celui qui est parfaitement connu est en quelque sorte soumis à celuy
qui le connoist.

XXXVIII.

L'estude et la recherche de la vérité ne servent
souvent qu'à nous faire voir par expérience l'ignorance qui nous est naturelle.

XXXIX.

On fait plus de cas des hommes quand on ne
connoît point jusqu'où peut aller leur suffisance ;
car l'on présume toujours davantage des choses que
l'on ne voit qu'à demi.

XL.

Souvent le désir de paroître capable empesche de
le devenir, parce que l'on a plus d'envie de faire
voir ce que l'on sçait, que l'on a de désir d'apprendre ce que l'on ne sçait pas.

XLI.

La petitesse de l'esprit, l'ignorance et la pré-
somption font l'opiniastreté, parce que les opinias-
tres ne veulent croire que ce qu'ils conçoivent et
qu'ils ne conçoivent que fort peu de choses.

XLII.

C'est augmenter ses défauts que de les désavouer quand on nous les reproche.

XLIII.

Il ne faut pas regarder quel bien nous fait un ami, mais seulement le désir qu'il a de nous en faire.

XLIV.

Encore que nous ne devrions pas aimer nos amis pour le bien qu'ils nous font, c'est une marque qu'ils ne nous aiment guères, s'ils ne nous en font point quand ils en ont le pouvoir.

XLV.

Ce n'est ni une grande louange, ni un grand blâme, quand on dit qu'un esprit est ou n'est plus à la mode. S'il est une fois tel qu'il doit estre, il est toujours comme il doit estre.

XLVI.

L'amour qu'on a pour soy-mesme est quasi toujours la règle de toutes nos amitiés. Il nous fait passer par-dessus tous les devoirs dans la rencontre où il y va de quelque intérest, et mesme oublier les plus grands sujets de ressentiment contre nos ennemis, quand ils deviennent assez puissans pour servir à nostre fortune ou à nostre gloire.

XLVII.

C'est une chose bien vaine et bien inutile de

faire passer l'examen de tout ce qui se passe dans
le monde, si cela ne sert à se redresser soy-
mesme.

XLVIII.

Les dehors et les circonstances donnent souvent
plus d'estime que le fond et la réalité. Une méchante manière gaste tout, mesme la justice et la
raison. Le *comment* fait la meilleure partie des
choses, et l'air qu'on leur donne, dore, accommode
et adoucit les plus fâcheuses. Cela vient de la foiblesse et de la prévention de l'esprit humain.

XLIX.

Les sottises d'autruy nous doivent estre plutost
une instruction qu'un sujet de nous moquer de
ceux qui les font.

L.

La conversation des gens qui aiment à régenter
est bien fâcheuse. Il faut toujours estre prèt de se
rendre à la vérité et à la recevoir de quelque part.
qu'elle nous vienne.

LI.

On s'instruit aussi bien par le défaut des autres
que par leur instruction. L'exemple de l'imperfec-
tion sert quasi autant à se rendre parfait, que celuy
de l'habileté et de la perfection.

LII.

On aime beaucoup mieux ceux qui tendent à nous

imiter, que ceux qui tâchent à nous égaler; car l'imitation est une marque d'estime, et le désir d'estre égal aux autres est une marque d'envie.

LIII.

C'est une louable adresse de faire recevoir doucement un refus par des paroles civiles, qui réparent le défaut du bien qu'on ne peut accorder.

LIV.

Il y a beaucoup de gens qui sont tellement nés à dire *non*, que le *non* va toujours au-devant de tout ce qu'on leur dit. Il les rend si désagréables, encore bien qu'ils accordent enfin ce qu'on leur demande, ou qu'ils consentent à ce qu'on leur dit, qu'ils perdent toujours l'agrément qu'ils pourroient recevoir s'ils n'avoient point si mal commencé.

LV.

On ne doit pas toujours accorder toutes choses, ni à tous. Il est aussi louable de refuser avec raison que de donner à propos. C'est en cela que le *non* de quelques-uns plaît davantage que le *oui* des autres. Le refus accompagné de douceur et de civilité satisfait davantage un bon cœur qu'une grâce qu'on accorde sèchement.

LVI.

Il y a de l'esprit à sçavoir choisir un bon conseil aussi bien qu'à agir de soy-mesme. Les plus judicieux ont moins de peine à consulter les sentiments des autres ; et c'est une sorte d'habileté de sçavoir se mettre sous la bonne conduite.

LVII.

Les maximes de la vie chrétienne qui se doivent seulement puiser dans les vérités de l'Évangile, nous sont toujours quasi enseignées selon l'esprit et l'humeur naturelle de ceux qui nous les enseignent. Les uns par la douceur de leur naturel, les autres par l'aspreté de leur tempérament, tournent et employent selon leur sens la justice et la miséricorde de Dieu.

LVIII.

Dans la connoissance des choses humaines, nostre esprit ne doit jamais se rendre esclave, en s'assujettissant aux fantaisies d'autruy. Il faut étendre la liberté de son jugement, et ne rien mettre dans sa teste par aucune autorité purement humaine. Quand on nous propose la diversité des opinions, il faut choisir, s'il y a lieu ; sinon, il faut demeurer dans le doute.

LIX.

La contradiction doit éveiller l'attention et non pas la colère. Il faut écouter et non fuir celuy qui contredit. Nostre cause doit toujours estre celle de la vérité, de quelque façon qu'elle nous soit montrée.

LX.

On est bien plus choqué de l'ostentation que l'on

fait de la dignité que de celle de la persoune. C'est
une marque que l'on ne mérite pas les emplois,
quand on se fait de feste; si l'on se fait valoir, ce
ne doit estre que par l'éminence de la vertu. Les
grands sont plus en vénération par les qualités de
leur âme que par celles de leur fortune.

LXI.

Il n'y a rien qui n'ait quelque perfection. C'est le
bonheur du bon goust de le trouver en chaque
chose; mais la malignité naturelle fait souvent découvrir un vice entre plusieurs vertus pour le ré-
véler et le publier, ce qui est plutost une marque
de mauvais naturel qu'un avantage de discernement, et c'est bien mal passer sa vie, que de se
nourrir toujours des imperfections d'autruy.

LXII.

Il y a une certaine manière de s'écouter en parlant, qui rend toujours désagréable : car c'est une
aussi grande folie de s'écouter soy-mesme quand
on s'entretient avec les autres, que de parler tout
seul.

LXIII.

Il y a peu d'avantage de se plaire à soy-mesme,
quand on ne plaist à personne : car souvent le trop
grand amour que l'on a pour soy est châtié par le
mépris d'autruy.

LXIV.

Il se cache toujours assez d'amour-propre sous la

plus grande dévotion, pour mettre des bornes à la charité.

LXV.

Il y a des gens tellement aveuglés, et qui se flattent tellement en toutes choses, qu'ils croyent toujours comme ils désirent, et pensent aussi faire croire aux autres tout ce qu'ils veulent; quelque méchante raison qu'ils emploient pour persuader, ils en sont si préoccupés, qu'il leur semble qu'ils n'ont qu'à le dire d'un ton fort haut et affirmatif pour en convaincre tout le monde.

LXVI.

L'ignorance donne de la foiblesse et de la crainte: les connoissances donnent de la hardiesse et de la confiance; rien n'étonne une âme qui connoît toutes choses sans distinction.

LXVII.

C'est un défaut bien commun de n'estre jamais content de sa fortune, ni mécontent de son esprit.

LXVIII.

Il y a de la bassesse à tirer avantage de sa qualité et de sa grandeur pour se moquer de ceux qui nous sont soumis.

LXIX.

Quand un opiniastre a commencé à contester quelque chose, son esprit se ferme à tout ce qui le peut éclaircir; la contestation l'irrite, quelque juste qu'elle soit, et il semble qu'il ait peur de trouver la vérité.

LXX.

La honte qu'on a de se voir louer sans fondement, donne souvent sujet de faire des choses qu'on n'auroit jamais faites sans cela.

LXXI.

Il vaut presque mieux que les grands recherchent la gloire, et mesme la vanité dans les bonnes actions, que s'ils n'en étoient point du tout touchés ; car, encore que ce ne soit pas là faire par les principes de la vertu, l'on en tire au moins cet avantage, que la vanité leur fait faire ce qu'ils ne feroient point sans elle.

LXXII.

Ceux qui sont assez sots pour s'estimer seulement par leur noblesse méprisent en quelque façon ce qui les a rendus nobles, puisque ce n'est que la vertu de leurs ancestres qui a fait la noblesse de leur sang [1].

LXXIII.

L'amour-propre fait que nous nous trompons

---

[1] Cette maxime se retrouve parmi les maximes inédites de M. de la Rochefoucauld, que je publie chez Hachette, d'après le manuscrit *autographe* du duc. On remarque, du reste, entre les maximes de Mme de Sablé et celles de M. de la Rochefoucauld une ressemblance, facile à comprendre, mais qui ajoute un incontestable intérêt à celles que nous publions aujourd'hui.

presque en toutes choses; que nous entendons blasmer, et que nous blasmons les mêmes défauts dont nous ne nous corrigeons point, ou parce que nous ne connoissons pas le mal qui est en nous, ou parce que nous l'envisageons toujours sous l'apparence de quelque bien.

LXXIV.

La vertu n'est pas toujours où l'on voit des actions qui paroissent vertueuses; on ne reconnoît quelquefois un bienfait que pour établir sa réputation, et pour estre plus hardiment ingrat aux bienfaits qu'on ne veut pas reconnoistre.

LXXV.

Quand les grands espèrent de faire croire qu'ils ont quelque bonne qualité qu'ils n'ont pas, il est dangereux de montrer qu'on en doute; car en leur ostant l'espérance de pouvoir tromper les yeux du monde, on leur oste aussi le désir de faire les bonnes actions qui sont conformes à ce qu'ils affectent.

LXXVI.

La meilleure nature étant sans instruction, est toujours incertaine et aveugle. Il faut chercher soigneusement à s'instruire, pour estre ni trop timide, ni trop hardi par ignorance.

LXXVII.

La société, et mesme l'amitié de la plupart des hommes, n'est qu'un commerce qui ne dure qu'autant que le besoin.

LXXVIII.

Quoique la pluspart des amitiés qui se trouvent dans le monde ne méritent point le nom d'amitié, on peut pourtant en user selon ses besoins, comme d'un commerce qui n'a point de fond certain, et sur lequel on est ordinairement trompé.

LXXIX.

L'amour, partout où il est, est toujours le maistre. Il forme l'âme, le cœur et l'esprit, non selon le cœur et l'esprit qu'il occupe, mais selon ce qu'il est en luy-mesme; et il semble véritablement que l'amour est à l'âme de celui qui aime ce que l'âme est au corps de celui qu'elle anime.

LXXX.

L'amour a un caractère si particulier, qu'on ne peut le cacher où il est, ni le feindre où il n'est pas.

LXXXI [1].

Tous les grands divertissemens sont dangereux

---

[1] Cette maxime eut à cette époque un assez grand retentissement, circulant au moment de la grande discussion soulevée à l'occasion

pour la vie chrétienne ; mais entre tous ceux que le monde a inventés, il n'y en a point qui soit plus à craindre que la comédie. C'est une peinture si naturelle et si délicate des passions, qu'elle les anime, et les fait naître dans notre cœur, et surtout celle de l'amour, principalement lorsqu'on se représente qu'il est chaste et fort honneste ; car plus il paroît innocent aux âmes innocentes, et plus elles sont capables d'en estre touchées. On se fait en mesme temps une conscience fondée sur l'honnesteté de ce sentiment ; et on s'imagine que ce n'est pas blesser la pureté que d'aimer d'un amour si sage. Ainsi on sort de la comédie le cœur si rempli de toutes les douceurs de l'amour, et l'esprit si persuadé de son innocence, qu'on est tout préparé à recevoir ses premières impressions, ou plutost à chercher l'occasion de les faire naistre dans le cœur de quelqu'un, pour recevoir les mesmes plaisirs et les mesmes sacrifices que l'on a veus si bien représentés sur le théâtre. »

du théâtre, à laquelle Racine et Molière, Bossuet, Bourdaloue, les gens de Port-Royal, le prince de Conti et Mme de Longueville prirent activement part. Mme de Sablé suivit naturellement ses amis et on s'occupa beaucoup, à ce qu'il paraît, de ce petit écrit ; il fut accueilli avec une grande faveur dans tous les cercles *honnêtes* de l'époque, et il paraît qu'au début il fut un peu plus long ; ce billet de Mme de Guéménée me le feroit croire : « Je serai persuadée de tout ce que vous m'avez envoyé sur la comédie quand il ne seroit pas si convainquant et si bien écrit qu'il est. Je trouve toutes ces pensées si raisonnables et si vraies que je les crois comme articles de foi. » Mme de Sablé aura probablement à la fin resserré sous forme de maxime un petit traité écrit au courant de la plume. Cette maxime avait été souvent attribuée à Pascal.

J'ajouterai encore cette maxime, retrouvée par M. Cousin dans les papiers de Valant, maxime qui n'est ni dans la Rochefoucauld, ni dans Esprit, ni dans Mme de Sablé, et que le savant académicien trouve assez joliment tournée pour l'attribuer à la marquise :

« Comme il n'arrive quasi jamais d'avoir en peu de temps beaucoup d'occasions de faire paroître sa vertu, et qu'à parler généralement la grande réputation ne se peut acquérir que par une longue vie, on peut dire que c'est un bien qui ne va qu'avec un grand mal, puisque c'est avec la vieillesse. »

FIN.

TABLE. .

FIN DE LA TABLE.

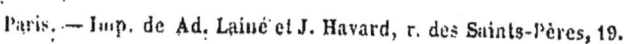
Paris. — Imp. de Ad. Lainé et J. Havard, r. des Saints-Pères, 19.

OUVRAGES DU MÊME AUTEUR :

LA GALERIE DE PORTRAITS DE MADEMOISELLE DE MONTPENSIER, annotés et précédés d'une introduction, 1 vol. gr. in-8°.

CORRESPONDANCE DE SAINTE JEANNE DE CHANTAL, avec une histoire de sa vie, 2 vol. in-8°.

CORRESPONDANCE INÉDITE D'ÉLÉONORE DE ROHAN - MONTBAZON, ABBESSE DE CAEN, 1 vol. in-8°.

LES LIVRES NOUVEAUX. CRITIQUE LITTÉRAIRE, CONTEMPORAINE, 3 vol. in-8°.

LA NOBLESSE EN FRANCE AVANT ET DEPUIS 1789, 1 vol. in-18.

SOUS PRESSE :

NOTES DU BARON DE GAUVILLE, député de l'ordre de la Noblesse, sur les séances des États généraux depuis le 4 mars 1789 jusqu'au 1er juillet 1790 ; précédées d'une introduction, par M. Ed. de Barthélemy.

Paris. — Imprimerie de Ad. Lainé, rue des Saints-Pères, 19.